爱情关系

LOVE RELATIONS
NORMALITY AND PATHOLOGY

Otto F. Kernberg

[美] **奥托·克恩伯格** ◎ 著

汪 璇 张 皓 何巧丽 ◎ 译

中国人民大学出版社
·北京·

谨以此书

纪念

约翰·萨瑟兰（John D. Sutherland）

罗伯特·斯托勒（Robert J. Stoller）

目 录

序　言

　　许多年前，我在写关于具有边缘型人格组织的患者的文章或著作时，着重强调了攻击性在他们心理动力中的重要性，一位同事兼好友半开玩笑地对我说："你怎么不写写'爱'？每个人都觉得你只关心攻击性！"我向他保证，等我搞清楚这个领域里一些难解的问题后，我就会写。这本书就汇集了我研究的结果，虽然我得承认，我根本没有找到所有问题的答案。尽管如此，我相信我已经思考得很深了，可以和大家分享我已经找到的答案。我希望其他人也能借此机会阐明目前仍没搞清楚的地方。

　　几个世纪以来，爱的主题一直备受诗人和哲学家关注。最近，社会学家和心理学家也对它进行了仔细研究。出乎意料的是，在精神分析文本中，我们几乎找不到关于爱的内容。

　　当我一遍遍地想要弄清楚爱的本质时，我发现情欲和性的关联是不能被忽视的。我还发现，尽管从生物学角度对性反应进行过大量的研究，但很少有文本将其作为一种主观体验来描述。当我与患者探讨这一主观部分时，我很快发现自己正在处理无意识幻想及其婴儿期性欲这一根源；简而言之，这回到了弗洛伊德。在临床上我还发现，通过相互的投射性认同，伴侣们在关系中重现了过去的"场景"（无意识的体验和幻想），以及源于婴儿期超我投射的幻想和真实的相互"迫害"——也建立了共同的自我理想——这些都对伴侣的生活产生了极大的影响。

　　我发现，想要根据患者特定的精神病理来预测他们爱情或婚姻的命运，几乎是不可能的。有时，伴侣双方不同类型和程度的精神病理会很相配；而其他时候，这些不同似乎又是伴侣双方不合的根源。"是什么让一对伴侣在一起？又是什么会破坏他们的关系？"这些问题一直困扰着我，推动我研究伴侣亲密关系的内在动力。

我的资料来自对患者的精神分析和精神分析取向的心理治疗，对婚姻中存在冲突的夫妻的评估和治疗，尤其是对处在伴侣关系中的个人进行精神分析和精神分析取向的心理治疗期间，对伴侣们进行的长期随访研究。

很快我就发现，和对个体的研究一样，想要研究伴侣关系中爱的变迁，不可能不关注关系中攻击性的变迁。在所有亲密的性关系里，伴侣情欲关系中攻击性的方面都很重要；在这一领域，罗伯特·斯托勒（Robert J. Stoller）的开创性工作提供了重要的说明。但我发现，亲密客体关系中普遍存在的矛盾情感里的攻击性部分，与伴侣亲密生活中的超我压力里的攻击性部分同样重要。精神分析的客体关系理论有助于研究将内在冲突与人际关系联系起来的动力、伴侣与其周围社会群体的相互影响，以及爱与攻击性在所有这些领域里的相互作用。

因此，在这本关于爱的专著中，尽管我有着最美好的意愿想要讨论爱，但那些无法否认的资料证据使我不得不高度关注攻击性。出于同样的原因，承认和认识到爱与攻击性在伴侣生活中融合和互动的复杂方式，也更凸显出爱能够整合与中和攻击性，并且，在许多情况下，爱会胜过攻击性。

鸣　谢

　　约翰·萨瑟兰（John D. Sutherland）是伦敦塔维斯托克诊所的前医学总监、门宁格基金会（Menninger Foundation）多年的高级顾问，是他最初让我关注到了亨利·迪克斯（Henry Dicks）的工作。迪克斯将费尔贝恩的客体关系理论应用到婚姻冲突的研究中，这为我提供了参考框架；当我第一次试图厘清边缘型患者与他们的恋人和婚姻伴侣之间复杂的互动关系时，这一参考框架变得至关重要。丹尼斯·布伦瑞克（Denise Braunschweig）和米歇尔·费恩（Michel Fain）在群体动力学方面所做的研究表明，贯穿生命早期和成年期的情欲张力都会在群体中表现出来，这让我开始接触法国精神分析对正常和病态爱情关系的研究。在巴黎的两个学术假期里，我首次产生了这本书中所包含的想法。其间，我有幸能够与许多关注正常和病态爱情关系研究的精神分析学家进行磋商，尤其是迪迪埃·安齐厄（Didier Anzieu）、丹尼斯·布伦瑞克、雅尼娜·沙瑟盖–斯米格尔（Janine Chasseguet-Smirgel）、克里斯蒂安·戴维（Christian David）、米歇尔·费恩、皮埃尔·费迪达（Pierre Fedida）、安德烈·格林（André Green）、贝拉·格兰贝热（Béla Grunberger）、乔伊丝·麦克杜格尔（Joyce McDougall）和弗朗索瓦·鲁斯唐（Francois Roustang）。谢尔盖·莱博维奇（Serge Lebovici）和丹尼尔·维德洛谢（Daniel Widlocher）在澄清我关于情感理论的思考方面给予了非常大的帮助。之后，萨尔布里肯的雷纳·克劳泽（Rainer Krause）和苏黎世的乌尔里希·莫泽尔（Ulrich Moser）帮我进一步阐明了亲密关系中情感交流的病理。

我曾有幸成为美国爱情关系精神分析研究一些最重要贡献者的亲密好友，他们是：马丁·伯格曼（Martin Bergmann）、埃塞尔·珀森（Ethel Person）和已故的罗伯特·斯托勒。埃塞尔·珀森帮助我了解了她和莱昂内尔·奥弗塞（Lionel Ovesey）在核心性别同一性和性的病理学方面所做的重要工作；马丁·伯格曼帮助我从历史的角度看待爱情关系的本质及其在艺术中的表现；罗伯特·斯托勒鼓励我继续对情欲与攻击性之间的密切关系进行分析，正是他如此高明地开拓了这一领域。莱昂·阿尔特曼（Leon Altman）、雅各布·阿洛（Jacob Arlow）、玛莎·柯克帕特里克（Martha Kirkpatrick）、约翰·蒙德-罗斯（John Munder-Ross）在这个领域的贡献进一步激发了我的想法。

一如既往地，精神分析界的一群亲密朋友和同僚对我的工作提出了意见，也给了我许多鼓励和回应，这些都对我有极大的帮助，他们是：哈罗德·布卢姆（Harold Blum）、阿诺德·库珀（Arnold Cooper）、威廉·弗罗施（William Frosch）、威廉·格罗斯曼（William Grossman）、唐纳德·卡普兰（Donald Kaplan）、保利娜·克恩伯格（Paulina Kernberg）、罗伯特·米歇尔斯（Robert Michels）、吉尔伯托·罗斯（Gilbert Rose）、桑德勒夫妇（Joseph and Anne-Marie Sandler）和蒂乔夫妇（Ernst and Gertrude Ticho）。

和以前一样，我非常感谢露易丝·泰特（Louise Taitt）和贝基·惠普尔（Becky Whipple）在从初稿到最终定稿的各个阶段所做的让人悦目且耐心的工作。惠普尔女士始终如一地关注书稿中的每个小细节，这对最终成稿至关重要。我的行政助理罗莎琳德·肯尼迪（Rosalind Kennedy），一如既往地为我办公室的工作提供全面的考虑、组织和协调，让我可以在许多相互冲突的任务和期限之间见缝插针地处理稿件。

这是我多年来与编辑娜塔莉·阿尔特曼（Natalie Altman）、耶鲁大学出版社高级编辑格拉迪丝·托普基斯（Gladys Topkis）密切合作的第三本书。她们对我的工作提出的强劲有力但又充满鼓励的、巧妙而得体的意见，又一次让我受到启发。

　　我深深地感激我提到的所有朋友、同僚和同事，以及我的患者和学生，他们使我在短短几年内获得了更多的洞见，这是我终其一生都未敢奢望的。他们还教会我接受我对人类体验这一广阔而复杂领域的理解的局限性。

　　我还要感谢之前的出版商允许以下各章中的材料在本书再版。所有这些材料都已经做了很大的改动和调整。

- 第二章：Adapted from "New Perspectives in Psychoanalytic Affect Theory," in *Emotion: Theory, Research, and Experience*, ed. R. Plutchik and H. Kellerman (New York: Academic Press, 1989), 115–130, and from "Sadomasochism, Sexual Excitement, and Perversion," *Journal of the American Psychoanalytic Association* 39(1991): 333–362. Published with the permission of Academic Press and the *Journal of the American Psychoanalytic Association*.

- 第三章：Adapted from "Mature Love: Prerequisites and Characteristics," *Journal of the American Psychoanalytic Association* 22 (1974): 743–768, and from "Boundaries and Structure in Love Relations," *Journal of the American Psychoanalytic Association* 25 (1977): 81–114. Published with the permission of the *Journal of the American Psychoanalytic Association*.

- 第四章：Adapted from "Sadomasochism, Sexual Excitement, and Perversion," *Journal of the American Psychoanalytic Association* 39 (1991): 333–362, and from "Boundaries and Structure in Love Relations," *Journal of the American Psychoanalytic Association* 25 (1977): 81–114. Published with the permission of the *Journal of the*

American Psychoanalytic Association.

- 第五章：Adapted from "Barriers to Falling and Remaining in Love," *Journal of the American Psychoanalytic Association* 22 (1974): 486–511. Published with the permission of the *Journal of the American Psychoanalytic Association.*

- 第六章：Adapted from "Aggression and Love in the Relationship of the Couple," *Journal of the American Psychoanalytic Association* 39 (1991): 45–70. Published with the permission of the *Journal of the American Psychoanalytic Association.*

- 第七章：Adapted from "The Couple's Constructive and Destructive Superego Functions," *Journal of the American Psychoanalytic Association* 41 (1993): 653–677. Published with the permission of the *Journal of the American Psychoanalytic Association.*

- 第八章：Adapted from "Love in the Analytic Setting," accepted for publication by the *Journal of the American Psychoanalytic Association.* Published with the permission of the *Journal of the American Psychoanalytic Association.*

- 第十一章：Adapted from "The Temptations of Conventionality," *International Review of Psychoanalysis* 16 (1989): 191–205, and from "The Erotic Element in Mass Psychology and in Art," *Bulletin of the Menninger Clinic* 58, no. 1 (Winter, 1994). Published with the permission of the *International Review of Psychoanalysis* and the *Bulletin of the Menninger Clinic.*

- 第十二章：Adapted from "Adolescent Sexuality in the Light of Group Processes," *Psychoanalytic Quarterly* 49, no. 1 (1980): 27–47, and from "Love, the Couple and the Group: A Psychoanalytic Frame," *The Psychoanalytic Quarterly* 49, no. 1 (1980): 78–108. Published with the permission of the *Psychoanalytic Quarterly.*

性和爱紧密相关，这一点毋庸置疑。因此，一本关于爱的书以讨论性体验的生理和心理根源这两种密切联系在一起的因素开始也就不足为奇了。因为生物因素构成了心理发展的基础，所以，我们就从探索生物因素开始。

》 性体验和性行为的生物学根源

在追踪人类性征的发展过程中，当我们沿着动物界的生物等级体系（特别是在将低阶哺乳动物与灵长类动物和人类进行比较时）前进时，我们会看到婴儿与照顾者之间的心理社会互动在性行为中起着越来越重要的决定性作用，而遗传和激素因素的支配性相对减少。我要概述的主要资料来自莫尼和埃尔哈特（Money & Ehrhardt, 1972）在这一领域的开创性工作，以及克洛德尼等（Kolodny et al., 1979）、班克罗夫特（Bancroft, 1989）和麦康纳基（McConaghy, 1993）总结的后续进展。

在发育的早期阶段，哺乳动物的胚胎同时具有成为雄性或雌性的潜力。根据男性的 XY 染色体（第 46 条）模式和女性的 XX 染色体（第 46 条）模式的不同特征所代表的遗传密码，未分化的性腺会分化成睾丸或卵巢。人类的原始性腺可以在妊娠第六周左右被检测到，这个时候，在遗传密码的影响下，雄性会分泌睾丸激素，包括：抗米勒管激素（MIH），其作用是减少性腺的女性化结构；睾酮，其作用是促进男性器官内部和外部的生长，特别是促进双侧中肾管的发育。如果表达的是雌性遗传密码，则在妊娠第十二周开始分化卵巢。

除非存在足够水平的睾酮，否则无论遗传上如何编程，分化总是朝着女性的方向发展。换句话说，即使遗传密码是男性化的，睾酮不足也会导致女性性征的发育。女性化原则优先于男性化。在正常的女性分化期间，原始的米勒管系统发育成子宫、输卵管和阴道的内三分之一部分。对于男性来说，米勒管系统退化，中肾管系统发育为输精管、精囊和射精管。

与男女性器官的内部前体呈现出这样的发育过程相比，外生殖器前体的发育过程是单型化的（unitypic），即同一个前体可能要么发育成男性的外部性器官，要么发育成女性的外部性器官。在分化的关键时期，如果没有足够水平的雄激素（睾酮和去氢睾酮）存在，从胎儿期第八周开始，阴蒂、外阴和阴道将会逐渐发育出来。当存在足够水平的雄激素刺激时，包括龟头和阴囊在内的阴茎将形成，睾丸将在腹部内发育成器官。睾丸通常在妊娠第八或第九个月期间移动到阴囊的位置。

在胎儿期激素循环的影响下，在内部和外部生殖器分化出来之后，大脑特定区域的二态发育（dimorphic development）就会开始。大脑是二型化的（ambitypic），除非有足够水平的雄激素处于循环中，否则女性特征的发育就会占上风。这个分化过程，也会把特定的下丘脑和垂体功能分化为女性的周期性和男性的非周期性。大脑的男女分化仅在妊娠晚期发生，即在外部性器官分化后发生，并且可能持续到出生后的头三个月。在非哺乳动物中，大脑的产前激素分化预示着随后的交配行为。然而在灵长类动物中，早期的社交和学习才是决定性行为最重要的因素；因此，对实际交配行为的控制主要取决于最早的社会互动。

在青春期出现的第二性征——身体脂肪和毛发的分布、声音的变化、乳房的发育以及生殖器的显著生长——是由中枢神经系统触发的，并受到显著增强的雄激素或雌激素循环的控制，如女性特有的月经、妊娠和泌乳功能。

激素失调可能会改变第二性征，其中男性缺乏雄激素会导致乳腺发育，而女性雄激素过多会导致多毛症、声音变粗和阴蒂肥大。但是，激素水平的改变对性欲和性行为的影响尚不清楚。

确切地说，中枢神经系统如何影响青春期的开始尚不清楚；降低下丘脑对负反馈的敏感性被认为是其中的一种机制（Bancroft, 1989）。在男性身上，雄激素循环的不足会降低性欲的强度；但是当雄激素循环处于正常或高于正常水平时，性欲和性行为明显不受这些波动的影响。在前青春期被阉割且未接受睾酮替代治疗的男性会出现性冷淡。雄激素原发性衰竭的男性，在青少年期使用外源睾酮后可恢复正常的性欲和性行为。然而，当冷淡已形成时，对睾酮替代疗法的反应在后来几年就不太令人满意：关键的时间序列似乎在其中发挥了作用。同样，尽管对女性的研究表明，在月经周期前后女性性欲会增强，但与心理社会刺激相比，性欲对激素水平波动的依赖性微不足道。实际上，正如麦康纳基（McConaghy, 1993）所认为的，女性性欲可能比男性性欲受心理社会因素的影响更大。

然而，在灵长类动物和低等级的哺乳动物中，性兴趣和性行为都受到激素有力的控制。啮齿动物的交配行为仅由激素状态决定，出生后早期注射激素可能对其产生至关重要的影响。后青春期的阉割会导致勃起减少，并且性兴趣会在数周甚至数年内逐渐减退；而注射睾酮会立即逆转这种冷淡。虽然绝经后注射雄激素的女性的性欲会增强，但这绝不会改变她们的性取向。

简而言之，在心理社会决定因素在性唤起中占主导地位的背景下，雄激素似乎会影响男性和女性的性欲强度。尽管在低级哺乳动物（如啮齿动物）中，性行为在很大程度上受激素控制，但在灵长类动物中，这种控制在某种程度上受到心理社会刺激的影响。雄性恒河猴会受到雌性排卵期分泌的阴道激素气味的刺激。雌性恒河猴在排卵时对交配最感兴趣，但它们在其他时间也很感兴趣，并伴随着明显的个体偏好；这里，雄激素水平再次影响了雌性性行为的强度。在雄性大鼠的视前区注射睾酮会引起雄性之间的母性和交配行为，但它们与雌性的交配仍然存在。睾酮似乎可以释放母性行为，这是雄性的大脑也具有的一种潜能，表明中枢神经系统控制着性行为的各个方面。这一生物学发现表明，通常专属于某一性别的性行为也可能存在于另一种性别中。

性唤起的强度、对性刺激的集中关注、性兴奋的生理反应，如增加的血流量、肿胀和性器官的润滑，这些都受到激素的影响。

》》 心理社会因素

前面的讨论或多或少涵盖了生物学的部分。现在我们进入有争议的、还不太了解的领域，在这些领域中，生物因素和心理因素相互重叠、相互作用。其中一个领域是核心性别同一性和性别角色同一性。对于人类来说，核心性别同一性（Stoller, 1975b）——个体对自己是男性还是女性的感觉——不是由生物学特征决定的，而是由照顾者在生命的前二到四年所赋予的性别决定的。莫尼（Money, 1980, 1986, 1988; Money & Ehrhardt, 1972）和斯托勒（Stoller, 1985）在这方面提供了令人信服的证据。同样，性别角色同一性——个体对特定社会中典型的男性或女性行为的认同——也在很大程度上受到心理社会因素的影响。此外，精神分析的研究表明，性客体（性欲对象）的选择也明显受到早期心理社会体验的影响。

在下文中，我将检视关于人类性体验的这些成分的根源的重要证据。它们是：

- **核心性别同一性**（core gender identity）：一个人认为自己是男性还是女性。
- **性别角色同一性**（gender role identity）：男性或女性所特有的，因而彼此分化的特定心理态度和人际交往行为——社交的一般模式以及特定性别的社交模式。
- **主导的客体选择**（dominant object choice）：对性客体的选择是异性恋还是同性恋，以及是与性客体进行广泛的性互动还是局限于人体解剖学意义上的特定部位、非人类或无生命的客体。
- **性欲的强度**（intensity of sexual desire）：主要反映在主导的性幻想、对性刺激的警觉、对性行为的渴望以及生殖器的生理兴奋方面。

核心性别同一性

莫尼和埃尔哈特（Money & Ehrhardt, 1972）证明，在通常情况下，父母即使认为自己以完全相同的方式对待男婴和女婴，也会在他们对待婴儿的行为方面表现出性别差异。尽管有些性别差异是由产前激素决定的，但这些差异并不能自动决定出生后男性或女性的行为差异：除非存在极端程度的激素异常，否则男性在激素病理层面的女性化和女性在激素病理层面的男性化可能比核心性别同一性更能影响性别角色同一性。

对于女孩来说，产前阶段过量的雄激素可能是造成男子气，以及在娱乐和攻击性方面的精力消耗增加的原因。对于男孩来说，产前雄激素刺激不足可能会导致一定程度的被动和攻击性不足，但不会影响核心性别同一性。此外，被明确作为女孩或男孩养育的雌雄同体的儿童，无论他们的遗传禀赋、激素的产生情况，甚至——某种程度上——发育出的生殖器的外观如何，都会形成牢固的性别同一性（Money & Ehrhardt, 1972; Meyer, 1980）。

斯托勒（Stoller, 1975b），以及珀森和奥弗塞（Person & Ovesey, 1983, 1984）探讨了儿童与父母互动中的早期病理与核心性别同一性的巩固之间的关系。他们并未发现跨性别——在具有明确生物性别的个体身上，建立起了与生物性别同一性相反的核心性别同一性——与遗传、激素或生殖器生理异常有关。尽管对细微的生物学变量，特别是对女性跨性别者中的这些变量的研究提出了一些有关激素影响的可能性，但最重要的证据仍然是早期心理社会互动中存在的严重病理。

6　　在这方面，对具有异常的性同一性（sexual identity）的儿童和跨性别成人的个人史进行的精神分析式探索，为我们提供了关于由斯托勒（Stoller, 1975b）首先描述的重要模式的信息。这些信息包括：对于男性跨性别者来说（生物性别为男性，但认为自己的核心性别同一性是女性化的），有着强烈的双性人格成分的母亲，会与被动的或者缺席的丈夫疏远并吞噬儿子，以此象征自己的完整。这种幸福的共生关系（symbiosis），也暗暗地消除了男孩的男性气质，导致他既与母亲过度认同，又拒绝母亲无法接受且父亲没有充分示范的男性角色。在女性跨性别者中，母亲的拒绝行为和父亲的缺席导致女儿对自己是一个小女孩的感觉没能得到强化，反而使女儿成为一个替代男性，以此减轻母亲的孤独感和抑郁感。母亲会鼓励她的男性化行为，以消解自己的沮丧感，并使家庭变得团结。

早期的父母行为（尤其是母亲的）会影响核心性别同一性和一般的性功能，这并非人类独有。哈洛夫妇（Harlow & Harlow, 1965）关于灵长类动物的经典研究表明，只有通过母婴之间牢固的、身体上紧密接触的充分依恋，成年猴子才能发展出正常的性反应：缺乏正常的母性行为，以及在关键的发展阶段缺少与同辈群体正常的互动，会扰乱成年后的性反应能力。这些猴子在其他社会互动中也表现出适应不良。

尽管弗洛伊德（Freud, 1905, 1933）提出两种性别都具有心理双性（psychological bisexuality），但他假定男孩和女孩的最早生殖器同一性（genital identity）都是男性化的。他认为，女孩——首先将阴蒂作为与阴茎对等的快乐之源——在正性俄狄浦斯倾向下，把她们主要的生殖器同一性（以及暗含的同性恋倾向）从母亲转向父亲，以表达对没有阴茎的失望、阉割焦虑以及通过作为父亲的孩子来代替阴茎的象征性愿望。但是斯托勒（Stoller, 1975b, 1985）认为，由于与母亲的紧密依恋与共生关系，婴儿最早的性别同一性是女性化的，其中男性婴儿在分离-个体化（separation-individuation）的过程中会逐渐发生转变，即从女性转向男性。但珀森和奥弗塞（Person & Ovesey, 1983, 1984）在对同性恋者、易装者和跨性别者的研究的基础上，假设从一开始就有一个男性化或女性化的原始性别同一性。我认为，他们的观点与莫尼和埃尔哈特（Money & Ehrhardt, 1972），以及迈耶（Meyer, 1980）对雌雄同体的核心性别同一性的研究相吻合，并且与从生命伊始就对母亲与男女婴儿之间互动的观察、与对正常儿童和有性困扰的儿童的精神分析观察——尤其是那些考虑到父母意识里和无意识里的性取向的研究——相一致（Galenson, 1980; Stoller, 1985）。

布伦瑞克和费恩（Braunschweig & Fain, 1971, 1975）同意弗洛伊德关于两种性别最初具有心理双性的假设，并有说服力地提出，心理双性源自婴儿对父母双方的认同，这种双性认同受到已经建立起核心性别同一性的母婴互动的性质的控制。根据莫尼和埃尔哈特（Money & Ehrhardt, 1972）的说法，"是否由父亲做饭，母亲开拖拉机"并不重要；也就是说，在父母的性别同一性有明显差异的情况下，他们的社会性别角色是无关紧要的。

核心性别同一性的分配和采择，就实际目的而言，决定了是男性还是女性的性别角色会得到强化。就对父母双方的无意识认同——这种无意识双性是精神分析研究的普遍发现——意味着对社会赋予的一种或另一种性别角色的无意识认同而言，我们都存在强烈的双性态度和行为模式趋向，以及把双性倾向作为普遍的人类潜力的趋向。很可能，社会和文化对核心性别同一性（"你必须是一个男孩或一个女孩"）的过度强调，被内在需要所强化或共同决定，以整合和巩固总体上的个人同一性；由此，核心性别同一性，也就巩固了核心自我同一性的形成。实际上，正如利希滕施泰因（Lichtenstein, 1961）所说，性同一性可能构成了自我同一性的核心。在临床上，我们发现缺乏同一性整合（同一性弥散综合征）经常与性别同一性问题共存，并且如珀森和奥弗塞（Ovesey & Person, 1973, 1976）所言，跨性别者通常在同一性的其他领域也表现出严重的不一致。

性别角色同一性

麦科比和杰克林（Maccoby & Jacklin, 1974）在一项经典研究中提出，对于性别差异的观念来说，有些是没有根据的，有些得到了证明，还有一些则值得商榷或模棱两可。没有根据的观念包括：女孩比男孩更"社会化"和更"易受他人影响"，女孩自尊心较低、缺乏成就动机，并且擅长死记硬背和简单重复的任务；男孩在需要更高级认知处理过程和抑制先前习得的反应的任务上做得更好，并且更"擅长分析"；女孩受遗传的影响更大，男孩受环境的影响更大；女孩更擅长听觉任务，男孩更擅长视觉任务。

已证实的性别差异包括：女孩比男孩具有更好的语言表达能力，男孩在视觉空间和数学任务上表现更出色并更具攻击性。值得商榷的差异领域包括：触觉的敏感性；恐惧、胆怯和焦虑程度，活动水平，竞争性，支配性，顺从性，适合的养育方式，以及"母性"行为。

在这些心理差异中，哪些是由遗传决定的，哪些是由社会化动因决定的，哪些是通过模仿自发习得的？麦科比和杰克林认为（有很多证据支持他们），在攻击性和视觉空间能力方面的性别差异显然与生物因素有关。有证据表明，在人类以及非人类的灵长类动物中，雄性都有更强的攻击性；这似乎是跨文化的普遍现象，并且有证据表明攻击水平与性激素有关。男性的攻击倾向很可能会扩展到诸如支配、竞争和活动水平等方面，但这些证据并不具有决定性。麦科比和杰克林得出结论，受遗传控制的特征可能表现为更愿意展现某种特定的行为。这包括但不仅限于已习得的行为。

弗里德曼和唐尼（Friedman & Downey, 1993）回顾了产前激素男性化病理影响女孩出生后性行为的证据。他们仔细检视了针对存在先天性肾上腺增生的女孩和母亲在怀孕期间摄入性类固醇激素的女孩的研究结果。这些儿童被当作女孩抚养；尽管她们的核心性别同一性是女性化的，但问题在于，在童年期和青少年期，产前雄激素的主导地位会在多大程度上影响她们的核心性别同一性和性别角色同一性。

尽管我们已经发现过量的产前雄激素和同性恋发生率之间存在适度关联，但更重要的发现是，无论养育情况如何，存在先天性肾上腺增生的女孩都表现出更多的男子气行为，对玩偶、婴儿和自我打扮的兴趣较低，并且比控制组更喜欢汽车和手枪之类的玩具。她们更喜欢将男孩作为玩伴，并表现出更高的精力消耗以及在玩耍时有更多打打闹闹的活动。这些发现表明，童年期的性别角色行为受到产前激素因素的影响。弗里德曼（私人交流）以及麦科比和杰克林（Maccoby & Jacklin, 1974）一致认为，用于区分男孩和女孩的大多数特质很可能是由文化决定的。

理查德·格林（Richard Green, 1976）研究了女子气男孩的成长历程。他发现，决定女子气行为发展的主要因素是：父母对女性化行为漠不关心或给予鼓励，行使父母功能的女性给孩子穿着异性服装，母亲过度保护，父亲缺席或拒绝，孩子外貌美丽，以及缺少男性玩伴。

其中，关键的共同特征似乎是未能阻止女性化的行为。随访显示，在女子气男孩中，双性恋者和同性恋者的比例都很高——在三分之二的原始样本中高达75%（Green, 1987）。

具有异性的行为特征——女孩的男子气行为，男孩的女子气行为——通常但并不必然与同性恋客体选择有关。实际上，就像性别角色同一性与核心性别同一性密切相关那样，人们可能认为性别角色同一性与客体选择关系密切——同性性取向可能会影响一个人对另一种性别的社会角色的认同。相反，人们可能认为如果性别角色上对主导文化的适应正好与另一种性别相吻合，这或许会使某个儿童更趋向于同性恋。这就引出了我们的下一个主题，即客体选择。

主导的客体选择

莫尼（Money, 1980）和佩珀（Perper, 1985）用人类行为**模板**（templates）这一术语来指代个体的性唤起的客体。佩珀认为，这些模板并没有经过编码，而是源自发展过程，包括对神经发育的遗传调控，以及随后对所欲求的他人的形象的神经生理学构建。莫尼用**爱情地图**（lovemaps）这个术语来描绘一个人所选择的性客体的发展；他认为，爱情地图源自嵌入大脑的图式（schemata），并且8岁之前的环境输入会为这些图式提供补充。我们都注意到，这些研究者在讨论性客体选择的性质时对早期人类的性发展所做的描述仍然非常笼统。对文献的回顾表明，人们虽然已经对性别角色和核心性别同一性进行了广泛的研究，但对儿童的性体验却几乎没有进行过任何实际的研究。

我认为，在这种缺乏相关研究及相关有据记录现象的背后，是对承认童年性欲的存在的抵制，这也是弗洛伊德大胆违抗的禁忌。这与西方文化禁止婴儿性行为有关。文化人类学（Endleman, 1989）为我们提供了证据，表明在没有这种禁令的情况下，儿童会自发地进行性行为。加伦森和罗伊费（Galenson & Roiphe, 1974）通过观察一个自

10

然主义托儿所里的儿童，发现男孩大约在第 6 个月或第 7 个月开始生殖器游戏，女孩则在第 10 个月或第 11 个月开始，男孩女孩均在第 15~16 个月开始手淫。工人阶层儿童手淫的可能性是中产阶层儿童的两倍，这表明阶层结构和文化会影响性行为。

费希尔（Fisher, 1989）说明了儿童对生殖器进行逻辑思考的能力如何大大落后于他们的一般逻辑水平，女孩如何倾向于忽略阴蒂并对阴道的性质感到困惑，以及父母如何无意识地使子女重复自己童年经历过的性压抑。也有证据表明，对性问题的无知贯穿整个青少年期。

莫尼和埃尔哈特（Money & Ehrhardt, 1972），以及班克罗夫特（Bancroft, 1989）都谈到了对考察童年性欲的普遍恐惧。但是，鉴于公众对儿童性虐待的关注日益增加，班克罗夫特认为："童年性欲需要被更好地理解这一观点将会得到更广泛的认可，未来对童年这方面的研究可能会变得更加容易。"（p. 152）甚至精神分析也是直到最近才舍弃了"潜伏的那几年"（latency years）这一概念，据说在此阶段性兴趣和性活动很少。但儿童分析师已经越来越认识到，实际上在这几年对性行为有更多的内部控制和压制（与保林娜·克恩伯格的私人交流）。

在我看来，绝大多数证据表明，心理因素，或更确切地说是心理社会因素决定了核心性别同一性，并且就算不是完全影响，也会在很大程度上影响性别角色认同；没有明确的证据表明，这些因素会影响性客体的选择。灵长类动物的性生活告诉我们，与非灵长类动物相比，在性行为发展中重要的是早期学习、母婴接触和同伴关系；相对而言，激素在决定性客体选择方面的作用会不断减弱。正如我们所看到的，在人类婴儿身上，这个过程会不断向前推进。

迈耶（Meyer, 1980）提出，正如婴儿和幼儿在建立核心性别和性别角色同一性时会无意识地认同与自己同性别的父亲或母亲那样，他们也会认同父亲或母亲对另一方的性兴趣。莫尼和埃尔哈特（Money & Ehrhardt, 1972）也认为男性 / 女性行为是习得的，并强调儿童对男女

11　关系中互惠和互补方面的认同。儿童与父母之间往往会互相引诱，但在有关性别同一性和性别角色的学术研究中，这一显著的临床证据通常会被绕过，这可能是因为反对童年性欲的文化禁忌一直存在。

精神分析观察和理论有两个具体贡献与这些问题有关。第一个是精神分析的客体关系理论，该理论允许将认同过程和角色的互补性纳入单一的发展模型中。第二个是弗洛伊德关于俄狄浦斯情结的理论，我稍后将在另一个背景下讨论它。在这里，参考我之前的研究工作，我认为同一性的形成源自婴儿与母亲之间最早的关系，尤其是当婴儿的体验涉及令人愉悦或痛苦的强烈情感时。

在这些情感条件下形成的记忆痕迹，使婴儿的自体表征（self representation）的核心图式与母亲的客体表征（object representation）在愉悦或不愉悦的情感下相互作用。这个过程的结果是，两个平行且最初彼此分开的一系列自体和客体表征，以及与之相对应的积极和消极的情感倾向得以建立。这些分别是"全好"（all-good）和"全坏"（all-bad）的自体和客体表征最终被整合进完整的自体表征和完整的重要他人表征之中，从而建立起正常的同一性。在我自己早前的著作中（Kernberg, 1976, 1980a, 1992），我还强调了我的以下观点：同一性建立在与客体的**关系**（relationship）所形成的认同的基础之上，而非客体本身之上。这意味着在彼此的互动中对自己和他人的同时认同，以及对这个互动中彼此角色的内化。核心性别同一性的建立——一个整合的自体概念，它使个体明确地与其中一种性别认同——不能被视为与建立相应的整合的他人概念彼此独立的过程，后者包括了与这一他人的关系，即将之作为欲求的性客体。核心性别同一性与性客体的选择之间的这种联系，同时也说明了人类发展的内在双性：我们既与自己认同，也与我们的欲望客体认同。

对于男孩来说，例如，当他感觉到自己是一个被母亲爱着的孩子时，他会与男性-儿童（male-child）角色和女性-母亲（female-mother）

角色认同。他因此获得了一种能力，即在后来的互动中，在另一名女性身上实现自己的自体表征的同时，也把母亲表征投射到她身上，或者——在某些情况下——在代入（enact）母亲角色的同时，将自己的自体表征投射到另一名男性身上。男性-儿童在自体表征中占优势并被作为自我同一性的一部分，将会确保异性恋占据主导（包括在所有其他女性身上无意识地寻找母亲）。以母亲的表征为主导的认同可能会导致男性出现某种类型的同性恋（Freud, 1914）。

对于女孩来说，在与母亲的早期关系中，通过在互动中同时与自己和母亲的角色认同，她巩固了自己的核心性别同一性；后来她希望取代父亲成为母亲的爱的客体，或者在俄狄浦斯期^①关系中，她积极地选择父亲也强化了对他的无意识认同。因此，她也建立了无意识的双性认同。对关系的认同而不是对人的认同，以及在无意识中建立互惠角色的倾向表明，双性是由心理因素决定的，反映在同时获得核心性别同一性以及对另一（或同一）性别的人产生性兴趣的能力上。这也有助于将另一性别的性别角色与自己的性别角色整合起来，并认同与自己和另一性别相对应的社会性别角色。

这种对早期性欲的看法表明，弗洛伊德（Freud, 1933）提出的原始双性概念是正确的；同样，他对这个概念与已知的两性生物学结构差异间存在明显联系的质疑也是正确的。换句话说，我们仍然缺乏证据来证明两性解剖学上的结构差异与双性恋、与源自早期经验的心理双性之间存在直接联系。

性欲的强度

正如我们所看到的，性唤起、性兴奋，以及包括性高潮在内的性

---

① 出于行文简洁的考虑，在多数情况下，后文中的"俄狄浦斯期"将被简称为"俄期"；相应地，"前俄狄浦斯期"和"后俄狄浦斯期"也会分别被简称为"前俄期"和"后俄期"。——译者注

交的生物学机制相对好理解。虽然刺激引发了性反应，但唤起的主观性质仍然是一个悬而未决的问题。同样，在如何测量影响唤起强度的定量因素上，我们仍然缺乏共识。另一个问题是对男女唤起的比较研究；同样，尽管其中所伴随的生理过程是众所周知的，但对男女心理的相似性和差异性的比较仍存在争议。

　　总而言之，充足的雄激素循环水平似乎是人类发挥性反应能力的先决条件，并因此影响男性和女性的性欲；但是在正常和高于正常的激素水平下，性欲和性行为明显与激素波动不相关。对于人类来说，决定性欲强度的主要因素是认知——对性兴趣的有意识觉察——主要体现在性幻想、记忆和对性刺激的警觉上。这种体验本身并不是纯"认知的"，而是包含着强烈的情感元素。实际上，性体验首先是一种情感-认知过程。

　　生理上，情感记忆与边缘系统有关，而边缘系统是性欲的神经基础，也是其他强烈的欲望的基础（Maclean, 1976）。对动物的研究表明，特定的边缘区域决定了勃起和射精，并且兴奋和抑制机制的存在会影响勃起的附带反应。对雄性恒河猴的下丘脑外侧和下丘脑背侧核进行电刺激可诱发它们的骑乘行为，使它们在自由活动时发生性交和射精。

　　根据班克罗夫特（Bancroft, 1989）的研究，人类性唤起是一种全面的反应，包括特定的性幻想、记忆和欲望，以及对更强烈的外部刺激的越发清晰的觉察和追寻，这些刺激对于个体的性取向和性客体而言具有特定性。班克罗夫特认为，性唤起包括在这种认知-情感状态的影响下激活边缘系统，这刺激了中枢神经和周围神经的控制中心，从而控制生殖器的充血、润滑和局部敏感性的增强，并为这种对生殖器激活的觉察提供中枢反馈。我认为，性兴奋是一种特殊的情感，它满足情感结构的所有特征，并且是性驱力或力比多的主要"构成要素"，而性驱力或力比多则构成了整个动机系统。

这部分的术语可能需要澄清。从生物学上讲，性反应可分为性唤起、性兴奋和性高潮。但是，由于性唤起可能在没有激活特定生殖器反应的情况下发生，以及生殖器在性刺激有限或极少的情况下就可能产生反应，所以使用**性唤起**（sexual arousal）来指代对性刺激的普遍觉察、思考、兴趣和反应似乎更可取。**生殖器兴奋**（genital excitement）是指全面的生殖器反应：血管充血和肿胀引起男性勃起，女性相应的勃起过程是阴道变得润滑并伴随乳房充血和乳头立起。

对于总体反应来说，**性兴奋**（sexual excitement）这个术语是适切的，它包括性唤起、生殖器兴奋、性高潮的特定认知成分和对它们的主观体验，以及与这种情感相对应的植物神经和面部表情成分［弗洛伊德称之为释放过程（discharge process）的一部分］。相反，我认为性兴奋是一种更复杂的心理现象的基本情感，这种更复杂的心理现象就是**情欲**（erotic desire），其中性兴奋是与和特定客体的情感关系联系在一起的。现在，让我们来检视性兴奋的本质，并对情欲做详尽阐述。

14

第二章
性兴奋和情欲

从系统发生学的角度来看，情感（affects）是哺乳动物相对较新的特征；它们的基本生物学功能是实现婴儿与照顾者间的交流以及个体与个体间的普遍交流，这些交流服务于基础本能（Krause, 1990）。如果说进食、战斗-逃跑、交配是基础本能，那么相应的情感状态就可以被看作它们的组成部分；正因为我们位于进化阶梯的顶端——尤其对于灵长类动物（当然也包括人类）而言——这些情感才获得了等级意义上的上位角色。

性兴奋是一种非常特殊的情感。很明显，它源自动物的繁殖本能的生物学功能及其结构，并且在人类的心理体验中也占据着中心地位。性兴奋不像暴怒、欣喜、悲伤、惊讶和厌恶等原始情感那样很早出现，也不像它们那样具有统一的表现形式。从它的认知和主观成分来看，它很像那些复杂的情感，例如骄傲、羞耻、内疚和蔑视。

精神分析以及受精神分析启发的婴儿观察给我们提供了大量的证据，表明性兴奋源自早期婴儿和照顾者之间以及家庭关系中的愉悦体验，并最终在青春期和青少年期达到完全成熟的、以生殖器感觉为中心的状态。早期依恋行为所涉及的肌肤的弥散兴奋能力、那些被弗洛

伊德描述为性感区（erotogenic zones）的性兴奋品性，以及从婴儿期 *16*
开始与强烈的愉悦情感激活相关联的认知印记和无意识幻想的发展，
最终导致了对性兴奋的特定认知-情感体验。

个体对性客体选择的有意识和无意识的聚焦可将性兴奋转变为**情
欲**（erotic desire）。情欲包含与特定的客体发生性关系的愿望。然而，
性兴奋并不是没有客体。它和其他情感一样，也与客体有关，但却是
原始的"部分客体"（part-object），这无意识地反映了共生关系中的
融合体验和分离-个体化早期的合并（merger）愿望。

最初，即在出生后第一年或第二年，性兴奋是弥散的，它与性感
区受到的刺激有关。相比之下，情欲这种情感更复杂，其客体关系的
特定性质在认知上也更具分化性。

情欲的特征是由与俄期客体联结时的性兴奋决定的；这种欲望旨
在于性合并（sexual merger）时寻求与俄期客体共生融合。正常情况
下，成熟个体的性兴奋是在情欲的背景下被激活的；因此，我对这两
种情感的区分可能显得有些强行或人为。而在病理状态下——例如严
重的自恋性病理——内在世界零散的客体关系可能导致没有能力满足
情欲，并伴随弥散的、不加选择且永远无法满足的随机的性兴奋表现，
甚至缺乏体验到性兴奋的能力。

我们将在随后的章节中探讨**成熟的性爱**（mature sexual love），并
把情欲扩展为与特定的人的关系；在这种关系中，过去的无意识关系，
以及作为伴侣对未来生活的有意识期望，外加双方共同的自我理想
（ego ideal）都会被激活。成熟的性爱是一种在性、情绪和价值观领域
的承诺。

在我提出上述定义后，随之而来的问题是：如果性兴奋和情欲是
在婴儿和照顾者之间的早期关系以及不断演变的俄期情境中得到发展
的，那么它们对于这些客体关系的发展来说是次要的吗？可以说它们
是由生物学倾向"招"来，并服务于内在世界和实际客体关系的发展

的吗？还是说，随着生理器官的逐渐成熟，性兴奋这一早期和晚期客体关系的组织者才得以发展？这里，我们涉及了精神分析理论关于生物本能、心理驱力和内化的客体关系三者之间的争议领域。在继续讨论情欲的特定认知结构之前——将性兴奋转变为情欲的早期幻想结构——我们有必要就这些问题进行探索。

17 ## 》本能、驱力、情感和客体关系

正如霍尔德（Holder, 1970）所指出的，弗洛伊德明确将驱力和本能区分开来。他认为驱力是人类行为的心理动因，是连续的而不是间断的。与此同时，他认为本能是生物性的、可遗传的，且在感觉上是不连续的，它们会被生理和 / 或环境因素激活。力比多就是一种驱力，而饥饿则是一种本能。

拉普朗什和波塔利斯（Laplanche & Pontalis, 1973）也相应地强调，弗洛伊德所说的本能是一些行为模式，这些行为模式在特定物种的成员之间几乎没有差异。令人印象深刻的是，弗洛伊德的本能概念与现代生物学中的本能理论非常相似，例如廷伯根（Tinbergen, 1951）、洛伦茨（Lorenz, 1963）和威尔逊（Wilson, 1975）所提出的理论。这些研究者认为，本能是由生物学决定的知觉、行为和交流模式的等级组织，会被可激活先天释放机制的环境因素所触发。这种生物-环境系统被认为具有表观遗传性质。正如洛伦茨和廷伯根的动物研究所表明的，将特定个体中不相关的各种先天行为模式联系起来并形成成熟和发展的组织，在很大程度上是由环境刺激的性质决定的。在这种观点看来，本能是分级组织的、生物性的动机系统。它们通常按照进食、战斗-逃跑或交配行为被分类——当然也可以用其他方法分类——代表着先天的倾向和由环境决定的学习的整合。

尽管弗洛伊德认识到了驱力的最终生物学来源，但他也反复强调

缺少把这些生物学倾向转化为心理动机过程的信息。他的力比多或性欲的概念是一个由较早发展出来的"部分"（partial）性驱力组成的等级意义上的上位组织。他最终关于驱力的观点，是性和攻击的双重驱力理论（Freud, 1920），该理论认为驱力是无意识的心理冲突和心理结构形成的最终来源。弗洛伊德根据性感区的兴奋力（excitability），描述了性驱力的生物学来源，但他没有描述攻击性的具体生物学来源。与力比多具有固定来源相反，他认为在整个心理发展过程中性驱力和攻击驱力的对象和客体一直都在变化：我们可以在各种各样复杂的心理发展中发现性和攻击动机的这种发展连续性。

弗洛伊德（Freud, 1915b, c, d）曾提出，驱力可以通过心理表征或观念（即，驱力的认知表达）和情感表现出来。他至少两次改变了对情感的定义（Rapaport, 1953）。最初，他（1894）认为情感几乎等同于驱力。后来，他（1915b, d）认为情感是驱力释放的产物（特别是其令人愉悦或痛苦的、精神运动性的和植物神经性的特征）。这些释放过程可能会达到意识水平，但不会受到压抑；只有驱力的心理表征，以及对相应情感的记忆或激活这种情感的倾向会被压抑。最终，弗洛伊德（1926）认为情感是自我的先天倾向（阈值和通道），并强调了其信号功能。

如果情感和情绪（即，认知上精细的情感）是复杂的结构——包括主观体验到的痛苦或愉悦、特定的认知和表达-交流成分、植物神经释放模式——以及如果像婴儿研究者（Emde et al., 1978; Izard, 1978; Emde, 1987; Stern, 1985）发现的那样，它们在生命前几周和几个月就已经存在，那么它们是心理发展的主要动力吗？如果它们既包含认知成分又包含情感成分，那么和更广泛的驱力概念相比，情感概念中未包含的部分是什么？弗洛伊德认为驱力从出生伊始就存在，但他也暗示驱力是可以成熟和发展的。也许可以说，情感的成熟和发展是潜在驱力的表达，但如果驱力的所有功能和表现都可以被包含在不断发展

18

的情感的功能和表现之中，那么在情感的组织结构下将很难维持一个独立的驱力概念。事实上，情感在整个发展过程中的转化，它们与内化的客体关系的整合，它们整体的二分发展——愉悦的部分建立起力比多系列，而痛苦的部分则建立起攻击性系列——都表明它们的认知部分和情感部分一样丰富和复杂。

我认为情感是一种本能结构（见 Kernberg, 1992），具有心理生理性质，是生物学上赋予的，并在发展中被激活，其中也包括心理成分。这些心理成分组织起来，构成了弗洛伊德描述的攻击驱力和力比多驱力。在我看来，部分性驱力的概念太有局限性，限制了相应情感状态的整合，而力比多作为一种驱力则是对这些状态进行分级上位整合，也就是对所有以情欲为中心的情感状态进行整合的结果。因此，与精神分析界仍然十分流行的、仅仅把情感看成是驱力释放的产物的观点相反，我将它们视为生物学本能和心理驱力之间的桥梁结构。我认为，情感发展的基础是充满情感的、以情感记忆为形式的客体关系。埃姆德、伊扎德和斯特恩都指出了客体关系在情感激活中的核心功能。他们的观点支持了我的想法，即固定在记忆中的早期情感状态包含了这样的客体关系。

在各种发展任务和被生物性激活的本能行为模式的影响下，个体对同一客体会有不同的情感状态。这种"对同一客体的多种情感状态"可以提供一种简约的解释，用来说明个体如何将情感联系起来并转化为一种上位的动机系列，从而形成性驱力或攻击驱力。例如，养育期间愉悦的口腔刺激和如厕训练期间愉悦的肛门刺激可能使婴儿和母亲之间的愉悦互动结合在一起，这些互动也把口欲和肛欲力比多的发展联系在了一起。婴儿在口欲期对挫败的暴怒反应和肛欲期的权力斗争特征可能会与随之发生的攻击性情感状态联系在一起，从而产生攻击驱力。此外，婴儿在分离-个体化的实践阶段对母亲强烈而积极的情感投入（Mahler et al., 1975）可能与性欲有关，这种渴望源于俄期生殖器感觉的激活。

但是，如果我们认为情感是驱力原始的、心理生物层面上的"基本构成要素"和最早的动机系统，我们仍需要解释情感是如何被组织进上位系统的。为什么我们不说原始的情感本身就是最终的动机系统呢？因为我认为情感在整个发展过程中会经历许多间接的组合和转化，所以基于情感而不是基于两种基本驱力的动机理论将会很复杂，且无法满足临床需要。我还认为，由情感决定的早期体验的无意识整合，需要假设存在一种高于情感状态本身所处水平的动机组织。我们需要假设一个动机系统，它公平公正地整合了所有与父母客体有关的情感发展。

同样，用拒绝驱力概念的依恋理论或客体关系理论取代驱力和情感理论的尝试，由于只强调依恋的积极或力比多部分，忽视了无意识组织中的攻击性，所以降低了心理内部生活的复杂性。尽管在理论中不一定如此，但在实践中，我认为，拒绝驱力理论的客体关系理论家 **20** 也严重忽视了动机的攻击性部分。

出于这些原因，我认为我们不应该用情感理论或有关动机的客体关系理论取代驱力理论。把情感当作驱力的基本构成要素似乎很合理也更可取。因此，情感一方面是由生物学决定的本能成分和心理组织之间的纽带，另一方面也是驱力的心理内部组织。一系列奖赏性和厌恶性的情感状态与力比多和攻击性这两条线的对应关系无论在临床上还是在理论上都是有意义的。

我认为，把情感看成驱力的基本构成要素解决了精神分析的驱力理论中一些长期存在的问题。这样，就可以把性感区的概念从只作为性欲"来源"，扩展为对所有心理上被激活的功能和身体区域的普遍考虑，这些功能和身体区域共同参与婴儿和儿童与母亲之间有情感投入的互动。这些心理功能包括从对身体功能的关注转换到对社会功能和角色代入（role enactments）的关注。我提出的概念还提供了精神分析理论中遗漏的联系，即，将母婴互动中的攻击性投注（investment）的"来源"，与带有攻击性的口腔摄入拒绝、肛门控制、和发脾气相关的直接的身体力量抗争等方面的"区域"功能联系起来。有情感投注的客体关系为生理"区域"提供了能量。

早期的痛苦、暴怒、恐惧，以及后来的抑郁和内疚，这些相继出现的心理生理情感决定了一系列相应的、攻击性的自体和客体投注。这些投注被有关攻击性的无意识冲突重新激活，并在移情中表达出来。在我看来，直接内化力比多和攻击性情感倾向，使之成为自体和客体表征的一部分（术语是"内化的客体关系"），这种内化与自我和超我结构整合在一起，代表着对这些结构进行了力比多和攻击性的投注。

根据这种驱力与情感之间关系的概念，本我就是由被压抑的、强烈的攻击性或性欲化的内化客体关系组成的。这种对本我的心理过程进行凝缩和置换的特征，反映了与之对应的攻击性的、力比多层面的，以及后来结合在一起的一系列具有情感相关性的自体和客体表征之间的联系。

以这样的概念来理解驱力也使我们能够妥善应对生命中由生物学决定的、新的情感体验。这些体验是青少年期性兴奋的激活，此时情欲上兴奋的情感状态与生殖器兴奋以及源自俄狄浦斯发展阶段的、带有情欲的情感和幻想整合了在一起。换句话说，在生命周期的各个阶段，驱力（力比多和攻击性）的增强是由将新的心理生理层面上激活的情感状态并入先前存在的、分级组织的情感系统这一过程决定的。

更普遍而言，一旦将驱力组织作为上位动机系统确立下来，心理内部冲突背景下驱力的任何特定激活就都可以用相应的情感状态的激活来表征。情感状态包括内化的客体关系，它本质上是在特定情感状态下与特定客体表征有关的特定的自体表征。自体和客体之间互惠的角色关系通常由相应的情感来框定，一般以幻想或愿望的方式表达。无意识幻想即由自体表征、客体表征以及将它们联系起来的情感这几个单元组成。简而言之，就像弗洛伊德（Freud, 1926）指出的那样，情感既是驱力的信号或表征物，也是它的基本组成部分。

弗洛伊德（Freud, 1905）把力比多描述为一种驱力，认为它源自对性感区的刺激，并具有特定的目标、压力和客体。如前所述，我相信力比多起源于原始的情感状态，包括在早期母婴关系中发现的欣快状态以及共生体验和幻想的特征。与母亲在日常条件和静止状态^①下产生的充满感情的体验和通常的愉悦感一起，也被整合到力比多的不断发展之中。

性兴奋是一种产生较晚，并更具分化性的情感；它是力比多驱力的重要组成部分，但它作为一种情感，却源自对各种性感区进行刺激而产生的略带有情欲色彩的体验的整合。实际上，对于整个心理体验领域而言，作为一种情感的性兴奋，它并不局限于对任何特定的性感区的刺激，而是表现为整个身体的愉悦感。

正如力比多或性驱力是由积极的或奖赏性的情感状态的整合形成的那样，攻击驱力是由大量消极的或厌恶性的情感体验（暴怒、厌恶和仇恨）相整合而形成的。暴怒实际上被认为是攻击性的核心情感。婴儿研究者曾广泛记录了暴怒的早期特征和发展；围绕着暴怒，聚集了复杂的攻击性情感形式并形成驱力。婴儿研究证实，暴怒的原始功能在于试图消除疼痛或激惹的来源。在围绕暴怒反应发展出的无意识幻想中，暴怒既意味着激活"全坏"的客体关系，又意味着想要消除它并恢复"全好"的关系，即恢复在积极的力比多情感状态影响下的客体关系。但是，攻击性的精神病理并不仅限于暴怒发作的强度和频率：作为一种病态的驱力，攻击性的主导情感是仇恨（hatred）；这是一种复杂的情感，即一种稳定的、结构化的、指向客体的暴怒。

攻击性也会进入性体验本身。我们可以看到，插入和被插入都包

———————

① 即无互动状态。——译者注

含服务于爱的攻击性，即利用疼痛体验的情欲潜力作为性兴奋和性高潮中与对方融合的必要促进因素。当母婴关系被严重的攻击性主导时，这种把疼痛转化为情欲性兴奋的正常能力就会失效，并且它可能是连接通过在他人身上诱发痛苦而产生的情欲性兴奋的重要桥梁。

我认为，对驱力与情感之间关系的这种构想的确符合弗洛伊德的双重驱力理论，同时也把精神分析理论与当代生物学本能理论以及婴儿期和幼儿期的发展观察协调地联系在了一起。

如果性兴奋是一种基本的情感，围绕着这种情感，一系列情感共同构成了力比多驱力，那么情欲——指向特定客体的性兴奋——就会在心理现实被俄狄浦斯式结构化的背景下，将性兴奋与内化的客体关系世界联系起来。实际上，情欲有助于将部分客体整合到完整的客体关系之中，也就是说，把分裂或解离的自体和客体表征整合进完整的或作为整体的客体关系之中。这种发展过程加深了性体验的性质，并最终会形成成熟的性爱。

》情欲的临床和起源学特征

当情欲在精神分析式探索过程中显现出来时，它的临床特征是什么？首先，是对愉悦的追求，它总是指向另一个人，一个可以插入、侵入或是被插入、被侵入的客体。它是一种对亲近、融合和混合的渴望，意味着强行穿过障碍并与所选择的客体合为一体。意识或无意识层面的性幻想是指侵入、插入或占用，并包括身体突出的部位和开口之间的关系——处于侵入或插入这一方的阴茎、乳头、舌头、手指、粪便，以及处于接收和包裹这一方的阴道、口腔、肛门。当性行为不能起到与客体融合这一更广泛的无意识功能时，对这些身体部位进行有节奏的刺激所带来的情欲满足感就会减少或消失。"涵容者"（container）和"被涵容者"（contained）不能与男性和女性、主动者和被动者相混淆；情欲包括主动地并入和被动地被插入的幻想，以及主动地插入和被动地被并入的幻想。我曾提出，在特定的性互动中，同时认同自体和客体的心理双性对于男性和女性来说都是普遍的。有人可能认为，双性首先是与性关系中的两个参与者，或与性体验的三角关系中的所有三个人（包括"被排除在外的第三方"）认同的功能（Liberman, 1956）。

情欲的第二个特征是认同伴侣的性兴奋和性高潮，以享受两种互补的融合体验。这里的主要要素是从对方的欲望中获得的愉悦、对方对自己性欲的回应中包含的爱，以及在狂喜中融合的相关体验。这时也存在同时成为两种性别的感觉、暂时克服了两性间通常牢不可破的障碍的感觉，以及对性侵入所包含的插入和包裹、被插入和被包裹的完成和享受的感觉。在这一点上，对所有"插入"的解剖学部位以及所有"包裹"或"可插入"的开口的象征性置换，标志着情欲从各个区域都在凝聚；这是一种可预期的、从性兴奋到"区域混淆"的退行（Meltzer, 1973），以及随之而来的，性活动或性接触中反映双方整个身体外表的幻想和体验的汇集。这种对他人的认同，可以满足人们的融合愿望、同性恋渴望以及俄期竞争——意味着所有其他关系都消失在这一独特而融合的性配对中。同样，无意识地与两种性别认同消除了对另一种性别的嫉羡（envy）；并且，通过在保持自己身份的同时又成为另一个人，个人会有实现主体间超越的感觉。

情欲的第三个特征是一种逾越感（transgression），即克服所有性接触中所隐含的禁令，这种禁令源于俄狄浦斯期的性生活结构。这种感觉有多种形式，最简单和普遍的是逾越通常的社会约束条件，即不在公共场合展示私密的身体外表和性兴奋。司汤达（Stendhal, 1822）首先指出，正是脱衣服的行为消除了社会羞耻感的观念，使恋人面对彼此而不感到羞耻，而性接触后穿衣服则是对传统羞耻感的回归。传统道德观（Kernberg, 1987）倾向于压制或调节那些与婴儿期多形态的

24

（polymorphous）性目标最直接相关的性接触方面，正是这些带有典型倒错结构的目标，最直接地表达了性兴奋和情欲性的亲密感以及对社会传统的逾越。

基本上，这种逾越包括违背俄期禁令，从而达成对俄期竞争对手的蔑视和胜利。但是，它也包括对性客体本身的逾越，表现为诱人的挑逗和珍藏密敛（withholding）。情欲包含这样一种感觉，即客体既献出自己又收敛自己，并且对客体进行的性插入或吞没也是对他人边界的侵犯。从这个意义上讲，逾越也包含对客体的攻击，这种攻击性在令人愉悦的满足中被唤起，混合着在痛苦中体验到愉悦的能力，并把这种能力投射到客体上。这种攻击性本身也是令人愉悦的，因为它被涵容在爱情关系中。这样，我们就把攻击性融入了爱中，使我们面对不可避免的矛盾情感时可以感到安全。

超越自体边界的尝试带来的狂喜和攻击性特征代表着情欲复杂的一面。巴塔伊（Bataille, 1957）在另一个背景下提出，最强烈的超越体验发生在爱的"标志"和攻击性的"标志"之下。他认为，人性运作最戏剧化的特征之一是，自体与他人之间的边界会在最深地退行到令人狂喜的爱的时刻和在极度痛苦的情境下破裂。折磨者和受折磨者之间发展出的亲密关系，以及它对二者的心理体验的持久影响，很可能源于最原始的，通常是被解离或被压抑的对自体和客体间融合的、"全坏"的关系的觉察，这种关系构成了在共生发展阶段分裂出的"全好"客体的对立面。

情欲把生殖器兴奋和性高潮转化为与他人融合的体验，这种体验提供了终极的满足感，超越了自体的极限。在性高潮的体验中，这种融合还促进了与个人体验中的生物学方面的一体（oneness）感。然而，出于同样的原因，成为他人诱发的痛苦的客体、与攻击性客体认同并将自己体验为受害者，会在痛苦中产生一种联合感，从而加强爱的融合。在他人身上诱发痛苦并与他人痛苦中的情欲性快感认同就是情欲性施虐，与之对应的则是情欲性受虐。从这方面来说，情欲也包含屈服的元素，即接受他人奴役的状态，与之对应的则是成为他人命运的主人。这种攻击性的融合在多大程度上会被爱所包容，是由超我这一包含攻击性的爱的守护者决定的。无论是在愉悦中还是在痛苦中，个体总是在寻求一种强烈的、可以暂时抹去自体边界的情感体验，寻求一种可能赋予生命以根本意义的体验，寻求一种把性参与和宗教式狂喜联系起来的超越感，或寻求一种超越日常生活限制的自由体验。

对他人身体或象征性地代表身体的客体的理想化（idealization）是情欲的一个基本方面。卢西尔（Lussier, 1982）和沙瑟盖-斯米格尔（Chasseguet-Smirgel, 1985）分别指出了理想化在恋物和倒错中的核心作用。这种理想化是一种防御，代表了对倒错的肛欲性退行的否认和对阉割焦虑的否认。对于理想化在病理中的重要作用，我同意他们的看法；我还认为（Kernberg, 1989a），无论是在异性恋还是同性恋关系中，对性伴侣的生理结构、身体外表的理想化是能够正常地整合柔情（tender）和情欲的关键。这种情欲性理想化与沙瑟盖-斯米格尔（1985）描述的浪漫之爱中的正常理想化过程是平行的，即把自我理想（ego ideal）投射到爱的客体上，同时提升自尊。在成熟的性爱中，自我理想的复制品以理想化的爱的客体的形式创造了与世界和谐的感觉，实现了一个人的价值体系和审美理想：道德和美在爱的关系中得以实现。

梅尔策和威廉姆斯（Meltzer & Williams, 1988）认为，存在一种早期的"审美冲突"（aesthetic conflict），这种冲突与婴儿对母亲身体的态度有关。婴儿对母亲的爱是通过以下三个过程来表达的：理想化母亲的身体外表；内射母亲的爱，这种爱表现为母亲理想化婴儿的身体；在这种自我理想化中与母亲认同。这样的理想化将会产生最早的审美价值感和美感。相比之下，梅尔策和威廉姆斯认为，分裂出的（split-off）对母亲的攻击性主要指向母亲的身体内部；通过投射，婴

26 儿会把母亲的身体内部体验成是危险的。因此，暴力侵入母亲身体的欲望和幻想都是攻击性的表达，是对她外在美貌的嫉羡，也是对她有着赋予生命和爱的能力的嫉羡。对母亲身体外表的理想化是对潜伏其下的危险的攻击性的防御。沙瑟盖-斯米格尔（Chasseguet-Smirgel，1986）关于俄狄浦斯情结中的那些古老方面（幻想着破坏母亲的身体内部、父亲的阴茎、父亲的婴孩，以及把母亲内部转化成一个无止境的腔洞）的研究工作有着很重要的意义，能够澄清原始攻击性的本质，以及那些指向母亲身体内部的恐惧。

在这些作者看来，男性对女性身体的理想化总是可以追溯到对母亲身体外表的理想化以及由此诱发的兴奋。同样，对阴道和女性身体内部的无意识恐惧也可以追溯到与母亲的早期关系。

对于男性而言，对同性恋伴侣身体部位的理想化通常也可以追溯到对母亲身体的理想化。虽然对男性身体部位的理想化最初并不如对女性身体的理想化那么明显，但这种能力会在与男性建立的令人满意的性关系背景下发展起来；这一男性伴侣无意识中代表了俄期父亲，重申了女性身体的美感和价值，从而把她的生殖器性欲从早前的婴儿期抑制中解放出来。无论是男性还是女性，客体关系中柔情和情欲元素的整合都为理想化身体外表提供了更多的深度和复杂性。

当所爱之人的身体成为一种具有个人意义的形态（geography）之后，早期对与父母客体的多形态倒错关系的幻想便凝缩为对所爱之人身体部位的赞赏和侵入。情欲根植于无意识地上演多形态倒错幻想和行动的乐趣，包括象征性地激活最早期婴儿与母亲的客体关系以及幼儿与父母双方的关系。所有这些都通过性交和性游戏中的倒错成分来表达，如口交、舔阴、肛门插入，以及暴露式、窥阴式和施虐式的性游戏。在这里，无论是男性还是女性，早期与母亲的关系，和身体外表、突起和窍孔相互插入所带来的愉悦感有着重要联系。母亲的贴身照顾激发了婴儿对自己身体外表的情欲意识，并通过投射产生了对母亲身体外表的情欲意识。以对身体外表的情欲刺激的形式得到的爱，又会作为表达爱和感恩的媒介激起情欲。

当一个女人爱一个男人时，她就会被他身体各方面的形态激起情欲；而如果爱结束了，她对他身体的兴趣和理想化就会消失。相应地，那些表现出对女性身体之前理想化的各方面迅速失去兴趣的自恋的男性，只有当经过精神分析治疗，内化的客体关系（通常与对女性深深的嫉羡有关）的无意识恶化得以解决时，他们才能够保持这种兴趣。我觉得不论是男性还是女性，尽管他们有着不同的性发育史，但对身体外表的理想化作为情欲的重要方面，都能使原始的内化客体关系发挥功用。由此，个体在爱的关系中的所有历史就被象征性地铭刻进所爱客体解剖学的方方面面。

当强烈的攻击性缺少令人愉悦的体表刺激时，体表层面的情欲便会无法产生或消失；这种组合干扰了作为情欲刺激一部分的早期理想化过程的发展，导致了最初的性抑制。这种抑制可以在一名女患者身上得以说明，她强烈的移情之爱与希望我杀死她的愿望有关。与后来出现的超我功能和俄期禁令有关的对性兴奋的次级压抑（secondary repression），比这种抑制要轻得多，并且治疗的预后要好得多。

挑逗与被挑逗的愿望是情欲的另一个重要方面。这种愿望与超越某些禁令所设的障碍时的兴奋密切相关，因为这种超越会被体验为是罪恶的或不道德的。实际上，性客体始终是被禁止的俄期客体，而性行为是对原初场景（primal scene）的象征性重复和克服。这里，我强调的是客体的珍藏密敛本身，即挑逗是应许和收敛、引诱和挫败的结合。裸露的身体可能会刺激性欲，但部分隐藏的身体却更具刺激性。这可以很好地解释为什么在脱衣舞表演的最后完全裸露时，表演者会迅速退场。

性挑逗通常（尽管不完全）与暴露挑逗有关，并表明了暴露癖和施虐癖之间的密切联系：引起重要他人兴奋和挫败重要他人的愿望。

27

出于同样的原因，窥阴是对暴露挑逗最简单的回应，它代表着对收敛自己的客体的施虐性插入。一方面，像其他倒错一样，暴露性倒错是男性典型的性偏离；另一方面，暴露行为则更多与女性的性格特征交织在一起。精神分析对女性暴露癖的解释——阴茎嫉羡的反向形成（reaction formation）——应该加以修正，纳入我们最近对小女孩在客体选择时从母亲转向父亲这个过程里的步骤的认识之中：暴露可以是一种有距离的、对性肯定的恳求。父亲对他的小女孩及其阴道生殖力（genitality）的爱和接纳，再次确认了她的女性化同一性和自我接纳感（Ross, 1990）。

女性的性行为会让人感觉既有暴露性又珍藏密敛；也就是说，作为挑逗，这是对男性情欲的有力刺激。而且，被挑逗的体验也会引发攻击性，这是侵入女性身体的一种动机，同时也是性关系中窥阴部分的一种来源，其中包含想要对所爱女性所做的那些——支配、暴露、相遇，以及克服真真假假的羞耻感所带来的障碍。克服羞耻感（shamefulness）与克服羞辱感（humiliation）并不一样；羞辱的愿望通常包含第三方（见证羞辱的人），并意味着更大程度的攻击性——这不利于建立起一对一的、排外的性客体关系。

偷窥一对夫妇的性交的冲动是一种激烈地打断原初场景的愿望的象征性表达——是侵入俄期夫妇的隐私和秘密，并报复具有挑逗性的母亲的愿望的缩影。窥阴是性兴奋的重要组成部分；从某种意义上说，因为每种性亲密都暗含隐私和秘密的要素，所以窥阴就是对俄期夫妇的认同和对他们的潜在胜利。许多伴侣不能在自己家中或靠近他们孩子的地方，而只能在其他隐蔽的地方享受性生活，就是性亲密的这一方面受到抑制的例证。

这将我们引向情欲的另一个方面，也就是在两种愿望间摆动——一方面想要保密、亲密和排他，另一方面想要从性亲密中跳出，彻底中断（与安德烈·格林的私人交流）。与通常认为的女性想要维持亲密感和独占性、男性想要在性满足后脱身的看法相反，临床证据显示，许多渴望依赖妻子的男性会在他们发觉妻子对婴儿和其他年幼孩子深情地奉献时感到挫败，而许多女性也会抱怨她们的丈夫不能保持对她们的性兴趣。

尽管男性和女性的性现象存在不同类型的不连续性，但即使在一段连续的、充满爱意的关系中，性行为不连续和反复断开的事实，也与情欲及其行为的私密性、亲密性和融合性方面同等重要。如果缺少这种不连续，取而代之的是一种与日常生活融为一体的性关系，这很可能会导致融合体验中攻击性元素的积累，并最终威胁到整个关系。日本导演大岛渚（Nagisa Oshima, 1976）的电影《感官世界》就展示了当一对恋人倾其所有地全身心投入性爱时，他们的关系会逐渐恶化为肆无忌惮的攻击性，并最终消除他们与外部世界的联系。

情欲和成熟的性爱吸收并表达了亲密客体关系中常见的矛盾情感的所有方面。性关系中深情的、温情的、多形态的（尤其是施受虐性的）倒错的强度反映了这种矛盾情感的表达，并构成了爱情关系的基础纽带。但更具体地说，这种矛盾情感可以通过我所描述的性关系中的正三角和反三角关系（参见第六章）——本质上，是伴随着情欲和性交的无意识和有意识幻想——来说明。想要成为性伴侣唯一的、首选的、得胜的、排他的爱的客体，并在每次性接触中都能击败俄期对手的愿望，其对立面是想要与两个异性伴侣交往的欲望——旨在报复令人沮丧的、具有挑逗性的和珍藏密敛的俄期父亲／母亲。在这些俄期动力中，对母亲的深刻的矛盾情感和想要消灭父亲的愿望的最初前兆，导致了在攻击性中融合进了对所爱客体的破坏，也很难体验到因投入地与理想化的原始母亲融合而感觉到的那如田园般美妙的世界（A. Green, 1993）。

在整个讨论中，我都涉及了情欲的这些组成部分的根源。布伦瑞克和费恩（Braunschweig & Fain, 1971, 1975）就情欲在婴儿和幼儿与母亲关系的发展方面的特征提出了一个颇有吸引力的观点。我将简要概括他们的观点。无论是男婴还是女婴，早期与母亲的关系都决定了儿童后来的性兴奋和情欲的能力。母亲在情感上传达她对男婴的爱的同时，通过对男婴体表的刺激来给予照料和表达愉悦，从而激发婴儿的情欲；婴儿在这种刺激下会与母亲认同，并且同样地，当母亲离开他，以性感女人的样子回到父亲身边，从而使婴儿感到被抛弃时，他

30 也会与母亲认同。婴儿们觉察到，父亲在场时，母亲的态度与他不在时不太一样（与保利娜·克恩伯格的私人交流）。

布伦瑞克和费恩认为，其中的关键因素是母亲在心理上转离婴儿。正是在这一刻，婴儿让自己与令人挫败而又不断给予刺激的母亲认同，与母亲的情欲刺激认同，以及与母亲的性伴侣——作为母亲的性客体的父亲——认同。婴儿对父母双方的这种认同，为心理双性提供了基本框架，并巩固了儿童无意识幻想中的三角情境。

当男性婴儿承认这种挫败感，并对母亲的情欲进行即时审查（censorship）时，他便会将他的情欲刺激转换为手淫幻想和活动，包括渴望取代父亲，以及在原始的象征性幻想中渴望成为父亲阴茎和母亲欲望的客体。

对于小女孩来说，母亲会微妙且无意识地拒绝原本可以在与小男孩的关系中自由体验的性兴奋，从而逐渐抑制女孩对她最初的阴道生殖力的直接觉察；因此，她渐渐变得不太能觉察到自己的生殖器冲动，同时当她与母亲的关系中断时，也更少直接地感到挫败。对母亲情欲的认同采取了更微妙的形式，它源于母亲的宽容，并能培养小女孩在其他方面对自己的认同。小女孩对自己生殖力的"秘密"（underground）本性有着心照不宣的理解，而她对母亲的深入认同也增强了她对父亲的渴望以及对俄期夫妇的认同。

小女孩把客体从母亲变成父亲，说明她有能力与她深爱、敬仰却又遥不可及的父亲发展有深度的客体关系；她可以偷偷地希望自己最

终会被父亲接受，并变得能够再次自由地表达自己的生殖器性欲。这种发展培养了小女孩全情投入于客体关系的能力。因此从很早开始，女性在性生活中做出这种承诺的能力就比男性要强。

其原因在于早期的信任运用，包括：小女孩将客体从母亲转向父亲时的信任，对父亲"有距离地"（from a distance）对她女性气质的爱和肯定的信任，对她能够把依赖需要转移到与母亲相比在身体上有更少接触的人的信任，以及，同样在改变客体时，对她逃脱前俄期冲突和对母亲的矛盾情感的信任。对于男性来说，他们和母亲的关系到后来与女性客体之间的关系有着一致性，这意味着男性对母亲一直存在着潜在的前俄期和俄期冲突，使得男性在处理对女性的矛盾情感时将会更困难，而且在发展整合生殖器需要和柔情需要的能力方面，男性会比女性更慢。相反，在有能力与男性建立起深度爱情关系（她们更早具有这种能力）的背景下，女性才会倾向于去发展她们建立完整的生殖器关系的能力（她们更晚具有这种能力）。简言之，男性和女性充分享受性爱的能力及建立深度客体关系的能力的发展顺序是相反的。

在我看来，布伦瑞克和费恩的理论提供了一种新的精神分析路径，可用以理解观察到的两性早期的生殖器手淫现象，以及在对女性的精神分析中一致观察到的关于母亲对其婴儿的回应的情欲方面的临床现象（Galenson & Roiphe, 1977）。他们的理论有助于我们更好地理解情欲：情欲与融合的愿望之间的关系，它表达了与母亲共生的渴望（Bergmann, 1971）；对挑逗客体的寻求，以及性兴奋中攻击性元素的复仇性质；情欲的多形态倒错性质，它是对情欲起源于发展早期的一种表达；男性和女性在对情欲的生殖器和柔情方面的态度上的不同发展；疼痛的性欲化与对疼痛和情欲中攻击性部分的融合的寻求之间的联系；心理双性；关于"被排除在外的第三方"的无意识冲突；性关系的不连续性。

31

第三章
成熟的性爱

现在，我们来到了发展性转化的最复杂阶段，这一阶段从作为一种基本情感的性兴奋开始，然后是对另一个人的情欲，并最终达到成熟的性爱。毫无疑问，诗人和哲学家对成熟爱情的前提和构成要素的描述，比精神分析的剖析要好得多。不过，为了更好地理解是什么限制了人们达到成熟的恋爱关系的能力，我认为有必要进行这种剖析。

本质上，我认为成熟的性爱是一种复杂的情绪倾向，它整合了下列要素：（1）性兴奋，可转变为对另一个人的情欲；（2）柔情，源于对所投注（带有力比多和攻击性）的自体表征的整合，其中爱压倒了攻击性，并容纳作为所有人类关系之特征的正常的矛盾情感；（3）对他人的认同，包括互惠的生殖器认同和对对方性别同一性的深切共情；（4）理想化的成熟形式，以及对他人和关系的坚定承诺；（5）爱情关系在以下三方面的激情特质，即性关系、客体关系和对伴侣的超我投注。

》 对情欲的进一步思考

在上一章中，我提到性兴奋是在前俄狄浦斯和俄狄浦斯发展阶段的背景下，从对肌肤和身体开口的刺激中产生并逐渐集中于特定身体部位和窍孔的一种情感。终其一生对身体亲密接触和刺激的向往，以及对身体亲近的渴求，都与对父母客体共生融合的渴望联系在一起，并且同样也与最早的认同形式联系在一起。

33

婴儿在满足的、有爱的关系中，享受着与母亲亲密的身体接触；他/她对母亲的这种爱，伴随着原始幻想的发展，以满足多形态的性渴望。由此，婴儿建立了一个内化的幻想世界，其中充满了令人兴奋和让人满足的共生体验，并最终构成了无意识中力比多动力的核心。

同时，性兴奋中的攻击性及施受虐成分代表了攻击性情感的并入，这种并入不但是多形态的婴儿期性反应本身的一部分，而且是寻求融合、插入、被插入过程的补充；从广义上来说，它也是情欲反应的一部分。我在前文提到过梅尔策和威廉姆斯（Meltzer & Williams, 1988）的观点，即对母亲身体外表的理想化具有防御功能，可防止攻击性幻想被投射到母亲身体内部，并直接表达理想的母亲形象的爱和最早的感官满足的整合。对母亲身体外表的原始理想化，通过早期的内射和对母亲的原始认同，产生了婴儿对自己身体的理想化。分裂过程的原始理想化特征使这种理想化与"全坏"或迫害性体验相互解离，从而保持了对理想化客体的性倾向，并保护了性兴奋不被攻击冲动所淹没。

在前俄期母婴关系的背景下，性兴奋的变迁代表了情欲的起源，这种欲望在俄狄浦斯发展阶段达到顶峰。弗洛伊德（Freud, 1905）提出，婴儿期心理导致主要的生殖器冲动直接指向异性别的父亲或母亲，同时激活对同性别的父亲或母亲强烈的矛盾情感和与他或她的竞争。与无意识中弑杀同性别的父亲或母亲的愿望相对应的是与异性别的父亲或母亲乱伦的愿望和对阉割的恐惧，其中还伴随着对威胁和惩罚的无意识幻想。这组正性的俄狄浦斯情结与负性的俄狄浦斯情结——对同性别的父亲或母亲的性爱和与异性别的父亲或母亲的竞争及对他或她的攻击——是平行的。弗洛伊德认为，负性俄狄浦斯情结是对正性俄狄浦斯情结引起的阉割焦虑的防御；换句话说，防御性的同性恋式

34 屈从（defensive homosexual submission）是负性俄狄浦斯情结重要但非独有的动机，其根源在于前俄狄浦斯期的双性现象。

这一理论通过把患者所强烈依恋的分析师解释为理想的、无法获得的、被禁止的客体，为我们阐明了移情之爱的本质。但弗洛伊德（Freud, 1910a, b, c, 1915a）惊讶于移情的强烈程度和剧烈性，以及移情与患者会爱上分析师之间的明确联系；因此，他认为，无意识地寻找俄期客体是所有正常的爱的关系的一部分，并为对爱的客体的渴求和理想化提供了潜在渠道。然而正如伯格曼（Bergmann, 1982）所指出的，弗洛伊德从未提出过一个全面的、能够清楚地把移情之爱、情欲之爱和正常的爱区分开来的理论。他理论中吸引我们的地方是，他把俄期渴望放在了情欲的无意识内容的中心。

情欲和柔情

柔情通常反映了带有力比多和攻击性的自体和客体表征与对矛盾情感的容纳（tolerance）之间的整合。巴林特（Balint, 1948）是第一个强调柔情的重要性的人，他认为柔情源于前生殖器期："对延长的、持久的关怀和感恩的需求，会让我们退行到古老的婴儿期的柔情之爱中，甚至会让我们停留着不再进一步发展。"（p. 114）就与重要他人的关系的内化而言——这些关系将构成复杂的内化客体关系世界（并最终决定自我、超我和本我这三个结构）——有两股主要力量影响着成熟的性爱能力的发展。一个是在与母亲的理想关系中，对至少短暂地恢复到共生一体状态的寻求——一种与爱的客体融合的退行性拉力。另一个是逐步整合差异的倾向，首先是整合自体和客体表征之间的差异，其次是把自体"全好"和"全坏"的表征整合到一个更统一的自体概念中，以及相应地把重要他人"全坏"和"全好"的表征整合到更完整的、对性角色明显有区分的综合概念中。

如前所述，对共生融合的寻求已经暗含于情欲的心理动力之中；

这种与分化的、整合的或"完整"的客体建立亲密关系的能力，与发展成熟的爱的关系的能力相辅相成。把"部分"融入"完整"的内化客体关系中，这种整合是分离-个体化阶段的终点，但却是客体恒常性（object constancy）开始的信号，也是俄狄浦斯期开始的信号。这标志着前俄狄浦斯发展阶段的完成，并且是发展温尼科特（Winnicott, 1955, 1963）所说的担忧（concern）能力的先决条件。这种发展意味着在早期的客体关系中将攻击性与爱融合在一起，我们也可以说它复制了当性兴奋和情欲主导时力比多与攻击性的整合。柔情表示一个人具有担忧爱的客体的能力。柔情表达了对他人的爱，它是对攻击性的反向形成结果的一种升华（修复）。

性爱能力的前俄期效应的本质一直是精神分析式探索的重要主题。伯格曼（Bergmann, 1971）沿着马勒（Mahler, 1968; Mahler et al. 1975）的发展图式，提出共生体验和分离-个体化阶段的正常发展是拥有爱的能力的前提。他指出，从与爱的客体建立理想关系这一早期自恋功能，到后来从原始俄期关系中获得的自恋性满足，这是一个自然的连续性。伯格曼（Bergmann, 1987）认为，在爱的关系中寻找失去的俄期客体，希望修复与新客体之间的俄期创伤，并在这种俄期渴望下寻求融合，这个过程复制了对共生融合的寻求。巴克（Bak, 1973）则强调相爱和哀悼之间的关系，认为相爱是一种基于母亲与孩子的分离的情绪状态，是为了直接消解这种状态以及后来与重要客体的分离和该客体的丧失。

威兹德姆（Wisdom, 1970）回顾了精神分析视角下对爱和性的理解中的基本发现和困境，并指出，梅莱妮·克莱因的抑郁位态理论虽然不能全部，但却可以部分解释成年人的爱中的基本组成部分。他认为，通过中和（neutralization）客体坏的方面，即通过修复理想化的客体，而不是将其从坏中分裂出来以保持客体全好的状态，爱的理想化得以发生。在这一联结中，威兹德姆描述了理想化在"偏执

35

分裂位态"（paranoid-schizoid position）和"抑郁位态"（depressive position）之间的差异（在我看来，这就像是边缘型患者和神经症患者对爱的客体的理想化之间的差异）。他列举了相爱中与发展哀悼和担忧能力有关的方面。乔斯林（Josselyn, 1971）提出，当失去爱的客体时，有些父母会剥夺孩子哀悼的机会，从而导致孩子爱的能力的萎缩。

36　　梅（May, 1969）则强调"关怀"（care）的重要性，认为这是成熟的爱的先决条件。他说，关怀是"一种状态，这种状态包括：认识到另一个人是与自己一样的人类同伴；与另一个人的痛苦或喜悦、内疚、怜悯认同；觉察到我们所有人都处在共同的人性基础上"（p. 289）。他认为，"担忧"（concern）和"同情"（compassion）也与此类似。实际上，他对关怀的描述很接近于温尼科特（Winnicott, 1963）对担忧的描述。

与他人认同

巴林特（Balint, 1948）提出，除了生殖器层面的满足外，真正的爱情关系还包括理想化、柔情和一种特殊形式的认同。他提议把最后这一点称为"生殖器认同"（genital identification），其中"伴侣的兴趣、愿望、感受、敏感性、短处与——或应该与——我们自己的同等重要"（p. 115）。简而言之，他认为被我们称为生殖器之爱的东西是生殖器层面的满足和前生殖器层面的柔情的一种融合，而生殖器认同则表达了这种融合。

巴林特的观点是对当时主流的"生殖器至上"（genital primacy）（作为理想的爱情关系的基础）倾向的一种转变，它指出了影响生殖器认同的重要的前俄期因素，并强调把前生殖器层面的柔情与生殖器层面的满足整合起来的重要性。

随着精神分析思想的不断发展，我们对"生殖器至上"提出了质疑；"生殖器至上"指向的是性交和高潮的能力，而不是性成熟的等价物，甚至不一定代表相对高级的性心理发展。利希滕施泰因（Lichtenstein, 1970）检视了这个问题并得出结论："临床观察并未证实情绪成熟（即建立稳定客体关系的能力）与通过生殖器高潮获得完全满足的能力（生殖器至上）之间有明确的相关性。"他认为："在人类人格成长过程中，性是一个人用于体验并确认自己真实存在最早的、最基本的方式。"他还补充说："经典意义上的生殖器至上的概念已经过时了。"（p. 317）

梅（May, 1969）除了强调柔情能力与担忧能力之间的关系以外，还提出"生殖器认同"（采用巴林特的说法）是在不失去个人同一性的情况下，在爱情关系中达成充分认同的核心能力。此外，梅还强调了爱情关系中存在的悲伤（这将他的思想与旨在将完整的客体关系和相应的担忧、内疚和修复的激活整合在一起的理论联系在一起）。他还讨论了生殖器体验本身的重要性，认为它提供了一种意识层面的转变，一种与自然形成一体的新联盟。

生殖器认同意味着接受源自前俄期冲突及俄期冲突的异性恋认同和同性恋认同。仔细分析性交过程中的情绪反应，特别是对那些已经到达修通阶段、各种层面的前生殖器冲突和生殖器冲突都会在其性接触中表达出来的患者的情绪反应，我们可以发现，各种各样的认同都会被激活——同时存在和/或不断变换的异性恋和同性恋认同、前生殖器和生殖器认同都会在那个背景下被激活。

这些情绪反应一部分源自性伴侣性高潮的兴奋和满足感。另一部分源自其他需要的满足——例如能够提供口欲满足，或者再次确认了对同性别的俄期形象的认同——这种满足反映了异性恋的成分。同时，随着伴侣性高潮而产生的兴奋感则反映了对该伴侣的无意识认同，以及在异性性交中，一种对同性恋认同的升华的表达——这种同性恋认同既源自前生殖器期又源自生殖器期。性前戏可能包括对异性客体的幻想的或真实的愿望的认同，由此，被动和主动、受虐和施虐、窥阴

37

和暴露的需要，就在重新确认自己的性同一性并暂时与互补的性伴侣认同的同时得到了表达。

这种在性高潮中同时强烈地认同自己的性角色和认同对方互补的性角色，也代表了一种在心理上进入他人并与他人合为一体的能力；在这个过程中，生理上以及情感上的亲近得到重新确认，并随之激活了人类依恋最终的生物学根源。与共生发展阶段自体和客体表征的原始融合相反（Mahler, 1968），性高潮式的融合是基于并重新确认了一个人自己的个体性，特别是成熟的性认同。

因此，对自己和伴侣的互补的性角色的性认同意味着异性恋和同性恋同一性成分的升华性整合。性交和性高潮的这种整合功能也是在爱与恨的两极中实现的，因为充分体验对被爱之人的担忧（潜伏于真实的、深刻的人际关系之下）的前提是爱与恨的整合——对矛盾情感的容纳。在我看来，这种矛盾情感是人与人之间稳定的重要关系的特征，在性兴奋和攻击性兴奋混合在一起时，它就会在性交中被激活。

我认为，在成熟的性关系里的某些性接触中，伴侣一方会被用作"纯粹的性客体"（pure sexual object）；在表达"使用"对方和"被对方使用"的需要的过程中，性兴奋可能会最大化。伴随着性表达的相互共情和隐性共谋，与在关系里使用暴怒、攻击、拒绝的共情和共谋截然不同。我相信，一段爱情关系，总体上可以包含所有这些情况，也包括一段安静、相互沉思和分享参与者内在生活的时期，这为关系提供了意义和深度。

》 理想化与成熟的性爱

巴林特（Balint, 1948）赞同弗洛伊德（Freud, 1912）的观点，认为理想化"对于好的爱情关系并不是绝对必要的"。他特别同意弗洛伊德的这一观点，即在许多情况下，理想化不但没有帮助，甚至会阻碍令人满意的爱的形成。

然而，戴维（David, 1971）和沙瑟盖-斯米格尔（Chasseguet-Smirgel, 1973）却强调理想化在爱情关系中的重要性。他们认为，相爱的状态丰富了自体，并增加了自体的力比多投注，因为它满足了自体的理想状态，也因为这时被抬高的自体与客体的关系重现了自体与自我理想之间的最佳关系。

范·德·瓦尔斯（Van der Waals, 1965）强调，在正常的爱中，客体力比多和自恋力比多的投注是同时增加的。沙瑟盖-斯米格尔认为，与青少年所陷入的短暂的爱相比，在成熟的爱中，只会把缓和的自我理想有限地投射到理想化的爱的客体上，与此同时，爱的客体提供的性满足感也会增强自恋性（自体）投注。这些观察结果与我的看法相符，即通过把婴幼儿期的道德观念转化为成人伦理体系，正常的理想化形成了这一机制的高级发展水平。因此，理想化是成熟的爱的一种功能，它使"浪漫的"青少年之爱和成熟的爱之间建立了连续性。在正常情况下，它不是自我理想的投射，而是源于超我内部结构发展出的理想（包括自我理想）。

戴维（David, 1971）强调，男女儿童的俄期渴望在很早就会出现，这是一种对兴奋、满足和被禁止的关系的直觉，这种关系把父母联系起来并把孩子排斥在外，而孩子对兴奋的渴望和想要了解被禁止的知识——特别是性知识——是性爱品质的关键前提和部分条件。不论是哪种性别，渴望、嫉羡、忌妒和好奇都最终促使人们积极寻求理想化的俄期客体。

正如我在第二章中指出的那样，旨在满足情欲的亲密融合以及共生融合还包括早期理想化的性功能。我提到了梅尔策和威廉姆斯（Meltzer & Williams, 1988）的观点，即对母亲身体外表的理想化具有防御功能，可抵御指向母亲身体内部的攻击性幻想的投射。它也直接表达了对母亲理想形象的爱与最早的感官满足的整合。因此，最早的理想化，即原始的理想化，其特征是通过以分裂为主的过程，让理想化与"全坏"或被迫害的体验相互解离，保留对理想化客体的性倾向，并保护性兴奋不被攻击冲动所淹没。

后来，在整合的或完整的客体关系的背景下，以及在达到了完整的客体关系时能够体验到内疚、担忧和修复的趋势下出现的理想化，会促进性兴奋和情欲与对爱的客体的理想化的整合，以及促进情欲与柔情的整合。正如我们所看到的，柔情反映了内化的客体关系领域中整合爱与攻击性的能力，并包含了对所爱客体的担忧——应该保护他或她免受被攻击的危险。逐渐地，早期对所爱他人的身体的理想化，以及后来对他或她整个人的理想化，演变成对爱的客体的价值体系的理想化——一种对道德、文化和审美价值的理想化。这种发展将会确保浪漫地相爱的能力。

在心理发展的背景下，理想化过程中的逐步转化也反映了历经俄狄浦斯发展阶段的变迁——起初禁止对俄期客体产生情欲，这是情欲和理想化客体关系之间产生尖锐的防御性裂隙的主要成因。不断演进的理想化过程的最终结果，是重新确认同一个人的情欲和浪漫的理想化之间的联系，同时代表了超我在更高水平的整合——包括能够精细地整合柔情和性感觉，从而反映了俄期冲突的解决。在这一建立对爱的客体的价值观的认同过程中，从伴侣间的相互关系到他们文化和社会背景下的伴侣关系的超越得以实现。通过对与所爱客体的当前关系的体验，过去、现在和想象中未来的体验联系在了一起。

》 承诺和激情

我认为，动力性或冲突性因素所形成的边界让心理结构之间彼此分开；从把这些心理结构连接起来的意义上来说，性爱领域中的激情是一种表达跨越边界之感的情绪状态。除非在广义上明确将**边界**

（boundary）一词作为等级（尤其是社会）系统主动的、动态的分界，否则下文中我所使用的"边界"均指代自体（self）的边界。

性激情中穿过的最重要的边界是自体的边界。

性激情及其顶峰的主要动力学特征是性交中的性高潮体验，而在性高潮体验中，性兴奋的增加最终以一种自动的、由生物学决定的、带有原始狂喜意味的情绪响应达到顶峰；为了获得这一完整的体验，需要暂时放弃自体的边界，或者更准确地说，需要扩展——或者说是侵入——自体的边界，从而能够觉察到生命存在的生物性本源，而那原本被我们主观上弄得模糊难解。我已经探讨了生物本能、情感和驱力之间的关系；在这里，我将强调情感作为对处于生物学领域和心理内部领域之间的边界（在一般系统背景下）的主观体验的关键功能，以及它们通常在组织内部客体关系和心理结构方面发挥的至关重要的功能。

但是，即便性兴奋构成了一种基本情感，而这种情感成了激情之爱的核心，这也并不意味着激情之爱的能力就能与性高潮的体验"接通"。对与母亲融合的渴望以及对与母亲合并的主观体验，是共生发展阶段的特征，这个阶段充满了对身体接触、对身体外表融合的寻求。但是，只有当婴儿期性欲在生殖器阶段重新获得弥散的兴奋感并把它们集中起来后，性高潮的狂喜体验才能逐渐成为组织功能的中心；我们可以这样说，弥散的兴奋感与共生依恋的前生殖器期的合并体验和幻想是相关联的。

临床经验表明，性高潮的情感质量差异很大，尤其是在具有严重自恋性病理和内化客体关系显著恶化的患者身上，性高潮的情感质量通常会大大降低，因此性高潮会带来解脱，但也会带来挫败感。在激情之爱中，性高潮的体验是最高的，就此我们可以检视这种体验对个人和伴侣的意义。

在激情之爱中，性高潮跨越了自体的边界，从而进入对生物学功能的觉知中，同时超越了自体的控制；性高潮还跨越了以一种复杂的

41

与爱的客体认同的方式形成的边界，同时保持了独立的同一感。对性高潮的共享体验，除了与性伴侣的暂时认同外，还包括从自体的体验到幻想的与俄期双亲的联合的超越，以及从重复俄期关系到放弃俄期关系并形成新的客体关系的超越，这种新的关系可以重新确认一个人的独立身份和自主感。

在性激情中，依托于时间的自体边界也被跨越，过去的客体关系世界被超越为一个新的、个人重建的世界。作为性激情的一部分，性高潮也可以象征性地代表临终体验，即维持自我觉察的同时，被卷进被动地接受包括兴奋、狂喜和释放在内的植物神经序列之中。从自身到与他人的激情联合的超越，以及超越两人所代表的价值观，也是对死亡以及个人存在的短暂挑战。

但是，接受与他人合并的体验也无意识地复制了强行插入他人身体（母亲的身体）危险的内部——那是最早被投射攻击性的神秘领域。因此，合并是一种冒险，意味着信任战胜了不信任和恐惧，意味着在总是受到未知威胁的情况下，寻求令人狂喜的合并（在攻击性中合并）时，把自身交给对方。

类似地，在内化的客体关系激活的领域中，不论这种客体关系源自前俄狄浦斯还是俄狄浦斯发展阶段，它都消除了对原始的、弥散的情感的保护性障碍，同时仍然保持独立（即，觉察到自己）；而再次离开俄期客体则意味着接受危险，这种危险不仅是失去一个人的同一性，还包括解放针对这些内部和外部客体及其报复的攻击性。

因此，性激情意味着尽管有不可避免的危险，但仍勇敢地把自身交付给理想的另一半，与理想他人形成渴望的联盟。可见，它包括接受放弃自己，完全投入与他人的关系所带来的风险，而不是害怕当与他人合并时会有各种各样的危险。它包括一种基本的希望，即给予和接受爱，从而重新确认自己的好（goodness），而不是对自己指向所爱客体的攻击性感到内疚和恐惧。而且，在性激情中，对自体的时间边界的跨越也发生在对未来、对所爱客体的承诺中，这是一种为人生赋予个人意义的理想。在将所爱的另一半视为不仅包含着渴望的俄期客体和前俄期客体以及和他人的理想关系，还包含着使生活变得有价值的观念、价值观和愿景时，经历性激情的个体表达了在社会和文化世界中创造和巩固人生意义的愿望。

在爱情关系的心理学和精神病理学研究中，性激情是一个核心问题，它似乎在很多方面都与爱情关系是否稳定有关。人们经常会问：性激情是浪漫之爱的特征，还是爱情关系的早期特征，逐渐会被不那么强烈的"亲切"的关系所取代？或者它是让伴侣在一起的基本要素，还是在表达（以及保证）性爱的主动性和创造性功能？作为伴侣关系稳定的潜在条件，性激情也可能是对关系稳定产生威胁的潜在源头吗？如果是，那么具有创造性的爱情关系比相对安静、没有激情、和谐与安全的关系威胁更大吗？

几个世纪以来，诗人和哲学家一直在为稳定的爱情关系或婚姻中的情感与恋爱中的激情之间的差异争论不休。根据我对有着长期关系的患者的评估，沿着多年来伴侣关系的变迁，我认为这种二分法过于简单了。许多伴侣在一起生活的许多年里都充满了激情之爱。

我相信，性激情不能等同于青少年期特有的那种欣喜若狂的情绪。微妙但深刻地、自足地（self-contained）和自我批判地觉察到自己对他人的爱，加上清楚地认识到把一个人与其他任何人区分开的终极奥秘——接受那些无法实现的渴望作为对所爱他人做出全部承诺的代价的一部分——这些也都反映了性激情。

尽管性激情通常表现为性交和性高潮，但性激情并不局限于此。相反，性爱将对性交和性高潮作为最终释放、消耗和再次确认的目标的直觉，扩展到更广泛的领域，包括对他人的性渴望、更强烈的情欲，以及对另一个人所代表的身体、情感和一般人类价值的欣赏。对于伴侣关系中性激情强度的正常波动和突然中断，我将在后面进行探讨。

43

但在令人满意的性关系中，性激情是一个可以同时在性、客体关系、道德和文化领域代表他们关系的结构。

如前所述，在各个层面上，激情的主观体验的重要方面都是跨越自体的边界并与他人合并。当这种合并和融合的体验不得不与退行性合并现象进行比较时，后者会使自体-非自体的差异变得模糊；而性激情的特征是合并的同时维持独立的同一性。

跨越自体的边界因此被定义为是主观上能够体验到超越的基础。精神病性认同（Jacobson, 1964）由于消解了自体和客体的边界，从而干扰了激情的能力。但是，由于超越暗含着失去自己、面对威胁性攻击的危险，所以在精神病性合并中，激情与对攻击性的恐惧有关。在边缘型患者的原始理想化中，当强烈的攻击性伴随着理想化的客体关系和迫害性的客体关系之间的分裂时，激情之爱可能会突然变成激情之恨。无法整合"全好"和"全坏"的内化客体关系，会导致伴侣关系发生巨大和突然的变化。被抛弃的恋人杀死他或她的对手和背叛他或她的爱的客体，然后杀死他或她自己的原型体验，就预示着这种包含激情之爱、分裂机制以及原始的理想化和仇恨的关系。

性爱的这两个关键特征的结合有一个内在矛盾：矛盾的一面是自体牢固的边界和对独立个体不可再分的持续觉察；矛盾的另一面是想要超越，想要与所爱之人合为一体。这种分离（separateness）会导致孤独、渴望和对所有关系脆弱性的恐惧；伴侣联盟中的超越则会带来与世界合为一体，以及永恒和全新创造的感觉。也许有人会说，孤独是超越的先决条件。

保留自体的边界的同时，通过与爱的客体认同获得超越，是一种令人兴奋、感动而又痛苦的爱。墨西哥诗人奥克塔维奥·帕斯（Octavio Paz, 1974）用极度简洁的方式表达了爱的这一部分，认为爱是欲望与现实之间的交汇点。他说，爱揭示了欲望的现实一面，并创造了从情欲客体到心爱之人的过渡。这种启示几乎总是痛苦的，因为心爱之人将自己同时呈现为一个可以插入的身体和一种无法进入的意识。爱告诉我们，他人是自由的。爱的矛盾性在于：欲望渴求通过破坏其客体来获得满足，而爱发现这个客体是坚不可摧且无可替代的。

下面这个临床案例说明了性激情体验能力的逐渐成熟，这是对起先抑制和强迫的患者进行精神分析治疗后，发展出的对浪漫的渴望。我省略了这种改变在动力和结构方面的内容，以便聚焦于整合了情欲、客体关系和价值体系的主观体验。

一位30多岁的大学教授，在他在去欧洲进行专业旅行前不久，与一位他深爱着的女人订婚。回国时，他描述了自己参观卢浮宫，并第一次看到公元前3000年的美索不达米亚微型雕塑时的经历。那时，他产生了一种离奇的体验，其中一件雕塑是一个女人的身体，她的乳头和肚脐上有微小的宝石标记，和他所爱的女人的身体很像。当他走进几乎空无一人的大厅时，他一直在想着她、思念她；当他看着雕塑时，一股情欲刺激抓住了他，并让他有一种与她亲近的强烈感觉。他还为雕塑的极简和美丽感动不已，他觉得自己可以与这位几千年前去世的不知名艺术家共鸣。他有一种谦卑感，但又能与过去进行令人安心的交流，并感到自己好像被允许分享对那件艺术作品中所蕴含的对爱的永恒奥秘的理解。情欲感已经与一体感、与对他所爱的女人的渴望和亲近感相融合；通过这种一体感与爱，他被允许进入美妙的超然世界。同时，他对自己的个体性充满了强烈的感觉，并感恩于自己有机会可以谦逊地分享对这件艺术作品的体验。

性激情重新激活并且涵容了整个情绪状态序列，这些情绪状态确保了个体自己的、他父母的和整个客体世界的"好"，以及尽管有挫败感、敌意和矛盾情感，但仍能实现爱的希望。性激情可以让我们有能力继续与共生融合的原始状态（弗洛伊德在1930年提出的"海洋般的感觉"）共情，而不是融入其中；那是在自体-客体分化阶段与母亲重新团聚时的兴奋，在克服对性功能的自卑、恐惧和内疚感的背景

45

下对俄期渴望的满足。性激情作为青少年期浪漫主义的一部分，是促进与所爱之人形成一体感的核心，也是后来面对人类生活的现实局限时——不可避免的疾病、衰老、恶化和死亡——对所爱伴侣的成熟承诺。它是与所爱之人共情的重要来源。因此，尽管存在许多风险，但跨越边界和重新确认"好"的基本感觉，将生物学、情感世界和价值世界联系在了一起。

在托马斯·曼的《魔山》（Thomas Mann, 1924）一书里，汉斯·卡斯托尔普（Hans Castorp）对克劳迪娅·肖夏（Claudia Chauchat）的爱情宣言正是性激情跨越了自体的边界，整合了爱与攻击性、同性恋和异性恋的有力证明。卡斯托尔普摆脱了他那人文主义的、理性的和成熟的"导师"塞塔姆布里尼（Settembrini），用法语宣告了他的爱，而法语在这本德语书中几乎成为一种私密的语言。肖夏太太略带讽刺但温暖的回应，让他感到兴奋和释放；他告诉她，他一直爱着她，并暗示他过去年轻时与一位朋友之间有同性恋关系；那位朋友很像她，他曾向那位朋友要过一支铅笔，就像他在那晚早些时候向肖夏太太要一支铅笔一样。他告诉她，如果爱不是疯狂的、无意义的、被禁止的，不是邪恶的冒险，那就什么也不是。他告诉她，身体、爱与死亡，这三者是一回事。他谈到，有机生命和身体之美的神迹，都是由活着的和易腐败的物质构成的。

但是跨越自体的边界意味着必须存在某些条件：如前所述，必须觉察到并有能力共情于存在于自体边界之外的心理领域。因此，不能把精神病患者具有躁奋和夸大特征的情欲状态称为性激情，而自恋型人格中占主导地位的对客体表征和外部客体的无意识破坏也会损毁一个人超越并与另一个人结成亲密联盟的能力，从而侵蚀并最终破坏他们的性激情能力。

如前所述，当把机械的、重复的性兴奋和性高潮建立在与不断深化的内化客体关系解离的自体体验中时，性兴奋和性高潮也就失去了跨越生物学边界的功能。在这里，性兴奋不同于情欲和性激情；基本上，自慰可以（并且通常确实可以）表达一种客体关系——通常表达的是从童年开始的各种各样的俄期关系。然而，自慰也是一种强迫性的重复活动，它有着防御功能：在与冲突的客体关系退行性解离的情况下，以失去超越功能的代价，防御性地抵抗被禁止的性冲动和其他无意识冲突。我认为，不是无休止、强迫性地重复满足本能冲动，而是失去跨越自体-客体边界这一关键功能——由对客体关系世界的正常投注来确保——导致了兴奋感、愉悦感和满足感的衰退。换句话说，正是内部和外部客体关系世界促使性得以延续，并提供了使其持续得到满足的潜力。

对爱与恨、自体表征与客体表征的整合，以及把部分客体关系转化为完整的客体关系（或客体恒常性）的情感是建立稳定的客体关系的基本要求。这对于跨越稳定的自我同一性的边界，与所爱客体认同是非常必要的。

但是，婴儿期和童年时期那些被压抑或被解离的致病性客体关系也会在双方身上互相激活；在这样的背景下，客体关系的深入建立也就释放了关系中的原始攻击性。被压抑或被解离的内化客体关系越是具有病理性和攻击性，相应的防御机制就越原始；这些机制，尤其是投射性认同，可能会使伴侣重现对威胁性客体表征的体验或反应；理想化和贬低的、受到哀悼和迫害的客体表征被叠加在对所爱客体的感知和与其的互动上，可能会威胁或加强他们的关系。随着双方逐渐觉察到他们对彼此观念和行为的曲解所造成的影响，他们可能会痛苦地觉察到彼此的攻击性，而不一定能够改善他们的互动模式；因此，这会无意识地巩固伴侣之间的关系，但也会危及他们的关系。正是在这一点上，超我的整合和成熟表现为：把原始禁令和因攻击性而产生的内疚感转化为对客体和自体的担忧，从而保护客体关系和跨越所爱客体的边界的能力。成熟的超我促进了对所爱客体的爱和承诺。

47

对于性激情，本章提出的定义包含了一种普遍意涵，它不是青少年期和成年早期"浪漫"的理想化的最初或暂时表达，而是构成爱情关系的一个固有特征。它的功能是在一生中为爱情关系提供情感强度、凝聚力和革新能力；通过将其与伴侣的整个人类体验联系起来，它可以带来持久的性兴奋。这把我们带到了稳定的性关系的情欲方面。我认为临床证据已清楚地表明，性兴奋和愉悦与伴侣的整个人际关系的质量紧密相关。尽管对大量人群的统计研究反映出在过去的几十年中，性交和性高潮的频率有所下降，但是对伴侣们的临床研究表明，伴侣关系的性质对性交的频率和质量产生了重大影响。性体验仍然是爱情和婚姻生活中始终如一的核心。在最适合的情况下，性愉悦的强度具有持续的革新性质，这不取决于性技巧训练，而是取决于伴侣直觉性地把不断变化的个人需要和体验编织进包含整个关系的复杂网络中的能力；在这一网络中，整个关系中异性恋和同性恋的、爱和攻击性的部分都在双方有意识和无意识的幻想中，以及在他们对性关系的实践中得到了表达。

第四章
爱、俄狄浦斯和伴侣

》性别的影响

在之前对核心性别同一性的讨论中，我回顾了关于两种性别最初的心理双性能否得以维持，以及两种性别的同一性最早是男性化的还是女性化的争议——弗洛伊德（Freud, 1905）假定是男性化的，而斯托勒（Stoller, 1975a, 1985）则认为是女性化的。我赞同珀森和奥弗塞（Person & Ovesey, 1983, 1984）的观点，他们认为婴儿从一开始就建立了男性化或女性化的核心性别同一性，这与雌雄同体研究的发现以及对幼儿的观察吻合。布伦瑞克和费恩（Braunschweig & Fain, 1971, 1975）给出了精神分析的证据，证明最初的心理双性源于婴幼儿对父母的无意识认同，并令人信服地提出这种无意识的双性潜能逐渐受到母婴互动的主导性的控制，借此建立起核心性别同一性。这种看法与莫尼和埃尔哈特（Money & Ehrhardt, 1972）的观点一致，即父母对婴儿性别同一性的定义是这种同一性的主要组织者；斯托勒对跨性别者的观察巩固了这一观点。

在进一步发展布伦瑞克和费恩的理论时，我之前提出，母亲的照顾以及她对婴儿进行身体刺激时表现出的愉悦感是促进婴儿身体外表情欲化，并产生后来的情欲的必要条件。无论对于女孩还是男孩来说，对母亲早期的情欲体验都会激起潜在的性兴奋。尽管母亲与小男孩的情欲关系含有"取笑"的意味，但这种关系仍然是男性性欲的一个恒定方面，并且有助于男孩形成通常能持续的生殖器兴奋；母亲对女儿的性兴奋微妙且无意识的拒绝逐渐抑制了小女孩对她最初的阴道生殖力的觉察。这种在情欲范围内区别对待男孩和女孩的方式有效地巩固了他们各自的核心性别同一性，同时导致了他们在整个童年时期对生殖器兴奋是什么样的持不同看法——对于小男孩来说是连续的，而对于小女孩来说却是受到抑制的。

出于这个原因，男性——他们被无意识地固着在最初的客体上——在处理对女性的矛盾情感时会遇到更大的困难，并且需要发展整合生殖器需要和柔情需要的能力；对于女性来说，她们早期的生殖器意识受到抑制，因此在爱情关系里整合整个生殖器关系时会更慢。

在成熟的性爱中，男女之间存在显著的差异，布伦瑞克和费恩（Braunschweig & Fain, 1971）的观察对于解释这种差异非常有用。在总结他们的要点时，我将尝试尽可能地保留他们自己的语言。

对于男孩来说，与母亲的前生殖器关系已经涉及了母亲对他特定的性取向，这激活了他的性意识和对阴茎的自恋性投注。这里的危险是，如果母亲对男孩的自恋需要给予过度的前生殖器满足，这会使男孩产生母亲对他的小阴茎完全满意的幻想，因此可能会导致他否认与父亲强大的阴茎的差别。在这种情况下，这种自恋性的固着可能会在以后使男性由于没有完全与父亲阴茎的插入能力认同，而对女性产生一种婴儿式、嬉戏式的性诱惑。这种固着会干扰完整的生殖器同一性，会干扰把父亲内化为自我理想的过程，并会导致对阉割焦虑的过度压抑。

对于这些男性来说，未解决的与父亲的竞争以及对阉割焦虑的防御性否认，会在他们从与女性的婴儿式依赖关系中所获得的自恋性的享受里得以表达——在这样的关系里，女性代表着母亲形象。对于布伦瑞克和费恩（Braunschweig & Fain, 1971, 1975），以及沙瑟盖-斯米格尔（Chasseguet-Smirgel, 1973, 1974）来说，这样的星丛（constellation）是自恋性固着的重要起源（我称之为固着于正常的婴儿期自恋的水平），使男孩无法正常解决俄狄浦斯情结，并会因母亲行为的某些方面——反抗父式阴茎的"至上性"和通常来说的"父系法律"——而得到促进。这意味着永恒的小男孩——唐璜——和诱人的母性女性之间存在着无意识的共谋，她们利用唐璜对父亲的"法律和秩序"的反叛，来表达自己与父亲的竞争和对父亲的反叛。

布伦瑞克和费恩指出，通常，母亲周期性地离开男孩返回父亲，会使小男孩的自恋受挫，并激发他与父亲的竞争性认同，从而启动或增强男孩的正性俄期星丛。这样的结果之一是，男孩对母亲的性拒绝感到受挫，因此他那源自口欲期的攻击性和投射到母亲身上的攻击性都因早前的俄期攻击性而变得更加强烈。这种发展将对一些男性的爱情生活产生至关重要的影响，这些男性会无意识地拒绝改变他们的第一个性客体——母亲。

沙瑟盖-斯米格尔（Chasseguet-Smirgel, 1970），以及布伦瑞克和费恩（Braunschweig & Fain, 1971）也强调小女孩的阴道兴奋力和她通常的女性性欲之间的关系。在这一点上，他们的观察结果与琼斯（Jones, 1935）、克莱因（Klein, 1945）和霍尼（Horney, 1967）所做的观察，以及在美国进行的研究相似，表明小女孩有早期的阴道自慰行为，以及阴蒂和阴道情欲反应之间有着密切联系（Barnett, 1966; Galenson & Roiphe, 1977）。这些研究表明，小女孩很早就有了阴道意识，并且这种阴道意识最初只是被抑制，后来才被压抑。

法国理论家们强调的证据表明，父母，尤其是母亲对男女婴儿的态度是不同的，并且早期母子互动中的角色诱导对性别同一性有很大影响（另见 Stoller, 1973）。根据法国理论家们的说法，与早期刺激小男孩的生殖力相反，母亲对小女孩的生殖器没有特别的投注，因为母亲有她自己的性生活，有她自己的"阴道性欲"，那是她作为一名与父亲相关的女性的独立个人领域的一部分；即使母亲自恋地投注了她的小女儿，这种自恋也具有前生殖器期而不是生殖器期的特征（具有强烈同性恋倾向的女性除外）。母亲不对女儿的女性生殖器投注，也是对文化带来的压力和文化上对女性生殖器的共同抑制的回应，而这种共同抑制的观念源自男性阉割焦虑。

布卢姆（Blum, 1976）强调了小女孩在母亲身上激起的围绕女性自尊而产生的俄期竞争和冲突的重要性：如果母亲贬低她自己作为女性的价值，那么她就会贬低她的女儿；母亲的自尊会极大地影响女儿的自尊。母亲自己在生殖力上未解决的冲突和她对小男孩的阴茎的赞赏，会使女儿把阴茎嫉羡与同胞竞争合并在一起。通常，小女孩不仅会因为来自母亲的失望而转向父亲，也会因为对母亲的认同而转向父亲。

法国理论家们的思路大体上的含义是，阉割焦虑不是小女孩从母亲转向父亲的主要决定因素，而是在母亲暗含的否定态度的影响下，会强化对阴道生殖力的初始抑制或压抑的并发症。女性阉割焦虑的强度在很大程度上取决于对前生殖器期攻击性的三步置换：首先投射到母亲身上，然后通过与她之间存在的俄期竞争而得到增强，最后被置换到父亲身上。小女孩的阴茎嫉羡主要反映了在前生殖器期攻击性和嫉羡被置换到阴茎上这一过程的影响下，俄期冲突的加剧。

与霍尼（Horney, 1967）的想法类似，沙瑟盖-斯米格尔（Chasse-guet-Smirgel, 1974）认为，小男孩对阳形母亲（phallic mother）的幻想不但可以作为一种保证，反对或否认将女性生殖器视为阉割的产物，而且也反对对成人阴道的觉察——否则将会证明他的小生殖器非常不中用。

不同的发展阶段从所有这些发展中演变而来，小女孩和小男孩在认同成人生殖力的道路上必须经历这些阶段。对于男孩来说，认同父亲意味着他已经克服了前生殖器期对女性的嫉羡——这种嫉羡会投射成对女性的原始恐惧（Kernberg, 1974）——以及对就女性生殖器来说自己能力不足的恐惧。在法国理论家们看来，唐璜是介于两者间的代表——一边是对代表俄期母亲的女性的性驱力的抑制，另一边是在与女性的成年性关系中对父亲和父式阴茎的认同；布伦瑞克和费恩认为，唐璜确证了无父性的生殖力。

我并不认为男性唐璜综合征的病因是单一的。就像女性滥交的原因可能在于严重的自恋性病理到相对轻度的受虐性或癔症性病理一样，男性滥交也存在一个连续体。与法国学者们描述的婴儿式的、依赖的、叛逆的但女子气的唐璜类型相比，附带性滥交的自恋型人格障碍是一种更加严重的唐璜综合征。

我认为，正常男孩对父亲的性认同的下一步是对原始的、具有控制和施虐倾向的男性的冲突性认同，这些男性代表了俄狄浦斯早期幻想中忌妒和约束的父亲。男性最终克服俄狄浦斯情结的特征是与一位"慷慨"的父亲认同，这样的父亲不再通过用律法压抑儿子来行使父亲的角色。他有为儿子的成长感到快乐的能力，其中并没有不得不让他接受的、反映出对儿子的无意识嫉羡的惩罚性冠礼，这表明父亲一定已经克服了他自己的俄期抑制。这些情况实际上意味着，成年男性的爱情关系之所以不稳定，一个重要原因是对父职功能的不完全认同，以及在与父亲认同的过程中伴随着的各种各样的固着。

对于小女孩而言，她与母亲的早期关系中缺乏对生殖器情欲的直接促进：首先，母亲在自身生殖器和女性功能价值上的冲突，会导致心理性欲的发展受到抑制；其次，这种抑制会由于受到阴茎嫉羡的发展和与俄期母亲的性竞争的压抑而再次得到强化。然而，母亲对男性和自己的小男孩的生殖器的贬低可能会从根本上改变她的子女的性观

52

念和性冲突。

在法国理论家们看来，与小男孩会因社会强化了男性生殖力的"公开展示"而骄傲于自己的阴茎相反，小女孩的生殖力是隐秘的；女孩在她的性发展领域里是孤独的。她那无声的、秘密的无意识愿望无法寄托于母亲，也无法从母亲那里实现；于是，她转向父亲，并对父式阴茎产生直觉性的渴望，因为对于小女孩来说，那样的阴茎插入阴道，将会让她能够重新确认自己的阴道生殖力和女性性欲。布伦瑞克和费恩认为，女性的性发展的道路更孤独、更隐秘，所以女孩在这条道路上会比男孩更勇敢——男孩的生殖力总会出于各种原因被父母刺激。也许是因为小女孩在从母亲转向父亲的过程中不得不改变自己第一个情欲客体，并因此不得不更早、更明确地以一种孤独的方式跨过前生殖器阶段的发展而进入生殖器阶段的发展，所以成年女性比成年男性有更大的勇气和能力在异性恋中做出承诺。

在不同的背景下，阿尔特曼（Altman, 1977）指出，与男性会保持第一个客体不变相反，女性会时常更换客体——这可能是男性普遍难以让自己投身于一段稳定的爱情关系的一个重要原因。男性倾向于不断地寻找理想的母亲，并且在与女性的关系中更容易重新激活前生殖器期和生殖器期的恐惧和冲突，这使他们倾向于避免做出深入的承诺。女性由于已经放弃了她们的第一个客体，所以更有能力把自己献给一个愿意与她们建立完整的生殖力和"父性"关系的人。女性有能力做出承诺的另一个关键原因可能是，她们在乎幼儿是否会得到稳定的照顾和保护，而这涉及生物和心理社会层面的决定因素——主要是对母职功能及与之相关的升华了的超我价值感的认同（Blum, 1976）。

尽管在情欲和性爱能力的发展上存在这些差异，但男性和女性的 *53* 确有源于俄期情境的共同体验，这种情境是个体的基本组织，也是伴侣所有互动领域的基本组织。

我同意戴维（David, 1971）的观点，即对无法获得的和被禁止的俄期客体的渴望推动了性的发展，是性激情和爱情关系的重要组成部分。在这方面，俄期星丛可被认为是人类关系的一个永恒特性；并且可能需要强调的是，对俄期冲突的神经症性解决方案必须与其正常表现区分开来。

跨越性禁令和代际禁令的边界可以被表述为恋爱中的个体积极地重构其俄期关系史，这种重构包括将与爱的客体的重逢转化为宛如初见的防御性和创造性的幻想。跨越社会和性的边界，使无意识幻想转化为现实中的主观体验；在相互激活内部客体关系世界的过程中，伴侣作为社会构成的一分子再次激活了俄期神话（Arlow, 1974）。

对于男性和女性来说，俄期渴望——需要克服对俄期禁令的幻想，满足对父母之间神秘关系的好奇心——激发了性激情。由于前面已经提到的考量，女性可能早在把情欲客体从母亲转变为父亲以确认女性性欲之前，就跨越了与俄期母亲认同的最终边界。男性则只有跨越对俄期父亲的认同这个最终边界，才能与所爱的女性建立性关系，并在这种情况下履行父性和"慷慨"（generosity）职责。临床经验表明，男性在决定终止与女性的关系时会感到非常内疚，而女性在让男性知道她们不爱他时，通常会感到很释怀。这种差异可能反映了男性因指向母亲的攻击性而产生的根深蒂固的内疚感，这在他们与女性的关系中经常被再现［与伊迪思·雅各布森（Edith Jacobson）的私人交流］。但在女性身上，由于幻想中前生殖器期和生殖器期母亲对阴道生殖力的禁止，无意识的内疚感需要在与男性的性关系里得到情欲上和生殖上的充分肯定。施虐性超我的前身与原始的前俄期母亲形象的内射有关；施虐性超我的前身与之后俄期母亲禁止的方面结合在一起，可能是女性生殖器抑制发生频率很高的一个原因。它也可能是通常所说的"女性受虐癖"的一个要素。

对于女性先天具有受虐倾向这一早期的精神分析假设，人们提出 *54* 了越来越多的质疑，并且越来越多地认识到了造成其受虐倾向和性抑制的各种心理和社会因素。珀森（Person, 1974）和布卢姆（Blum, 1976）回顾了相关文献，并强调了女性受虐倾向中的发展和心理社会决定因素。布卢姆得出结论说，没有证据表明人类女性比男性更具有从痛苦中获得愉悦的天赋，并且女孩最早的认同和客体关系对于确定她后来的性同一性、女性角色和母性态度至关重要：受虐癖更可能是对女性化功能适应不良的结果。

斯托勒（Stoller, 1974）认为，由于最初与母亲的合并，女性的女性气质会比男性的男性气质建立得更牢固。男性由于最初与母亲——一个女性——合并，可能在双性方面更易感，并且更易于发展出倒错。

我发现，当对一位女性的根源于前生殖器期和生殖器期的阴茎嫉羡以及她对自己生殖器的嫌弃做了充分分析后，她往往会重获早先充分享受阴道情欲的能力；这是对她自身身体全部价值的肯定，同时也使她能够去爱男性的生殖力而不带任何嫉羡。我不认为正常的女性性行为意味着需要或有能力放弃将阴茎视为最被欣赏的生殖器的看法；而且我认为有充分的证据表明，男性对女性生殖器的恐惧不仅——在最严重的情况下——继发于俄狄浦斯期的阉割焦虑，而且有着深远的前生殖器根源。简而言之，对于男性和女性来说，克服对另一种性别的恐惧和嫉羡都代表了克服性禁令所带来的让人振奋的体验。

从更广泛的角度来看，伴侣发现他们能够充分享受生殖力，可能会使他们产生根本性的变化——不再屈从于为抵御成熟生殖力而竖起的文化传统、仪式化禁令和信条等各种屏障。这种程度的性自由，再加上最终克服了俄期抑制，可能反映出爱情关系中性愉悦的终极可能；并且因为创造了新的、伴侣二人共有的性秘密，并将伴侣从周围的社会群体中解放出来，这也增进了激情。从发展的角度来看，性激情的隐秘性和对立性特征源自俄期星丛这一人类性行为的基本组织者。

从社会文化的角度来看，我认为性爱与社会传统之间的关系一直是模棱两可的，并且爱与社会规范的"和谐"很容易变得规约化和仪

55

式化。出于同样的原因，伴侣在相爱时的性自由不能被轻易地纳入社会规范，并且，在大规模教育和"文化变迁"基础上进行的争取"性爱自由"的努力通常以对性的规约化而告终。我认为，伴侣和群体之间的对立是不可避免的；布伦瑞克和费恩（Braunschweig & Fain, 1971）曾仔细地讨论过这个问题。

没有能力与父职功能认同，以至于尽管"生殖器至上"，但所有爱情关系都注定会失败，这显然是个悲剧；并且，这种失败还在男性主导的文化中盛行的神话里得到了合理化，亨利·德·蒙泰朗所著的《少女们》一书（Henry de Montherlant, 1936）对这样的悲剧和这种合理化做了戏剧性的说明。蒙泰朗通过年轻英雄皮埃尔·科斯塔尔斯（Pierre Costals）的讲话，表达了他对来自欲望的压力的深切痛恨，这种欲望使男性和女性在无止境的误解中走到一起。他说（pp. 1010-1012）：对于女人来说，爱始于性满足；而对于男人来说，爱则以性结束。女人是为一个男人而生的，但男人是为生命和所有女人而生的。男人的主要激情来自虚荣心，而女人幸福的主要来源则是对男人之爱的强烈感受。女人的幸福来自男人，但男人的幸福却来自自己。围绕着性行为的是危险、禁令、挫败和令人作呕的生理机能。

我们很容易否认蒙泰朗的这一描述，即具有审美导向的，痛苦、骄傲、保守、残忍和自我破坏的科斯塔尔斯是家长式意识形态的产物；但在这样的合理化下，我们会漏掉对女性强烈的渴望、恐惧和仇恨的更深层的来源。

妨碍与异性成员建立稳定、完全满意的关系的主导病理有两种表现：一种是病态自恋，另一种是无法通过完全认同同性别的父亲或母亲的形象来解决俄期冲突。自恋性病理在男性和女性中相对类似。由俄期冲突引起的病理在男女两性身上有所不同。在女性中，未解决的俄期冲突最常见于各种受虐模式，例如执着于并不让她们满意的男性，以及当有一个可能会让她们完全满意的男性时，她们无法享受或维持与他的关系。男性也会依恋无法让自己满意的女性，虽然从文化角度而言，他们曾经可以更自由地解除这种不满意的关系。在女性的价值体系中，对孩子的关爱和责任感可能会增强她们的受虐倾向。然而，对于那些"通常全心奉献的母亲"来说，天生的自我理想和母性关爱并不是为了受虐（Blum, 1976）。

对于男性来说，源于俄期冲突的爱情关系的主要病理，表现为对女性的恐惧和不安全感，以及这种不安全感的反向形成，其形式为回应或投射那些指向她们的敌意；所有这些以各种方式与前生殖器期对母亲形象的敌意和内疚感结合在一起。前生殖器期冲突，特别是与前生殖器期攻击性有关的冲突，与生殖器期冲突紧密地联系在一起。对于女性来说，这种结合通常出现在和阴茎嫉羡有关的冲突加剧的时候；由口欲期决定的对前生殖器期母亲的嫉羡，被置换到理想化的生殖器期父亲及其阴茎，以及俄狄浦斯期与母亲的竞争上。在男性身上，前生殖器期的攻击性、嫉羡和对女性的恐惧加剧了对她们的俄狄浦期式恐惧和自卑感——前生殖器期对母亲的嫉羡加剧了俄期男性对理想化女性的不安全感。

俄期星丛的普遍性，使俄期冲突在关系的各个阶段一再出现，因此心理社会环境可能有时会诱发、有时会保护伴侣避免俄期冲突的神经症性表达被重新激活。例如，一位女性致力于丈夫的兴趣可能反映了她的自我理想的适应性表达，但也可能适应性地补偿了与对取代俄期母亲的无意识内疚有关的受虐倾向。当丈夫不再依靠她并且他们的经济和社会关系不再要求或有必要让她"牺牲"时，反映了未解决的俄期冲突的无意识内疚将不会再得到补偿；各种冲突可能会随之产生——也许是她对出于内疚感去破坏关系的无意识需要，也许是未解决的阴茎嫉羡和相关的对男性成功的愤恨。或者，一位男性在工作上的失败可能会抵消他以前获得的自恋性肯定——曾被用来保护他免受俄狄浦斯期可能会产生的对女性的不安全感以及与男性的病态竞争——并可能导致退行性的性抑制和对妻子的冲突性依赖，这会进一步重新激活他的各种俄期冲突及其神经症性解决方案。

此外，在西方社会中，女性的社交、文化和职业发展以及成功，可能会威胁到传统的、受文化认可和强化的对男性的保护——这种保护旨在对抗其俄期不安全感，以及对女性的恐惧和嫉羡；而且，不断变化的现实让男女双方都需要面对那些有意识和无意识的嫉羡、忌妒和憎恨被重新激活的可能性，而这会很危险，因为会增加爱情关系里的攻击性成分。

伴侣无意识冲突的这些社会文化维度在埃里克·侯麦执导的一系列关于爱情和婚姻的电影，尤其是《慕德家一夜》（Rohmer, 1969; Mellen, 1973）中得到了巧妙而戏剧性的展示。让-路易斯（Jean-Louis）是一位传统、聪明、敏感但却胆小、刻板的年轻天主教徒，他不敢与活泼动人、工作积极、情感深厚且复杂的离婚女性慕德（Maude）交往。他更愿意对他决定要娶的理想化的、相当平凡的、神秘和顺从的天主教女孩保持"忠诚"。他似乎是一个坚守承诺和坚持不懈的人，但在内心深处，他害怕与一个和他平等的女性建立完整但不确定的关系。而慕德，虽然魅力十足、才华横溢，有能力实现个人成就，却无法认识到让-路易斯不会给她任何东西，因为他害怕也无法这样做。在拒绝了让-路易斯的朋友维塔尔（Vital）——那个真的爱她的人之后，她还是与一名男性有了另一段不满意的婚姻。这里的悲剧在于，一个人失去了拥有一段可能会感到幸福、满足的稳定爱情关系或婚姻的机会；而在这种关系或婚姻中，双方都能够超越他们关系中无意识带来的危险。

≫ 相爱并成为伴侣

相爱的能力是伴侣关系的基本支柱。它意味着把理想化与情欲联系起来的能力，以及建立深度客体关系的潜力。当一位男性和一位女性发现彼此的吸引力以及对对方的渴望时，他们就能够建立起一种完整的性爱关系，这种关系带有情感上的亲密，并能在与所爱的另一方的亲近中实现他们的理想；他们也会展现出不仅有能力把情欲和柔情、性和自我理想无意识地联系在一起，也有能力将攻击性吸收进爱中、使之服务于爱。一对处于完美爱情关系中的伴侣，顶得住外人和伴侣二人所生活的传统文化中那些对伴侣关系有所迟疑的监管者始终存有的嫉羡和怨恨。恋人在充满敌意的茫茫人海中找到彼此的浪漫神话表达了伴侣双方无意识的现实。有些文化可能会突出浪漫主义（爱之激动人心、英勇无畏、理想化的方面），另一些文化可能会严厉地否定浪漫主义，但情感现实在整个艺术和文学历史中都有所体现（Bergmann, 1987）。

58　　　　另一个重要的动力是，成为伴侣意味着违抗性地打破了潜伏期和青少年早期无意识中对同性恋群体的屈从（Braunschweig & Fain, 1971）：男性违抗了潜伏期和青少年早期男性群体为了防御深切的依赖渴望和俄期禁令，从而产生的对性带有肛门色彩的贬低和对女性的防御性贬损；女性克服了潜伏期和青少年期女性群体——她们凑成群体是为了否认对性亲密的渴望——对男性攻击性的恐惧，以及对一部分去性化的男性的防御性理想化，那样的理想化曾是群体共有的理想。

　　　　一个男人和一个女人可能从小就彼此认识，可能在每个认识他们的人的心中都是般配的一对；之后他们可能会结婚，但仍然没成为真正意义上的伴侣。或者，他们迟早可能会秘密地成为一对：许多婚姻（如果不是大多数的话）是两个人各自的婚姻，而两个人真正的结合只有在他们脱离社会群体的注意很长时间后才会发生。

　　　　如果伴侣能够把他们的多形态倒错幻想和愿望纳入他们的性关系，发现并揭露他们的亲密关系中性兴奋的施受虐之核，那么他们对传统文化习俗的违抗可能会成为他们愉悦感中一个有意识的部分。在此过程中，两人身体情欲的充分结合可能会丰富伴侣双方对文化和艺术的美学维度以及本性体验的开放性。剥去彼此的衣服就如同两人一起剥去童年时期那些性的禁忌，这也许会使伴侣的情感、文化和社交生活黏合在一起。

在有明显性格病理的患者身上，相爱的能力表明他们达到了一定的心理水平：对于自恋型患者来说，爱上一个人标志着担忧和内疚能力的开启，并有望克服对爱的客体深层的、无意识的贬低。对于边缘型患者来说，原始理想化可能是迈向爱情关系的第一步——这种爱情关系不同于和原始客体的爱-恨关系。如果导致这种原始理想化的分裂机制已经解决，并且这种爱情关系或取代它的新的爱情关系能够容纳并解决原始理想化所对抗的前生殖器期冲突，这就会发生。如果精神分析或心理治疗成功解决了无意识的、以俄狄浦斯性质为主的冲突，神经症患者和有相对较轻性格病理的患者就会发展出维持一段持久的爱情关系的能力。

恋爱也代表着一个与成长和独立有关的哀悼过程，这是一种将童年的真实客体永远地留在身后的体验。在这个分离的过程中，随着个体逐渐相信自己有能力同时给予和接受爱与性的满足，他或她也就再次确认了与过去内化客体的好的关系——这两者会不断相互促进——这与童年时期爱与性之间的冲突形成了鲜明对比。*59*

达到这个发展阶段后，就有可能发展将相爱转化为稳定的爱情关系的能力；这是一种发展早期所没有的更精细复杂的柔情、担忧和理想化的能力，以及与爱的客体认同和共情的能力。现在，柔情可能会扩展到充分的性愉悦中，担忧会随着充分的性认同和共情而加深，理想化会成为对理想（所爱之人是什么样的，他/她代表着什么，或伴侣联盟可能会成为什么样的）的成熟承诺。

≫ 成熟的性爱和性伴侣

亨利·迪克斯（Henry Dicks, 1967）在研究婚姻伴侣之间冲突的基础上，提出了我认为最为全面的、可用于研究正常和病态爱情关系的特征的精神分析框架。他从婚姻关系中建立的互动维度着手研究了成熟爱情关系的能力。通过从精神分析的角度对已婚伴侣进行单人和共同的检视，他制定出了一个参考框架，从而可以分析长期婚姻冲突的原因以及此类冲突的结果——无论是伴侣关系被毁坏、维持着不满意但冲突性的平衡，还是冲突得以解决。

迪克斯发现，伴侣间的相互联结有三个主要领域：他们对婚姻关系应该提供什么的清醒的共同期望；他们的共同期望在多大程度上可以与他们自己的文化期望相协调，并将其融入他们的文化环境；过去致病性的内化客体关系在每个伴侣身上被无意识地激活，以及他们会相互诱发出与这些过去的客体关系互补的角色。迪克斯发现，伴侣在他们各自无意识的客体关系之间建立了一种妥协形成（compromise formation），而那些无意识的客体关系往往与他们意识层面的愿望和共同的期望之间有着强烈的冲突。

这种相互的角色诱发是通过投射性认同实现的，并被证明是决定伴侣获得满足能力的重要因素。迪克斯强调了伴侣之间的性冲突如何成为婚姻冲突和被无意识激活的客体关系表达的常见领域，并指出了这些激活的客体关系与伴侣最初的共同理想化之间的鲜明对比。

迪克斯描述了作为伴侣客体关系一部分的相互投射性认同的激活，以及他们的自我理想对伴侣关系的影响；他描述的这些坎坷变迁极大地影响了我自己对伴侣关系的思考。他指出："与常识相悖的是，伴侣之间相互共谋串通的无意识承诺看来在我们现在正在考虑的病态的婚姻中，比在'完整之人'所拥有的自由灵活、相互依赖的婚姻中，有着更大的影响力，且更无法避免。"（p. 73）

在我看来，迪克斯概述的伴侣互动领域可以被重新构想并扩展到至少以下三个领域：（1）他们实际的性关系；（2）他们有意识和无意识主导的客体关系；（3）他们建立的共同的自我理想。这三个领域体现了我之前描述的成熟性爱的能力。

我要强调的是，在伴侣互动的这三个主要领域中，很重要的是力比多与攻击性的整合、爱与恨的整合，以及爱胜过了恨成为主导。在这方面，我要归功于斯托勒（Stoller, 1979, 1985），他对性兴奋、倒错和爱的本质的精神分析式理解做出了巨大贡献。他指出，攻击性作为性兴奋的一个组成部分是一种必不可少的存在；他这一独立得出的结论类似于我在研究边缘型患者的性体验时得出的结论。他还强调了神秘感在性兴奋中的重要性，并描述了解剖学和生理学因素，这些因素与俄期欲望和危险相互作用，形成了神秘感中那些令人兴奋和挫败的特性。神秘感既能诱发性幻想，也反映着性幻想。斯托勒强调，性兴奋的作用在于重新创建危险和可能令人挫败的情形，并通过满足特定的性幻想和性行为来克服它们。因此，就性兴奋和情欲的能力，以及作为爱情关系一部分的前俄期和俄期客体关系的整合而言，力比多与攻击性、爱与恨的整合，逐渐成为爱情关系能力的主要方面，同时也是爱情关系病理的主要方面。

多形态倒错性欲中的施受虐部分为争取性融合提供了重要的推力；温柔的身体照料的过度缺少、创伤性的经历、身体虐待或性虐待都可能会抹杀性反应的能力，并干扰性兴奋这种情感的巩固和发展。相反，过度压抑攻击性、无意识地禁止多形态倒错的婴儿期性欲中的攻击性成分，可能会显著抑制性兴奋，并削弱性反应。

在临床上，据我观察，对多形态倒错的婴儿期性欲的某种程度的压制（suppression）或压抑（repression）是最常见的性抑制类型，这在很大程度上导致一些伴侣尽管情感关系非常满意，但他们的爱情生活却枯竭了。在实践中，我们发现伴侣可能会有规律地进行生殖器性

61

交，会有性兴奋和性高潮，但也会觉得日渐单调，以及有一种说不清道不明的不满和厌倦感。因此在性兴奋方面，攻击性的整合不足和过度的攻击性都可能会抑制爱情关系。

同样的过程也出现在伴侣双方主导的客体关系中。缺乏对"全好"和"全坏"的内化客体关系的整合，会导致具有边缘型人格组织的患者的爱情关系中出现原始理想化；这种理想化不切实际的性质容易导致冲突和关系的破坏。无法容纳矛盾情感的理想化，会很容易因关系中的任何攻击性而被破坏，从定义上讲，这种理想化脆弱而又不能令人满意，而且伴侣双方缺乏深入相互认同的能力。但是，客体关系的整合预示着高级的俄期冲突以及相应的对矛盾情感的容纳成了主导，也预示着那些不得不容忍的攻击性开始在关系中出现，并对关系具有潜在的危险性。

对矛盾情感的容纳促进了无意识场景的激活，以及对过去致病性的客体关系的相互的投射性认同；因此，作为伴侣矛盾关系的一部分，对攻击性的容纳极大地丰富了这种关系，并确保了关系的深度，这种深度曾被指为是巴林特所说的"生殖器认同"（genital identification），或是温尼科特所说的"担忧"（concern）的一部分。但是，过度的攻击性会给伴侣关系带来无法容忍的冲突和潜在的关系破裂的威胁。

让我们从客体关系转向伴侣对自我理想的相互投射。共同建立的对彼此和伴侣关系的理想化，不仅可以达到防御的目的，用来对抗对他们的需要以及关系的更现实的理解，而且可以提升一般的超我功能以及婴儿期超我——它保留了反对俄期欲望和婴儿期性欲的禁令的残余。超我功能的正常发展可以保护伴侣，并从他们的情感深度中衍生出一种强大的成分，即相互负责和担忧的感觉。但是，它也会制造另一种可能性：当攻击性在超我中占主导地位时，伴侣间的相互迫害和对自由的压制就会出现。

显然，一段爱情关系的质量和发展取决于匹配的性质，也就是说，取决于将两人连在一起的选择过程。成熟的爱情关系的能力中那些相同的特征影响着选择的过程。拥有性愉悦自由的能力——如果双方中至少一方可以——构成了一种早期的测试情境，可用来了解他们在性接触中能够共同达到多大程度的自由性、丰富性和多样性。不同于对伴侣性抑制的愤怒拒绝、贬低或受虐性屈从，勇敢地直面伴侣的性抑制、限制或拒绝是一种稳定的生殖器认同的表现。当然，性抑制的伴侣对这种挑战的反应将成为性伴侣发展动力的一个重要因素。一对伴侣早期性生活不和谐的背后，通常有着严重的未解决的俄期问题；而伴侣关系在多大程度上可能有助于解决这些问题，主要取决于伴侣关系中更健康那一方的态度。但是，避免选择一个显然会对性满足的期望施加严重限制的伴侣，是正常选择过程的一个方面。

整合的客体关系或完整的客体关系能力的发展意味着实现了自我同一性，同时也意味着实现了有深度的客体关系，这有助于直觉性地选择一个符合自己愿望和抱负的人。选择过程中总是会有无意识的决定因素，但在通常情况下，无意识的愿望和恐惧与意识层面的期望之间的差异不会严重到会使伴侣关系中的早期理想化过程解体的程度。

此外，成熟地选择一个想要与之共度一生的所爱之人，涉及成熟的理想、价值判断和目标；这些除了满足对爱和亲密的需要外，还为生活赋予了更广泛的意义。有人可能会质疑**理想化**（idealization）一词在这里是否仍然适用，但是只要被选中的那个人符合主体要为之奋斗的理想，那么这个选择中就存在超越的成分，对一个人的承诺就会自然而然地产生，因为它是对某种生活（表现为与那个人的关系可能或将要是什么样的）的承诺。

但在这里，让我们回到基本动力；根据这种动力，伴侣双方对性关系、客体关系和自我理想领域的攻击性的整合保证了关系的深度和强度，但也可能威胁到关系本身。爱与攻击性之间的平衡是动态的，这一事实使得这种整合和深度可能不稳定。即使在最好的情况下，伴

63

侣也不能把他们的未来视为理所当然；当一方或双方重大的未解决冲突威胁到爱与攻击性之间的平衡时，情况就更糟了。有时，即使在看似祥和安全的条件下，新的发展也会改变这种平衡。

两个人之间建立深厚而持久的关系所需要的，实际上正是通过实现与自身及他人建立深入关系的能力而形成的一个奇妙的对应——包含的共情和理解开启了人与人之间不可言喻的多种关系的深层途径。随着一个人长年累月慢慢变得更有能力深入地去爱，并更能够现实地欣赏他人，作为他或她的个人和社会生活的一部分，他或她可能会找到事实上可以成为同样令人满意甚至更好的伴侣的其他人。因此，情感的成熟并不能保证伴侣关系的非冲突性稳定。对一个人的坚定承诺以及因共同生活而产生的价值观和体验将会丰富并保护关系的稳定性，但如果自我认识和自我觉察很深，每个伴侣可能就会不时地感受到对其他关系的渴望（那些关系的可能性可能是一种现实的评估）和反复的自我克制（renunciation）。但是，自我克制和渴望也可能会增加个体和伴侣生活的深度，而伴侣关系中渴望、幻想及性张力的重新定向可能会构成他们爱情生活中一个额外的、模糊又复杂的维度。归根到底，所有人与人的关系都会结束，丧失和抛弃的威胁也会结束，以及最后，死亡这一最大的威胁，也会结束，而爱，会是最深刻的存在，永不消散；觉察到这一点也会使爱更为深刻。

第五章
精神病理学

在这一章，我会列举一些临床例证，用来说明重大精神疾病如何干扰成熟亲密关系的发展。我会通过典型的临床案例，对比严重及不太严重的边缘性病理、自恋性病理，以及神经症性精神病理各自不同的影响。

在某些极端严重的边缘型人格障碍病例中，尤其是当有严重的自我破坏及自我伤害倾向，或者有自恋性病理、反社会倾向以及与自我协调的攻击性时，患者明显缺乏感官愉悦和肌肤情欲方面能力的情况可能普遍存在。不管是男性患者还是女性患者，都可能体验到缺少性欲的发泄口，没有自慰快感，没有指向任何客体的性欲望，在性交过程中没有能力让自己兴奋起来，更不用说性高潮。这些患者给人这样一种感觉：他们没有建立起压抑性的防御机制，这一机制在更健康的患者（通常是神经症患者）身上可以看到，他们可能会呈现出基于压抑的对性兴奋的次级抑制。

我将要描述的这些患者，虽然在生理器官方面都相当正常，但却都无法体验到性兴奋。他们的早年发展史给人这样一种印象：他们在肌肤情欲方面的愉悦性唤起没有发展出来，或者从最初的婴儿期开始就受到了干扰。严重的创伤性经历、身体虐待或性虐待、充满关爱的养育者的明显缺乏，这些充斥着他们的成长史。自我伤害行为——撕扯自己的肌肤、头发、黏膜等——常常能带给他们某种感官满足，但这么做的痛苦远远超过任何明显的情欲性愉悦。通过精神分析式探索，我们发现这些患者的原始幻想世界被施受虐性互动所主宰，追逐权力是唯一能够保证安全的途径，否则就只有完全屈服于施虐客体。这些 **65** 患者很难发展出享受感官愉悦的能力。矛盾的是，精神分析治疗的确可能极大改善他们人格方面的问题，但也可能因为引入了压抑性防御机制而进一步强化他们的性抑制。性治疗师认为，对这些患者的预后应持非常谨慎的态度。

整合原始的、分裂的、迫害性的内化客体关系，这是心理治疗的一部分，同时也是结果，可能会帮助这些患者发展出理想化的能力，使他们渴望一段理想的关系，这有助于改善他们的情感投注及情感参与能力。最终，他们或许能建立一段坚定的爱情关系，但通常还是没有能力发展出激情之爱。

一位不到 30 岁的女性，因为其严重的自我伤害倾向有危及生命的可能，接受了住院治疗。过去，她曾多次割腕，伤口很深，累累伤疤看着有些丑陋；她还多次用烟头烫伤自己，并屡次尝试自杀。不过，她还是奇迹般活了下来。在大一的头一个学期，她就辍学过起了流浪生活，先后与几位男性生活在一起，那些男性为她提供毒品；在与这些男性的亲密关系中，她从未体验过任何性欲望，也没有性愉悦。相反，她特别担心被那些男性剥削，同时自己又在金钱及情感上剥削他们；她获得感官满足的唯一途径是晚上睡在一起时被他们抱在怀里，或者感觉到他们除了希望讨得她在性方面的欢心之外，在供给她毒品时从不问她问题，也不提任何要求。当她的要求能被满足、她觉得自己掌控着这段关系时，她就能够对一位和她同居的男性忠诚；只有当她害怕受到剥削或者不公平对待时，她才会做出突然贬低并抛弃他的反应。她在成长过程中曾遭受母亲的身体虐待以及继父的性虐待。她相当聪明，上小学时成绩不错；但后来，由于高中后期无法投入学习之中，她的表现慢慢变差了。她曾经加入过一个边缘的、稍微有点反社会的组织，在青少年早期有过一些商店行窃行为，后来她觉得这样做太危险就停止了，除此之外她没有参与过任何反社会活动。

病情较轻的边缘型患者可能有能力获得性兴奋和产生情欲，但仍然会被内化的病态客体关系所影响。具有边缘型人格的患者用分裂机制把内部和外部客体关系世界分裂为理想化的人物和迫害者。因此，他们会理想化与"部分客体"的关系。但是，这种关系非常脆弱，永远摆脱不了被"全坏"的部分影响的危险；这些"全坏"的部分会把一段理想化的关系变成迫害性的关系。

这类患者在爱情关系中展现出的情欲，会伴随着对所爱客体的原始理想化。与自恋型患者相比，这类患者会发展出强烈的爱的依恋，同时伴有原始理想化及某种程度上的持久性特征——比自恋型患者的短暂投入更持久。与这种理想化相对应的是做出突然的、激烈的失望反应的倾向，理想化客体变成迫害性客体，以及之前理想化的关系变成灾难性的关系。这些案例通常在离婚的过程中表现出巨大的攻击性。或许这种病态关系最常见的类型在这样女性身上可以看到：她们有着婴儿样人格及边缘型人格组织，死死地黏附于某个男性；她们对这个男性的理想化太脱离现实，以至于通常从她们的描述中很难得到关于这个男性的准确面貌。表面上，她们的这种卷入类似于整合程度高得多的受虐女性（屈从于被理想化的施虐男性）的行为，但她们身上更显著的是不现实的、孩子气的理想化。下面这个案例选自我早前的文章（Kernberg, 1976），我将用它来说明这些动力。

患者是一名过于肥胖的 18 岁女孩。她平时要吃各种各样的药，尽管智商很高，但她在学校的表现越来越糟糕。她因为叛逆行为被多个学校开除；她的叛逆主要表现为在家里的一些暴力场景。住院期间，

66

她给人的印象是一个冲动的、过度活跃的、邋遢肮脏的青少年。她对大多数人是无情压榨，但是对于在另一家医院认识的一位年轻男性，她完全地奉献和屈从，每天都给他写一封热烈的长篇情书。对方只是偶尔回复，且态度相当散漫；他显然有些问题，具体是什么不知道，但与法律有关，这边医院的医生非常认真地想要从患者嘴里了解这位男性的真实面貌，但也只得到一个模模糊糊的影子；当然，据患者说，这位男性是一个完美的、理想的、对她充满爱意的"美男子"。

在心理治疗中，患者热情洋溢地描述她与男朋友之间强烈的性体验，她在这段关系中感到完全的满足；她坚信，如果能够与男友私奔过一种与世隔绝的生活，她一定很幸福也很正常。她之前与几个治疗师工作过，来我们医院是"准备"击退部分工作人员想要把她和男友分开的努力。

她能原谅或者不如说是合理化男朋友的不回应，同时又高度敏感，甚至常常偏执地怀疑其他人轻视或者忽视她。在那位男性非常明确地拒绝了她之后，她在我们医院找到了另一个小伙子，与这个小伙子重复了同样的关系；只有这样，她才能从前一段关系中脱身出来。她了断得如此彻底，以至于才过了几个月她就很难想起前男友长什么样子了。

矛盾的是，尽管具有自恋型人格结构的患者似乎比典型的具有边缘型且不合并自恋型人格结构的患者更有"现实感"，但以这种方式"坠入爱河"的患者，比起短暂迷恋的自恋型患者的预后要更好。

在具有边缘型人格组织的患者身上，其激烈的爱情关系有几个方面值得关注。首先，它们说明了这些患者具有与激情投入相关联的生殖器兴奋及高潮的全部能力，这表明他们虽然发展到了"生殖器至上"的性心理阶段，但其情绪却不一定也达到了相应的成熟水平。

在这些患者身上，多形态倒错的婴儿期性欲与生殖器性欲似乎被某种形式的整合所取代：他们似乎能够把攻击性与爱整合在一起，即，把婴儿期性欲中攻击性的、施受虐的成分用来服务于力比多情欲的满足。这种性兴奋与情欲愿望的整合发生得比较早，发生在主体有能力把投注了攻击性的内化客体关系和投注了力比多的内化客体关系进行整合之前。客体关系的分裂（分裂成理想化的客体关系和迫害性的客体关系）一直存在，并且，对理想客体的强烈的情欲性理想化发挥着这样的作用：否认内化客体关系的攻击性部分，保护理想化的关系不受攻击性的污染。

边缘型患者表现出一种能力：他们能够以一种原始的方式坠入爱河，其特征是脱离现实地理想化所爱客体，对这个客体的了解一点都不深入。这种理想化不同于成熟的理想化，它表明边缘型患者身上有这样的发展过程：在恋爱过程中的正常理想化达到顶峰之前，理想化的机制已经在发挥作用。

强烈的性体验既能够理想化亲密关系，也可以被用来否认难以忍受的矛盾情感，并维持客体关系的分裂。这个过程说明，许多具有边缘型人格组织的患者，其所谓的前俄期冲突都被不成熟地俄狄浦斯化：68 高度神经质且强烈的风流情事掩盖了患者潜在的对矛盾情感的无法忍受。在临床上，在男女中均可见到，生殖器期的互动模式可能服务于这样的目的：努力从令人害怕与沮丧的、围绕着口欲期需要与依赖的关系中逃离。患者似乎有这样一种无意识的期盼：通过性活动获得口欲上的满足，并期盼一种理想的关系，这种关系不同于前生殖器期令人挫败的母婴关系，正是这种期盼促成了患者把各种关系都性欲化的逃避行为。

许多有自恋型人格结构的患者都发展出了很好的能力，可以在性交中达到性兴奋与性高潮，同时还保留着广谱的、多形态倒错的婴儿期性欲，但是他们没有能力深入投注于所爱客体。许多这样的患者从没有恋爱过。有着混乱性关系的患者，当心仪的性客体没有立即来到身边时会非常不耐烦，感到强烈的沮丧；他们看起来好像是在恋爱，但其实不是。最明显的证据就是：他们一旦得偿所愿，立刻就会变得冷漠。

出于治疗及预后的考虑，把具有自恋型人格结构的患者的性滥交与具有癔症型人格并带有强烈受虐倾向的患者的性滥交区分开来很重要。在后者身上，性滥交通常反映出患者无意识的内疚感：患者对于建立一段稳定的、成熟的、愉悦的关系感到内疚，因为这样的关系在患者的无意识里代表着俄狄浦斯期被禁止的满足。这些有受虐倾向的癔症患者在不涉及性的领域有能力建立完满和稳定的客体关系。比如，具有癔症型人格并在无意识里与男性激烈竞争的女性，只要排除性的成分，就可以与男性建立稳定和深入的关系；只有当发展出亲密的性关系时，患者在无意识中幻想自己屈从于男性而产生的憎恨，或者因被禁止的性满足而产生的内疚才会干扰关系。

相反，自恋型患者的性滥交通常是对一尊"珍藏密敛"的身体，或者在别人眼里或迷人或珍贵的人产生性兴奋。这样的身体或人会激起自恋型患者无意识的嫉羡与贪婪：患者想要占有，并且无意识里有一种想要贬低、损毁自己嫉羡的东西的倾向。患者的性兴奋如此强烈，以至于对客体心仪的错觉得到了暂时的强化；此时，患者对心仪的性客体的短暂热情或许类似于恋爱的状态。然而很快，性愿望的实现一旦满足了征服的需要，就会触发贬低心仪客体的无意识过程，结果是患者的性兴奋以及对这个人的兴趣都会快速消退。

实际的情形相当复杂，患者可能会把无意识的贪婪与嫉羡倾向投射给心仪的性客体，结果患者反而害怕性客体贪婪的占有欲，害怕被性客体剥削；这种恐惧进而变成一种威胁，强化着患者逃向"自由"的需要。对于自恋型患者来说，所有的关系要么是自己剥削对方，要么是对方剥削自己，"自由"仅仅就是逃离幻想中的吞噬性的占有欲。但在分析治疗中，滥交冲动揭示，自恋型患者也在绝望地寻找人性之爱，就好像这种爱会神奇地与身体的某个部位，如乳房、阴茎、臀部或者阴道捆绑在一起。自恋型患者对这些身体部位无穷无尽、反反复复的渴望可能会在分析中浮现，借此，患者退行式地固着于一种分裂的、涉及性感区与体表理想化的早期共生体验，以便弥补自己在建立完整的客体关系或者发展客体恒常性方面的能力不足（Arlow et al., 1968）。

自恋型患者在征服了性客体后飞速离去，也可能代表着他们在努力保护这些客体不被自己无意识中的破坏性所伤害。里维埃（Riviere, 1937）在讨论"唐璜与滚石"（Don Juans and Rolling Stone）的心理时强调，对异性的源自口欲期的嫉羡以及对拒绝和蔑视的防御，是他们首要的心理动力因素。费尔贝恩（Fairbairn, 1954）则强调倒错的功能：因为与彻底分裂的、理想化的、迫害性的客体之间的关系是患者的"中心"自我难以忍受的，所以患者就以倒错来作为对这一关系的置换。

简言之，自恋性病理说明，最初的性兴奋与体表理想化能力可能会继续进入成熟的、多形态倒错的婴儿期性欲中，并最终来到生殖器性欲中，成为生殖器高潮能力的一部分。这种情况的发生背景是，个体没能全面发展出建立亲密客体关系的能力，因此理想化仍然局限于性方面，而在真实的客体关系方面远没有得到发展。自恋型患者对重要他人短暂的理想化，不足以让他们产生除了"纯粹的性"以外的兴趣，他们对身体外表的理想化没能延伸到对整个人的理想化。一些自恋型患者能够体验到对他人从身体延伸到整个人的理想化，即使这种兴趣很短暂，并受限于防御性贬低这样的无意识机制。下面的案例我在早前的著作中（Kernberg, 1976）也有描述，这些案例说明了自恋型人格障碍在精神病理上是一个连续体。

一位20多岁的男性害怕自己阳痿，因此来咨询。之前他偶尔可以和妓女完成性交过程，但当他试着与一位女性发生关系时——他把自己与这位女性的友谊描述为"柏拉图式的"——他无法完全勃起。这对他的自尊是一个严重的打击，并且引起了强烈的焦虑反应。他从没

70

有恋爱过，也从没有与人在性方面或者情感方面陷入过纠缠，不管是男人还是女人。他的自慰幻想反映出他有多种性倒错倾向，涉及同性恋、异性恋、施受虐、暴露以及窥阴等方面。

他的智识水平和文化修养都很高，是一名高效的会计师。他有几段关系，其中既有男性也有女性，都围绕着公共政治或者智识兴趣方面的主题；这些关系都不是很亲近，但却稳定。他似乎没有多少野心。他对自己的日常工作感到满意，他的友好、灵活以及很好的适应能力也赢得了大家的喜爱。朋友们会被他偶尔的尖酸刻薄与傲慢逗笑。

这个患者一开始看起来像是具有强迫型人格，但精神分析式探索发现他具有典型的自恋型人格组织。他深深确信自己高人一等，并暗中与同事和朋友竞争，而这些大部分发生在无意识中。他还觉得，朋友们会对那些尽管身材很有吸引力但精神上却令人鄙视的平庸女人发展出兴趣，而他是不屑于此的。当他优雅地首肯与这位柏拉图式的女友性交时，自己却不举，这一事实对他的自体概念是一个沉重的打击。他认为自己应该既能够与男性也能够与女性发生性关系，应当超越当代狭隘的道德传统。

我在这里想要强调一下，通常，没有能力发生性关系，没有能力恋爱——哪怕只是短暂的迷恋——提示患者接受精神分析治疗的预后并不乐观。实际上，对这个患者的治疗超过了五年，最后以失败告终。在这个案例中，核心的动力特征是对女性强烈的嫉羡，以及通过贬低及自恋式地选择同性恋取向来防御这种嫉羡，这是具有自恋型人格的人身上常见的特征。

下一个案例既展示了患者有一定程度的恋爱能力，也展示了经历一系列短暂的迷恋和性滥交之后患者这种能力的退化。它还证明了这种说法，即从固着于身体外表发展到与人恋爱，这与一个人下述能力的发展有关：体验到内疚感和对别人的担忧，体验到抑郁以及有修复的想法。与前面的案例相比，这位男性三十出头，显示出一些恋爱的

71

潜力。在他接受精神分析的过程中，当他修通了基本的移情之后，这种潜力得到了显著发展。

这个患者最初来找我咨询，是因为他在公开场合讲话时会有强烈的焦虑，以及他越来越不能从性滥交中感到满足。他说，他在青少年期有那么几次恋爱，但很快就对起初理想化及渴望的女性感到厌倦。与一位女性有过几次性接触后，他就会失去兴趣，转而寻找下一位。在治疗开始前不久，他刚刚交往了一位离异女士，这位女士有三个小孩。他发现，比起之前的大多数女友，这位女士要令他满意得多。然而他的性滥交并没有停下来；生平第一次，他体验到了一种冲突，冲突的一边是他想要与某个女性建立更稳定关系的愿望，另一边则是他数不清的风流韵事。

他拼命寻找与女性的性体验，这从一开始就是分析的主要议题。起初，他不无骄傲地宣扬自己在与女性交往上的成功；他认为这都归功于自己卓越的性能力，以及享受性的能力。但是很快就会看到，他对女性的兴趣完全专注在乳房、臀部、阴道、柔滑的肌肤上，并且最重要的是要满足他的幻想：女人隐藏和收起了她们的"珍宝"（他一直习惯于这么称呼她们）。在征服她们的过程中，他觉得自己会"层层剥开"她们，把她们"吞进肚子"。在内心更深处（数月的分析之后他才明白），他惊恐地确信，自己无论如何都吞并不了女性的美，那些性插入、性交、高潮仅仅代表着一种不真实的、幻象般的吞没——吞没那些他欣赏的、想要占为己有的东西。

通过"创造"一个女人而实现的自恋满足正在快速消退，在短时间的性交往后，他的兴趣也丧失殆尽；他觉察到了这些，然而这些觉察正在逐渐毁掉他对这些短暂关系全部的期待，他再也无心发展这种关系。近几年，当他与一位已经收入囊中，因而在不断"贬值"的女性性交时，他常常会幻想与那些还未征服的女性性交。已婚女性尤其吸引他，这并不如我最初假设的那样是因为俄期三角冲突，而是因为其他男性在这类女性身上发现了吸引人的东西，这件事重新燃起了这个患者对女性逐渐熄灭的兴趣：他要占有"被藏起来的珍宝"。

72　　　最后，患者开始明白自己对女性有强烈的嫉羡，起源于他对母亲的嫉羡与愤怒。他母亲总是让他受挫；不管是身体上还是心灵上，他觉得母亲对他总是有所保留，母亲隐藏了所有可爱的、令人嫉羡的东西。他仍然记得自己拼命贴近母亲温暖柔软的身体，母亲却冷酷地拒绝他这种爱的表达，如同拒绝他愤怒的要求一样。

在青少年期，他常常需要用力控制、使自己不去觉察到并表现出无意识中对女性的嫉羡与憎恨。他过去经常看二战题材的电影，当女演员在欢呼的士兵面前展示自己时，他会被激怒。他觉得这很残忍，士兵们应当掀翻舞台，杀死那些女演员。他没完没了地想着这么一个事实：女人们知道自己有乳房、生殖器，当她们在晚上脱下内衣时，那些美妙轻柔的衣服原本可以有幸贴着她们的身体和她们躺在一起，现在却被她们扔在地上，弃之不顾，而那正是他难以企及的"珍宝"。

分析逐渐揭示出患者孩提时代的一些施虐性的手淫幻想。他想象自己正在把女人撕碎，正在折磨一大群女人；然后，他会"释放"其中一位，这位女性要看起来天真无邪、温柔善良、懂得爱与宽恕，这是一个理想的、不断给予的、永远宽恕的、美丽的、永不知疲倦的母亲的替代者。他与女性的内在关系被分裂成要么依赖一位理想女性（绝好的母亲），要么报复性地摧毁其余所有女性（坏母亲），结果就是他没有能力建立深入的关系，这种关系要求他必须能够容纳并整合自己爱与恨的矛盾情感。相反，对乳房、女性生殖器及其他身体部位的理想化，使他得以退行式地满足曾经受挫的原始性欲，同时象征性地掠夺这些对女性来说特有的身体器官。通过性滥交，他还否认了自己对特定女性的依赖——依赖让他害怕——也无意识地破坏了他极力想要吞并的女性。

他觉得自己能够"给予"女性高潮，她们需要他的阴茎，这从象征层面再次让他确信：他不需要她们——他有一个胜过所有乳房的"给予"器官。但是女性应该继续依赖他的事实会激起他的恐惧，认为女性可能想要掠夺他，迫使他给予更多。然而，在他不顾一切地寻找饥渴性欲的满足从而代替对爱的需要的过程中，他感觉到了他日益增长的不满；在某个时刻他会意识到，自己实际上在寻找关系，寻求与"隐藏在"女性皮囊下的人建立关系。

只有通过系统地检视其口欲期需求，检视其在移情中长久以来的不满情绪，患者才能认识到他无意识中有一种倾向，想要破坏并摧毁他最想要的东西——分析师的爱与对他的兴趣，以及从女性那里获得的爱与性的满足。全面觉察到他针对分析师及女性的破坏倾向，让他渐渐发展出内疚、抑郁，以及想要修复的倾向。最终，对客体的担忧使他与分析师、他的母亲以及在分析期间与他结婚又离婚的女人〔将无意识的内疚感行动化（acting out）〕的关系发生了根本性的转变。

随着他逐渐明白自己妻子付出了多少的爱与奉献，他开始觉得自己配不上她。他注意到自己慢慢开始对她的想法与感受感兴趣，他能够和她一起享受她的幸福时刻，他开始对另一个人的内在世界深感好奇。他终于认识到自己从前是多么忌妒妻子有自己独立的兴趣、自己的朋友、自己的私人物品，他觉得她有成千上万的小秘密与其他女人分享却不告诉他。他觉察到自己在不断贬低和蔑视她，使得她在他心中既空洞又烦人，让自己担心总有一天会抛弃她，就像抛弃之前的女人一样。

与此同时，他体验到在性交过程中自己的内在态度发生了巨大的改变。他形容那是一种近乎宗教的感觉，在感受到她这个人与她这具躯体时，他体验到一种铺天盖地的感恩、谦卑与喜悦。现在，他能够带着全新的兴奋去感受她的身体（现在代表着她整个人而不是部分客体），通过肢体上的亲密来表达这种感恩。简言之，患者现在能够从这个与他已经结婚两年多的女人那里体验到与性激情紧密相连的浪漫之

73

爱。他的性生活带给他全面的满足——不同于他从前的旧模式：迅速厌倦，然后立即寻找新的女性。他之前在性交后控制不住的手淫也消失了。

对女性强烈的嫉羡与憎恨在很多男性患者身上都可见到。甚至，在临床上，其强度似乎堪比女性的阴茎嫉羡。鉴别男性自恋型人格的不仅仅是这种嫉羡与憎恨的强烈程度，还有对女性的病态贬低（源于对母亲这一原初依赖客体的贬低）。

贬低女性的性行为以及否认自己对女性的依赖需要，使得患者无法维持与女性深入的人际及性交往。在那些具有最严重病理的患者身上，我们看到他们对女性完全缺乏性方面的兴趣（尽管他们的性取向百分之百是异性恋）；具有不太严重病理的患者会痴迷于寻找性刺激及性滥交，与之相伴的是没有能力建立一种更持久的关系；程度更轻的患者显示出有限的能力，可以产生短暂的迷恋。

短暂迷恋可能代表着一开始有能力相爱，然而对对方的理想化仅限于身体性征——这些即将被征服的女人身上他们所喜爱的性特征。因此，这些患者无法拥有的是热恋中的理想化特征：把女性生殖力连同女性本人一起理想化，感恩于她的爱，把她作为一个人来关心爱护，从而发展建立一种更加稳定的关系的能力。恋爱带来的满足感被自恋型人格所消解；患者充其量可能会体验到短暂的、由征服带来的满足感。

母亲是爱的最初源泉，对母亲的嫉羡与依赖，在男性与女性身上自然同样强烈；而女性阴茎嫉羡的一个重要来源是她们想要与父亲及父亲的阴茎建立一种依赖关系，通过这种依赖从与母亲的令人沮丧的关系中逃离，解放自己。具有自恋型人格结构的女性，其阴茎嫉羡中的口欲成分占主导地位，同样占主导地位的还有对女性及男性的报复性贬低。这一类女性接受精神分析治疗的预后是否比男性更保守，这一问题仍然没有答案：保利娜·克恩伯格（Paulina Kernberg, 1971）在一份女性自恋型人格障碍病例报告中探索了这个问题，这位患者身上可以反映出这些机制。

一位二十出头的女性自恋型患者，冷艳动人（冰冷是自恋女性的典型特征，这一点不同于癔症患者的温柔妖媚）到可以接二连三地俘获男性。她无情地剥削那些男性。当他们最终决定离开她时，她的反应是愤怒和怨恨，不是渴望、哀伤或者内疚。

对于神经症患者，我们涉及的是在未解决的俄期冲突影响下，患者正常的恋爱能力受到的抑制。爱情关系中的理想化过程已从原始的、不切实际的理想化转变为能够整合"全好的"和"全坏的"内化客体关系；患者已经获得客体恒常性，具有现实的、能够深入评估自己和所爱客体的能力。

主要与俄期冲突相关的爱情关系的典型病理是，患者完全有能力进行浪漫的理想化，有能力相爱并维持爱意（即，能在容纳矛盾情感的背景下做出深入的承诺），但同时也伴随着对直接的生殖器性欲的抑制，以及对俄期客体产生的多形态的婴儿式性渴望的抑制。以这一类病理为主的患者通常能够与他人相爱并拥有深入而稳定的爱情关系，同时伴随着生殖器性欲某种程度的抑制，主要症状为：阳痿、早泄及射精迟滞（尽管在这些病例中，前生殖器期的病理同样扮演着重要的角色），以及性冷淡（尤其是女性患者的性兴奋及性交高潮能力的抑制）。

另一个对抗无意识禁令（禁止具有俄狄浦斯意味的性卷入）的防御是让对柔情的渴望与对性欲的渴望相互解离，从而有时是一个"性"爱客体被选择，有时又相反，是另一个去性化的理想的客体被选择。无法把情欲和柔情整合在一起这一点表明，与一个客体建立非常令人满足的性关系的能力与对另一个客体的强烈的非生殖器之爱是相互解离的。被禁止的俄期渴望会带来无意识的内疚感；为了弥补自己的过错，患者可能会选择一位令人沮丧的、不可获得的或具有惩罚倾向的爱的客体，或者只有在令人挫败的爱情关系中才能把性欲与柔情完整地结合在一起。其实可能有人会说，在爱的国度里，如果说自恋型爱

75

情关系代表着前俄期冲突的典型病理，那么受虐型爱情关系则代表着俄期发展水平的典型病理。下面的案例首次出现在我早前的著作中（Kernberg, 1976），它部分阐述了这些议题的诸多方面。

一位35岁左右的男性来找我咨询，因为他控制不住地总要去猜想自己的未婚妻是否有魅力。在第一次会谈中，他带来一只手提箱，里面装满了他未婚妻的超大照片；它们被很仔细地分为两类，一类是在他看来很有吸引力的，一类是看起来没有吸引力的。他问我是否能看出这两类照片的区别。这些照片的"魅力值"在我看来没有任何区别；患者后来告诉我，他去向朋友吐露心中困惑，也得到了同样的反馈。最后他终于透露，每当他猜想未婚妻或许对他感到性兴奋时，他总觉得她似乎毫无吸引力。

患者呈现出一种典型的强迫型性格结构，用强烈的反向形成来抵御内在的攻击性，总是过度礼貌，讲起话来文绉绉相当迂腐。他在当地高校担任要职，但是难以胜任这项工作，因为他很害羞，害怕比他资深的同事，在学生面前也很不自信，他怀疑学生在背后拿他"正确而保守"的作风开玩笑。

据患者讲，他的母亲刚愎自用、挑剔、爱抱怨，掌控着整个家庭，而"娘子军团"（他的几个姐姐妹妹）是她的帮手。他的父亲是一个过度紧张、有点"爱炸毛"的人，却很听妻子的话。整个童年期，患者都觉得自己生活在女儿国，家里有很多秘密，很多地方他都不能去，很多抽屉他不能碰，很多话题他不能听。他在极度宗教化的氛围中被养大，任何与性有关的东西都被视为不洁。小时候，有一次他参与了妹妹的朋友们玩的一个性游戏，他的母亲一直在暗中监视他，过后狠狠地惩罚了他。

患者对于自己的"道德纯洁"深感自豪，他的人生迄今为止从未有过性交行为，面对那些他觉得正在"与之相恋"的女性，他从来都没有过性兴奋；患者认为这是他的"道德丰碑"，而我却并不欣赏，患者非常诧异。后来他承认，在青少年期，的确有一些女性会激起他的性兴奋，通常是一些社会经济地位低下的女性。对于来自同一社会群体的女性，他会理想化并彻底地去性化。患者声称自己一直都没有症状，直到开始与未婚妻约会——大约是来找我咨询的两年前，当她逐渐迫切地想要有更亲密的肢体接触，比如亲吻或抚摸他时——他开始发展出强迫性的猜想，猜想她是招人喜爱的还是令人厌恶的。

在移情中，他的强迫性完美主义一开始非常干扰自由联想，后来逐渐成为头两年分析工作的焦点。他近乎苛刻地要求自己配合分析，这背后隐藏着患者无意识中对分析师的取笑：所谓的强大的分析师其实是虚弱无能的——这种无意识的回应类似于患者对资深同事的态度，他后来又把这种回应投射在学生身上（他觉得学生在取笑他）。对父亲般的领袖人物的强烈蔑视和反叛逐渐浮现在移情中；患者采取的特定形式是强烈怀疑我是要败坏他的性道德（患者认为所有的精神分析师都有这种倾向）。

后来，患者感觉分析师也是他未婚妻的代理人，要把患者推入她的怀抱：他向多位牧师咨询精神分析是否会给他的性道德带来危险，是否会危害他与未婚妻关系的纯洁性。他认为，分析师在重复他父亲的表面掌控实则听命于母亲的行为（分析师成了他未婚妻的代理人）；在此之后，他对分析师的感觉慢慢开始转变，分析师成了他的母亲——暗中监视他，表面假装在性方面宽容，实际上是为了诱使他表达出自己的性欲感受从而惩罚他。在分析的第二年和第三年，这一母亲移情开始占据主导；同样的冲突可以从他与未婚妻的关系中分析出来，也可以从他对女性的普遍看法中——都像他母亲一样危险，会戏弄青年男子，挑逗他们做出一些与性有关的行为，然后报复他们——分析出来。

接着，这一移情范式又发生转变，到达更深的层次：与他的姐妹们，特别是母亲相关的性兴奋开始逐渐浮现，与之相伴的是被深深压

77

抑的对来自父亲的报复的恐惧。对母亲敌意的觉察置换掉了令他更为恐惧的对父亲敌意的觉察。

正是在这个时间段，他特有的整洁、礼貌以及对清洁的过度关注成了分析工作的焦点。这些性格特征似乎代表着一种反向形成，用来对抗各种与性有关的感觉。它们也代表着一种沉默而固执的对抗，对抗那个"激动"、忙乱又盛气凌人的母亲。最后，它们还代表着他的渴望，渴望成为一个干净的小男孩，能够拥有父亲的爱，为此他放弃了自己的竞争性，不与父亲以及男性竞争。

在分析的第四年，患者第一次对未婚妻有了性欲。在此之前，当他发现未婚妻妩媚动人时，她都代表着理想的、纯洁的、无法得到的女性，这其实是既令他性兴奋又让他厌恶的母亲形象的对等物。在分析的第五年及最后一年，患者开始与未婚妻有性生活；经历了一段时期的早泄（与他担心自己的生殖器会在阴道里受伤有关，同时也是之前对分析师的恐惧的再激活，害怕分析师是具有报复性的父亲-母亲结合体式的人物）之后，他的性功能变得正常。直到那时，患者才吐露，他一直有强迫性频繁洗手行为，这一症状在他与未婚妻有过性体验后消失了，所以他才告诉我。正是这一最后的小插曲，我想要再进一步谈一谈。

患者过去通常在周日早上与未婚妻见面，便于他与父母及其他家庭成员一起上教堂。后来两人决定把见面地点从患者的公寓——这里离父母住的地方近——换到患者的办公室，并厮守整个上午，不去教堂。在周日早上的相聚中，患者终于能够，也是他人生头一次玩一些性游戏，比如舔阴，并感受到性兴奋。他惊叹于她由此就可以得到性高潮。她对他能够如此自由和开放，这给患者留下了深刻的印象。他认识到在他之前的想象中，所有的女性（母亲）对于性都会怎样唯恐避之不及并眉头紧皱。他还认识到，带着兴奋愉悦的感受，未婚妻的身体及生殖器温暖、湿热的触感，以及气息和味道不再令他厌恶，反

而会让他兴奋，他的羞耻感及厌恶感变成了性兴奋与性满足感。更让
他惊喜的是，在性交过程中他不会早泄了，并且能够理解这与他对未
婚妻作为一名女性的愤怒及怨恨感受的消失——哪怕只是暂时的消
失——有关。

他认识到，在接下来的几周里他都待在办公室与未婚妻发生性关
系，这代表着他在对抗父亲和母亲，也是在违抗自己的宗教信条，这
些宗教信条其实是合理化了的超我压迫。这个患者在青少年期曾有一
种幻想，幻想耶稣在看着他——尤其是当他暗中窥视姐妹们的女性朋
友，希望在她们脱衣服的时候瞄一眼她们的身体的时候。我们如果仔
细观察这个患者，会发现他对宗教的态度转变是巨大的：现在他觉得
耶稣并不太关心世人在性方面是否"举止得当"，而是代表着对真爱与
理解的追寻。

患者还渐渐明白，未婚妻身上有时让他觉得恶心的地方在他心里
其实代表着母亲的某些方面，那是在他小时候母亲有时会表现出的对
父亲的性兴奋。未婚妻身上的这些方面已经不再重要；他认识到未婚
妻在其他方面的确有一些特征与他母亲一样，比如文化和族裔背景。
未婚妻唱起家乡的歌曲，他会深受触动；这些歌让他感觉到好像在和
自己过去的一部分交流——不是和他母亲这个人，而是和他母亲的出
身背景。他觉得，与未婚妻的关系达到如此完满的地步，也使他能与
自己的过往建立新的联结，而那些过往是他从前极力排斥的、被他压
抑的对父母的反抗的一部分。

阴茎嫉羡总是能回溯到原初对母亲的嫉羡（基本上，是对母亲的
"乳房"的嫉羡；乳房象征着有能力给予生命并滋养生命，也象征着第
一个好客体）。所以，阴茎嫉羡有个很重要的根源，那就是对母亲的无
意识嫉羡，后来被置换成了对父亲阴茎的嫉羡，并因为俄期冲突中的
攻击性成分而得以强化；这个过程也包含着来自母亲的攻击性被置换
成来自父亲的。在阴茎嫉羡的背后，我们常常会发现女性对自己生殖

器的贬低；这说明有一些综合性的因素在起作用，包括无意识的母女关系对阴道生殖力的原初抑制、文化对关于男性优越性的婴儿式幻想的促进和强化，以及无意识中主动把父亲阴茎和自己联系在一起引发的内疚感带来的影响。

79　　一位有严重受虐性病理的女性来我这里咨询她的性抑制，她说，唯一能让她不再抑制的方式就是与一个贬低她的男人发生性关系。在分析的头两年，我们能够聚焦于她的自我贬低——他在与男性及分析师的关系中都需要自我贬低，这种贬低与无意识中深深的内疚感相连；她对自己的性活力及性愿望感到内疚，这代表着她的俄期抗争。

　　在分析的第三年，希望分析师——以及其他男性——需要她的这个愿望逐渐发生了变化；早年对依赖继母的渴望逐渐浮现，在此之前，继母在她心中是冷冰冰的拒绝她的人。她只得转向父亲，努力从父亲那里得到带有性意味的爱，以弥补从母亲那里没有得到的口欲满足。她的亲生母亲在她俄狄浦斯顶峰时期去世；现在看来，对生母的理想化不但防御了俄期内疚，也防御了早在口欲期就已经确凿存在的指向母亲的暴怒。

　　现在，分析师在她眼里是冷漠的、拒绝的母亲形象，这使患者发展出一种强烈的愿望：希望得到分析师的保护与爱，就像婴儿躺在母亲的怀抱里；希望分析师是那个好母亲，向她保证一定会对抗坏母亲带给她的恐惧。她的性幻想与吸吮阴茎有关；她觉得男人的性高潮象征着在给予爱与乳汁、保护和营养。在与男性的关系中的强烈的黏附性以及她的性冷淡现在集中表达了她口欲期对男性的渴望，以及她想要控制并吞没男性这一狂暴的愿望，还表达了她的恐惧：她害怕让自己体验到完全的性满足，因为那将意味着完全依赖上这个无情的"母亲般"的男人，因而也会被他彻底挫败。

　　正是在分析的这个阶段，患者第一次与一个看起来比她之前选择的大多数男性更适合、更值得爱的男性建立了关系。（分析结束一段时间后，她与这位男性喜结连理。）她有能力从这位男性那里获得充分的性满足，这是一个标志性的事件，从此之后她与他的关系、与分析师的关系、与家人的关系，以及她对生活的基本看法，都发生了显著的改变；因此，我想更仔细地审视这一阶段。

在分析期间，患者渐渐能够经常从与这位男士的性交中获得高潮。她惊讶地发现，在头几次完满的性高潮之后，她哭了，哭的时候有一种尴尬的感觉，但同时也感觉到释放。她深深地感恩于他把自己的爱与阴茎给了她；她感恩于自己能够如此充分地享受他的阴茎，甚至有一次在性交过程中，她幻想着自己正在拥抱一个硕大的阴茎，带着狂喜的感觉围绕着它旋转，感觉像是围绕着宇宙中心——光的本源——在旋转。她觉得他的阴茎是她的，她终于能够真正地相信他和他的阴茎都属于她。

同时，她也不再忌妒他有阴茎而自己却没有。她能够忍受他不在身边，因为他所给予她的已经变成她内在世界的一部分。新的体验现在已经属于她，不会轻易失去。她心怀感恩的同时也充满内疚；她现在才明白，这个男人把爱给了她，而她之前却忌妒他、怀疑他，处心积虑地对他有所保留以防他"战胜"自己这个女人。她觉得自己能放得开了，能享受自己的身体与生殖器，不再顾忌内在幻想中的来自母亲和继母的禁令。

令她高兴的还有：现在她能够把自己的身体展示给这个男人看，不再偷偷地担心自己的生殖器不好看、残破、令人厌恶了。关于他们在一起的性体验，她能够对他讲出自己的心声："无法想象，即使有天堂，我也无法想象还能比这更好。"她也能享受他的身体，玩弄他的阴茎会唤起她的性兴奋，阴茎不再是证明男人的优越性和主导地位的令人讨厌的器官。现在她能够感受到，自己与其他女性是平等的。她不再嫉羡其他人之间的亲密，因为她与自己深爱的男人有了自己的亲密关系。但最重要的是，能够与她所爱的男人一起享受性愉悦，使她充

80

分觉察到自己在接受爱的同时也在给予爱——对此她心怀感恩，不再害怕充分地表达自己想要依赖的需要——这些都包含在她高潮之后的眼泪中了。

这个案例的核心特点是患者克服了阴茎嫉羡：既源于口欲期（嫉羡有能力给予的母亲及阴茎，又害怕自己会令人讨厌地依赖上这种嫉羡），又源于生殖器期（小女孩确信男人及男人的性要比女人及女人的性更优越）的阴茎嫉羡，在完整的客体关系中得到了修通——由指向客体的攻击性引发的内疚、因得到爱而产生的感恩、为了修复内疚而给予爱的需要，这些统统都得到了表达。

第六章
攻击性、爱和伴侣

在之前的章节中，我探索了性兴奋在服务于爱的过程中是如何把攻击性也融入其中的；现在我们来看一看，爱与攻击性在伴侣的情感关系中是如何相互作用的。

随着身体上逐渐变得亲密，伴侣双方在情感上也会越来越亲密；而随着情感上变得亲密，俄期及前俄期关系中的矛盾情感也会不可避免地慢慢浮现。为了简单凝练起见，我们可以这样说：一个男人对既令他兴奋又让他挫败的母亲的矛盾情感、对母亲的性欲那既挑逗人又珍藏密敛的本质的深深疑惑，现在都在干扰着他对所爱的女人的情欲性依恋、理想化以及依赖。他无意识中的俄期内疚感，以及面对理想化的俄期母亲而产生的自卑感，可能会导致他性抑制，或者使他难以忍受在性方面越来越自由的女性——面对这样的女性，他不再觉得自己有信心能保护她。这种发展过程可能会导致他要么和女性保持性欲化的关系，要么保持去性化的、理想化的关系——一种在青少年早期一直存在的很典型的二分法。在病态环境中，男性，尤其是具有自恋性病理的男性，其无意识中对母亲的嫉羡、想要报复她的愿望，可能会对女性这个他所渴望的性客体产生猛烈的无意识的贬低，继而是疏远和抛弃。

在女性这里，如果早年与母亲的关系不太令人满意，母亲不能容忍女儿的性欲，女儿无意识中体验到的母亲是充满敌意和拒绝的，她干扰小女孩早年身体性欲的发展，后来又干扰小女孩对父亲的爱，那么这样的母女关系可能会导致女孩成年后对性亲密有着过于强烈的无意识内疚，而性亲密是她与男性缔结深入关系不可或缺的一部分。在这种情况下，小女孩正常的客体转换过程——从母亲转换成父亲——会扭曲变形，她与男性的关系会变成施受虐关系。如果她还有自恋型人格结构，那么这位女性可能会防御性地贬低所爱的男性，在情感上疏远他，或者也可能有自恋性滥交（这一点毫不逊色于男性自恋者），借此表达她无意识的强烈嫉羡。如果在小女孩的体验里，父亲是一个自己得不到的、有施虐倾向的、在性方面拒绝或者具有诱惑性或挑逗性的俄期父亲，那么上述早年冲突可能会被强化，小女孩长大后的爱情生活也会颇受影响。

既然强烈的俄期内疚以及源于俄期及前俄期的自恋性防御如此频繁地干扰一个人，那么我们可能要问一问：当男性和女性建立和维持一段成功的亲密关系时，有哪些因素在起作用？两个标准且传统的答案是：社会习俗保护了婚姻结构，但目前看来，文化与社会结构似乎正在瓦解，婚姻制度正面临危机；另外，"成熟"的爱包含着友谊和同志之谊，这些爱在强度上会逐渐替代一开始的浪漫之爱，从而确保夫妻继续在一起生活下去。

从精神分析的视角看，想要与人结为伴侣，从而实现无意识的需要——在一段性关系中对父母及其角色产生爱的认同——人的这一愿望与想要破坏亲密关系的攻击力量同等重要。那些破坏伴侣间充满激情的联结的东西，以及好像坐牢的感觉、"性无聊"的感觉，实际上都是这种攻击性的激活，它威胁着伴侣关系中施受虐与爱的平衡，不管是性关系还是情感关系。

但随着情感上的不断亲密，还有更具体的一些动力会参与进来。想要修复过去占主导的具有致病性的关系，以及跃跃欲试想要重复这些过去的关系模式以满足过去未完成的攻击、报复需要，这些愿望都会导致旧有的关系模式在新的伴侣关系中再现（reenactment）。通过投射性认同，伴侣中的每一方个人都倾向于从自己的另一半身上诱发出存在于过去的、让他或她经历过冲突的俄期客体以及/或者前俄期客体身上的特征。投射性认同是一种原始但被普遍使用的防御机制，主要包括以下部分：想要把冲动投射给他人，在这种投射冲动的影响下开始害怕他人，无意识地想要在他人身上诱发这一冲动，想要通过这一机制的影响来控制他人。如果在早年，围绕着攻击性的冲突非常激烈，那么就有可能会再现原始的、在幻想中组合在一起的父母意象，这些意象几乎没有父母客体身上的真实特征。

伴侣双方会无意识地建立一种平衡，各自通过这种平衡弥补过去 83 占主导的具有致病性的关系，同时这个过程也会以新的、不可预测的方式黏合伴侣关系。我们发现，伴侣双方在亲密时会通过许多小而"疯狂"的方式进行交流。这种"私密的疯狂"（private madness，采用安德烈·格林的术语，见 André Green, 1986）可能既让人挫败又令人兴奋，因为它此时发生在这样一段关系中：这可能是伴侣双方一直都梦寐以求的最令人兴奋、满意和满足的一段关系了。在旁观者眼里，这对伴侣似乎在演一幕奇怪的剧，与他们平常的交流方式大相径庭；但其实，这幕场景过去一直在重复上演。比如，一位在家里掌权的丈夫和顺从的妻子，在丈夫得了感冒需要照顾时，双方角色互换，丈夫成了哼哼唧唧的小男孩，妻子成了严厉批评的女学监；或者妻子机灵又体贴，丈夫耿直又爱攻击人，当妻子觉得受到了另一个人的轻视而变得多疑爱抱怨时，丈夫则成了慈母般的照顾者，反复向她保证没有人轻视她；又或者，夫妻间和谐的生活方式可能常常因为一场由着性子的摔锅打碗而被打破。这种"疯狂的联盟"通常不会持续太久，它往往会被更日常、更令人满意的夫妻关系中那些在性、情感、智识以及文化方面更正常、更令人满意的部分所打断。实际上，有能力中断关系，对于维持一段关系来说至关重要。

≫ 中断

对于中断（discontinuity）这种能力，布伦瑞克和费恩（Braunschweig & Fain, 1971, 1975），以及安德烈·格林（André Green, 1986, 1993）都认为它最初的根源是母婴关系的中断。据布伦瑞克和费恩的研究，当母亲作为性伴侣回到自己丈夫身边时，对于婴儿来说，母亲就是不在身边的，婴儿迟早会觉察到这一事实。理想状况下，母亲能够在两种角色间轻松切换：在孩子面前是温柔、慈爱的母亲，情欲的部分只是微微显露，在丈夫面前是风情万种的性伴侣。并且，孩子会无意识地认同母亲这两种角色。母亲角色的中断会触发婴儿最早期的挫败和渴望。同样，通过与母亲认同，婴儿及儿童自己亲密关系中的中断能力也会被激发。根据布伦瑞克和费恩的研究，婴儿的自体情欲（autoerotism）来自他或她对其想与母亲融合的愿望时而被满足时而遭挫败的反复体验：自慰一开始可能代表着一种客体关系，后来才成了对关系的防御。

84　　在安德烈·格林看来，这种中断是人类的一种基本特征，正常人身上有，病患身上也有。他提出，爱情关系中的中断能够保护这段关系，避免关系陷入危险的融合状态；而一旦陷入融合，攻击性将会占主导地位。男性常常在与女性的关系中玩这种中断的把戏：在获得性满足后与女性分开，这代表着男性在主张自主权（从根本上说，这是婴儿对于母亲撤退行为的正常的自恋性反应），这种自主权在陈旧的文化观念里通常被误读为——主要是被女性误读——男性在建立深入关系方面不如女性。在女性这里，这种中断通常出现在她们与自己孩子的互动中，包括这种互动的情欲维度。这会导致男性常常感觉到被抛弃；同样，在陈旧的文化观念里，常有这样的误读——这次主要是男性误读——女性不可能兼有母职功能和作为异性恋人的功能。

男性和女性容纳中断的能力不同，这种不同也体现在爱情关系中，正如阿尔贝罗尼（Alberoni, 1987）曾经指出的，女性不爱一个人之后，通常也会断掉性关系，并且会把新恋情和旧恋情截然分开。男性通常会在移情别恋后，仍旧和前女友维持着性关系；也就是说，男性更有能力容纳情感和性欲的分开，能够在一位女性身上持续投注性欲很多年，不管是在现实中还是在幻想中，哪怕他与这位女性之间并没有真正的持续存在的关系。

男性在对待女性的态度上的中断，即情欲态度与温柔态度之间的中断，也反映在"圣母-妓女"（madonna-prostitute）的解离上，这是他们最典型的防御，用于对抗无意识中从没放弃、从不被允许，但又一直渴望的与母亲的俄期性关系。但是除了那种解离，久远的与母亲的前俄期冲突也趋向于以原本的方式重现于男性与女性的关系中，干扰他们的能力，使得他们不能深入地投身于与女性的交往中。在女性这里，她们的投注客体在童年早期就已经从母亲转向了父亲，她们的问题不是没有能力与男性投身于一段依赖关系中，而是她们没有能力忍受并接纳自己在这段关系中的性自由。相比之下，男性童年早期的母婴关系中就有无意识的情欲化成分；在这样的环境中，男性的阳形生殖力一直都得到肯定，而女性需要重新发掘她们原初的阴道性欲，然而女性的这种欲望在母婴关系中被无意识地抑制了。有人可能会说，男性和女性必须不断学习对方在建立爱情关系方面已经具备的长处：男性要学习如何深入地投身于一段关系，女性应该学习如何解放性欲。但显然在这个发展过程中，还有一些重大的例外，比如女性的自恋性病理，以及男性的来源于各个发展阶段的严重的阉割焦虑。

伴侣双方把各自超我的命令投射到对方身上，这也会助长爱情关系中的中断。把婴儿期以及 / 或者俄期超我的施虐性一面投射给性伴侣，可能会导致关系中出现受虐性屈从，以及对关系的非现实的、施受虐性质的扭曲，但也会引发对投射出的超我的反抗；而这正是通过伴侣间暂时分开来实现的，这种分开代表着爱情关系中正常的中断。对于引发内疚的客体，一个人如果猛烈地拒绝或者攻击，这或许会带来暂时的解脱，不再受投射过来的施虐性超我的折磨。说起来有点矛盾，这样的解脱，可能反倒会允许爱意再度出现。

中断的重要作用可以解释为什么一些伴侣的爱情生活中（尽管，或者正是因为）不乏攻击与暴力，他们仍能维持稳定长久的关系。如果我们把非器质性心理疾病粗略地分为神经症型、边缘型、自恋型和精神病型这几类，那么患有不同类型疾病的伴侣双方可能都会建立不同程度的平衡，这种平衡一方面可用于稳定关系，另一方面则可允许各自私人世界的小疯狂在具有保护性的中断的牵制下继续上演。例如，一位有着强迫型人格的神经症男士娶了一位边缘女士，这位男士可能会无意识地赞赏妻子可以毫无顾忌地爆发强烈的攻击性，他会感觉这是一种自由。女士也可能借由中断来保护自己，不让攻击行为真实可怕的后果影响自己；中断之所以产生是因为这位女士采用了分裂机制，她把分裂当作婚姻关系中最自然的与人联结的方式。她的强迫症丈夫可能会因为她攻击性收放自如的天性而感到安心，因为这正是他自己无意识中非常害怕的部分。但是，另一对有着类似病理的夫妻可能会搞砸，因为强迫症丈夫无法忍受妻子的反复无常，边缘妻子无法忍受强迫症丈夫据理力争的坚持和死不悔改，她觉得这在本质上是对自己的迫害。

经过多年的共同生活，伴侣间的亲密可能由于某些无意识场景的重现而增强抑或是被摧毁，这种重现不同于周期性出现的、普通的、被解离的旧时无意识客体关系的重现。伴侣双方的一些解离行为会产生累积效应，从而构建出这些特定的、他们既害怕又想要的无意识场景。这些场景的重现有时可能极具破坏性，有时可能只是因为触发了循环反应、愈演愈烈，以至于吞噬了伴侣间的爱意，超出了他们对这些情绪的涵容能力，而他们本意并非如此。这里，我指的是俄期场景的重现，即被排除在外的第三方作为主要的、对伴侣关系的破坏性力量侵入伴侣关系，以及伴侣幻想中上演的各种孪生关系所形成的破坏性力量；这股破坏性力量可以是向心的（让他们更紧密），也可以是离心的（让他们更疏远）。下面我们来探索这些关系。 *86*

自恋性冲突不仅仅在无意识的嫉羡、贬低、破坏以及分离中显现，同样也在这种无意识愿望中体现：想要通过所爱之人完善自己，把对方当作幻想中自己的孪生者对待。迪迪埃·安齐厄（Didier Anzieu, 1986）发展了比昂（Bion, 1967）的工作，他描述了一种无意识地选择爱的客体的方式：把爱的客体当作自己的同性恋以及/或者异性恋补充，用来完善自己；同性恋补充是指一个人把异性恋伴侣当作自己的镜像来对待。伴侣身上任何无法满足完善大计的地方都不可忍受。这种不可忍受如果还涉及对方的性欲，那么就可能导致严重的性抑制。难以忍受对方性欲的背后隐藏着对对方性别的自恋性嫉羡。相反，如果选择对方作为自己的异性孪生者，那么一个人无意识中双性同体（being both gender）的完美幻想可能会成为这段关系的强力黏合剂。这种双性同体的无意识自恋幻想最早是由贝拉·格兰贝热（Bela Grunberger, 1979）指出的。

有一种现象已经被人们频繁地观察到：伴侣双方经过多年的共同生活，彼此间会变得越来越像，甚至是外形容貌方面也越来越像；观察者常常会惊叹这样相像的两个人是怎样在茫茫人海中找到对方的。这种孪生关系中的自恋性满足，或者我们可以说，客体的爱与这种自恋性满足的姻合（wedding），会保护伴侣双方对抗破坏性攻击力量的激活。在不太理想的情况下，这种孪生关系可能会逐渐发展成安齐厄（Anzieu, 1986）所说的伴侣关系的"外皮"——对完整而持久的亲密感的需求，起初似乎还是相亲相爱的亲密，但最终成了相互憎恨的亲密。总是反复追问"你是否依然爱我？"，说明伴侣需要维护正常的"外皮"；与之相对应的是，双方嘴上常挂着"你总是那样对我！"，则提示"外皮"之下的关系可能正由爱转向迫害。一个人要保持清醒和安全感，伴侣的意见至关重要，但这些意见可能从温暖流淌的爱意变成源源不断的恨意。

无意识地长期再现的场景可能包括：幻想愿望得到满足，无意识内疚，拼命寻找不同的结局从而没完没了地重复可怕的创伤情景，以及并非出自本心地、无意间触发的连锁反应打破了内在场景的顺序。例如，一位有着癔症型人格结构的女性，对理想化父亲有着俄期固着，对与男性的性行为极为抑制；她嫁给了一位有着自恋型人格结构的男性，这位男性对女性有着无意识的强烈憎恨。他选择她是希望把她作为理想的异性恋孪生者，无意识地希望她能够作为自己自恋的支撑物而被自己完全控制。她的性抑制挫伤了他的自恋，于是他去婚姻外寻找满足；她对俄期父亲的失望，首先激起她受虐式地屈从于丈夫，后来又促使她与一个被禁止与她交往的男性发展婚外情，从中获取受虐性的性满足（出于像她丈夫一样的原因）。她对丈夫的抛弃使丈夫明白自己有多么依赖妻子，这一点之前都被丈夫否认掉了——他当她是奴隶一样，但对于她而言，这样一场充满危险但却得到了无意识许可的关系（由于这段关系的非婚本质）充分唤醒了她的性欲，也让她能够接纳自己的生殖器性欲。丈夫与妻子都对对方刮目相看，更理解了彼此的需要。

的确，不管是两人都去做精神分析还是不做治疗，或许都没法让他们重建关系。他在无意识中需要激惹她，让她变成拒绝他的母亲，这样就可以反过来名正言顺地——可以这么说——贬低她，名正言顺地寻找新的理想女性；而她在无意识中需要从丈夫身上再次确认父亲的缺席与不忠，并为此付出了社交风险代价，因为她对一个不是她丈夫的男人做出了性回应。

≫ 对三角关系的剖析

我在早前的文章里（Kernberg, 1988）描述过什么是正三角关系和反三角关系，这两种关系情形构成了伴侣间最常见也最典型的无意识场景，这些场景或许会对伴侣关系造成最严重的破坏，也或许会最好地促进伴侣关系的亲密与稳定。对于伴侣关系外的第三方，伴侣双方会有各自的无意识幻想。**正三角关系**（direct triangulation）这个术语描述的是这样一组幻想：第三方与幻想主体性别相同，是一个可怕的竞争者，是俄期竞争对手的替代者。不管是男性还是女性，每个人都会无意识地或者就在意识层面，害怕有另一个比自己更能让性伴侣满意的人出现；第三方是伴侣的性亲密中不安全情绪的来源，也是忌妒（jealousy）的来源，这种忌妒也是一个预警信号，可以保护伴侣关系不至破裂。

反三角关系（reverse triangulation）定义的是对伴侣外的第三方的一种补偿性、报复性的幻想，第三方与幻想主体性别相异，代表了主体所渴望的俄期客体，从而建立了这样一种三角关系：主体被两个异性客体追求，这两个客体性别相同，而不是主体与同性别的俄期竞争者共同竞争理想的异性俄期客体。我认为，由于这两种普遍存在的幻想，在幻想层面，床上可能同时有六个人：伴侣二人，各自的无意识中的俄期竞争者，各自的无意识中的俄期理想。如果这一构想让你想起了弗洛伊德（Freud, 1954）给弗利斯的信中的一段话——"我正在让自己慢慢习惯于这一想法：在每一次的性行为中，参与者都是四个人"（letter 113，p. 289）——那么我想提请注意的是，这一段话是弗洛伊德在讨论双性恋的时候说的，而我的构想的讨论背景则是基于俄期客体关系与认同的无意识幻想。

88

与俄期冲突相关的攻击性经常采用（在临床实践及日常生活中）的一种形式是：伴侣双方无意识地形成共谋，一起在现实中找到一个第三方；这个第三方既代表着伴侣一方的凝缩的理想客体，又代表着另一方的竞争客体。这么说的含义是，婚姻中的不忠，不管是短期的还是长期的三角关系，多半反映出伴侣双方的无意识共谋，忍不住想要再现自己最害怕又最想要的内容。这些场景中的动力既具有同性性质，也具有异性性质，因为无意识竞争者也是负性俄期冲突中被渴望的性客体：不忠行为的受害一方常常会幻想伴侣与那个让自己既忌妒又憎恨的竞争者之间的性行为，并在这种性幻想中无意识地与背叛自己的伴侣认同。当夫妻双方至少有一方有严重的自恋性病理，从而妨碍正常忌妒能力的发挥时——这种能力意味着一个人能够容纳俄期竞争——上面的三角关系就很容易出现。

能够维护彼此间的性亲密而不被第三方侵入的伴侣，不仅仅维护了外在的传统边界，同时还重新获得了无意识幻想的满足：在对抗竞争者的战斗中，成功地排除了第三方，这是一场俄狄浦斯式的胜利，同时也是一场微妙的俄狄浦斯式造反。关于被排除在外的第三方的想象是正常性关系典型的组成部分。与性亲密相对而言的是，能够享受多形态倒错性欲的人是在享受一些隐秘的性幻想，这些性幻想用一种升华的方式，表达了指向所爱客体的攻击性。所以，性亲密在我们面前又呈现出另一种中断：伴侣双方完全被吸收进并认同于对方的性接触与隐秘的幻想场景接连再现的性接触之间的中断，从而将与俄期情境有关的未解决矛盾带入伴侣关系中。

"女人到底想要什么？""男人到底想要什么？"对于这两个亘古流传的问题，或许可以这么回答：男人想要一个多面手女人——母亲、小女孩、孪生姐妹，以及最重要的，成年的性感女人。女人呢，由于其命中注定要离原始客体而去，所以想要的男人既要能够做她的父亲又要能够做她的母亲，因此是父亲、小男孩、孪生兄弟，以及成年的

89

有性魅力的男人。男性和女性可能在不同程度上都想要实现同性关系，或者交换性别角色，从而不断地追寻跨越性别的边界，因为正是性别边界限制了伴侣双方在性亲密过程中的自恋性满足：双方都渴求与所爱客体——这个身上带着俄期及前俄期元素的客体——完全地融合，但这个愿望永远不可能得到满足。

》 倒错和边界

从根本上说，对两性边界的体验只有在这种情况下才可能消失：把对方这个人象征性地摧毁，因此他／她的性器官可以被当作机械设施般使用，没有情感上的参与。施虐性谋杀就是这种动力非常极端，但又符合逻辑的后果：刺穿一个人，直达其存在的最本质之处，抹杀他／她除此本质之外的所有作为活着的人的感觉。在不那么极端的情形下，倒错——在攻击性中寻找爱——把深入的性接触变成了机械运动，其起源是费尔贝恩（Fairbairn, 1954）首先观察到的对他人人格的极度贬低。

我们可以用参与一段时间的群体之性（group sex）的伴侣的典型发展过程来说明性接触中的倒错。如果在半年到一年的时间里不停地参加多形态的倒错活动，伴侣间性亲密（以及，也正因如此，他们所有的亲密）的能力就会终结（Bartell, 1971）。在这些情形下，俄期结构往往会被拆解掉。这与真实的三角关系对伴侣关系的稳定性影响形成了鲜明对比。三角关系使伴侣达到了一种平衡，允许未被整合的攻击性通过行动化来表达：主体在与两个客体的关系中把爱与恨分裂开来；俄狄浦斯式胜利带来的无意识内疚感通过行动化得以表达，从而维持了一段不完全满意的爱情关系。

在伴侣情感方面，长期的施受虐关系中相应的倒错也会被观察到：伴侣一方代入冷酷超我的角色，发挥完美主义的功能，通过自以为是的愤慨满足自己的施虐欲；另一方受虐式地赎罪，而这罪恶感其实源自她／他的俄狄浦斯期和前俄狄浦斯期——更多源自前俄狄浦斯期。

90
　　或者也可能是，这样一种倒错的平衡里没有超我实施的攻击性表达，而是更原始的施受虐场景的再现，并伴随着一种会威胁到生存的攻击性，以及对强大而冷酷的客体的原始理想化——不掺杂道德因素。例如，伴侣一方可能会赞同绝育，甚至做出一些实际上的、可象征性地代表阉割的损害或者自残行为。有些伴侣关系会达到一种异乎寻常的、由攻击性主导的亲密，并形成稳定的平衡；在这种平衡中，原始的解离机制可能会保卫这种倒错。

　　被解离的原始客体关系在伴侣关系中的激活会触发循环反应，到达一定程度后，伴侣关系间通常的中断可能就不存在了。例如，伴侣一方的爆发可能会激起另一方自以为是的愤慨，以及对原始超我功能的认同。接下来，争端发起方受虐式地屈从于另一方，然后又重新积攒愤怒，直至爆发，或者为了对抗无意识的内疚感而启动二次防御——当下就将暴怒升级。这些反应可能会愈演愈烈，到最后，被解离的原始客体关系成了伴侣当下生活的主要特征。埃塞尔·珀森（Ethel Person，1988）曾经描述过一个典型的情境：伴侣一方有婚外情，为了对抗自己的内疚感，就常向另一方发起一些挑衅行为，目的是要激起对方拒绝自己，这样好缓解自己的内疚。这样做结果可能会适得其反，最终毁掉伴侣关系。通常情况下，伴侣一方因为自己无意识中渴求被认可而展现出的无休无止的攻击性，以及这种攻击性引发的内疚感及对内疚感的补偿，这些对于伴侣的另一方来说，可能都很难得到涵容。

》》 边界和时间

　　边界把伴侣与其社交环境分隔开，保护了伴侣间的平衡，这有时候是好事，有时候是坏事。在性、情感以及／或者超我方面发展出倒错的伴侣，如果处于极度的社交隔绝状态，那么其破坏性的关系可能会逐渐加剧，因为他们与环境之间缺少矫正性的互动（corrective interactions），丧失了正常的"代谢"攻击性的能力，这种能力是要通过社交活动锻炼出来的。施受虐型伴侣的极度社交隔绝可能会让其中受虐的一方处于危险中。积极的一面是，正常的边界不但能够保护伴侣间的亲密，防止周围社交环境中的第三方侵入，还能够保护他们的"私密的疯狂"，这是他们关系中必要的中断。

在生活的不同阶段，伴侣间的某些常见边界会变得很重要。首先是他们与孩子的关系，这个主题过于宏大复杂，不适合在这里探讨，不过我们可以谈一谈把两代人分开的边界，以及维持这一边界的重要性。亲密关系中暗含的反叛与挑衅品性（代表着俄期满足）会产生无意识的内疚感，这种内疚感的一个普遍表现是：伴侣在涉及孩子时没办法坚定地维持他们亲密感的边界。卧室的门大多没装门锁，这或许象征着父母对自己有性亲密的无意识内疚，他们或许在无意识里认为父母的职能应该取代性亲密职能。这种退行性的幻想——会被伴侣投射在孩子身上，会将孩子对被关在父母卧室门外的反应解读为恐惧——既反映了潜在的恐惧，即害怕自己与原初场景中自己的父母认同，又反映了无意识的合谋，这样他们就不用完全认同于自己的父母了。

另一个边界组成了伴侣日常社交生活的人际关系网。一般来说，一对伴侣与其他伴侣的关系中都渗透着情欲意味。在无意识的合谋中，朋友们以及各自的伴侣们互相充当着可怕的、具有竞争性的客体，以及渴望而不可得的性客体。伴侣与伴侣之间挑逗而又不可逾越的边界就是典型的设置，其中正三角关系与反三角关系不断上演。

伴侣与群体之间的边界从来都是火线地带。"静态战争"可以从群体向每一对伴侣施加的压力上看出来，即群体要把伴侣压入它的模型里；传统道德观——从意识形态方面或者神学方面对爱、承诺、婚姻以及家庭传统的仪式化——也反映出这种战争。从这个角度来看，从青少年早期甚至童年期就在一起的伴侣，他们被亲戚们促成一对，被大家一致的看好所圈禁，实际上活在一座象征性的监狱里，尽管这对伴侣可以逃入自己隐秘的恋爱关系中。成年伴侣社交网络中的相互试探及引诱代表着一种更加动态的战争，但同时，如果伴侣双方陷入相互憎恨与攻击的关系中，那么这种战争也代表着对个体以及伴侣双方潜在的拯救。

群体需要从伴侣这里获得下述可能性：即使伴侣获得了俄狄浦斯式的胜利——从芸芸众生中脱颖而出——群体也能确保自己会存在下去。同时，相比于茫茫人海中的形单影只者，群体又会嫉羡并憎恨伴侣的成功，反过来，伴侣也需要群体帮自己把攻击性释放到环境里。

92　投射性认同不只是发生在伴侣间，还会以微妙的方式把第三者及第四者卷进来。利伯曼（Liberman, 1956）曾经描述过，患者向分析师尖酸地抱怨自己的婚姻伴侣的行为有可能是微妙的行动化的一部分。分析师成了贮藏室，其中存放着患者对婚姻伴侣的攻击性；患者自己回撤到"被救活了"的伴侣关系中，却抛弃了与分析师的关系。

这是赫伯特·罗森费尔德（Herbert Rosenfeld, 1964）描述的普遍存在的"马桶"分析师现象的例子之一。一对伴侣的亲密友人们也可能会承担此职，且常常并不知道自己变成了那对伴侣攻击性的承载者；对于伴侣来说，这些攻击性如果找不到承载者，将会变得难以承受。

在非结构化社会组织里，比如在大型旅游团内、政治党派内、专业组织内，或者艺术家社团里，一对看起来功能良好的伴侣可能会激起过多的嫉羡。通常，在由伴侣们组成的社交网络里，嫉羡会被人际关系与友谊的理性及成熟的一面控制住；但在上述群体里，嫉羡会立刻变得明显起来。伴侣在无意识中对这种嫉羡的觉察可能会表现为怀着深深歉意的公开的互相攻击，以此安抚那些嫉羡者，或者会表现为一些外化的行为，这些行为具有挑衅性但却一点也不违和，从公众的视角也看不出来相互的攻击。有时候，伴侣们会在人前掩饰他们的关系到底有多亲密。

第三个边界以时间维度为代表，指的是对于伴侣双方来说，他们这种伴侣生活的整个发展过程，以及由于死亡或者分离，这种伴侣生活本质上的时间有限性。到了晚年，死亡就成了伴侣生活中最重要的考虑因素。害怕年老与疾病，害怕自己对伴侣不再有吸引力，害怕自己要不断地依赖他人，害怕伴侣为了别人抛弃自己，还有无意识地想要否认或者对抗时间的意图——比如，满不在乎地忽视自己或者伴侣的身体健康——可能会为成源自各方的攻击性的展示场地。在这里，源于一个人的自我及超我功能的担忧和相互间的责任心可能在保护伴侣关系、使之幸存下来方面发挥着重要作用；与之相反的则是，一个人在无意识里与危险的自我挫败模式合谋，比如忽视疾病或者在经济上不负责任。

在伴侣关系中，男性可能尤其敏感于女性衰老的过程——大大超过女性对男性的——这是因为在男性的无意识里，作为情欲之起源的对母亲身体外表的理想化与对母亲的身体所承载的恐惧是联系在一起的，这种恐惧正说明他把原始的攻击倾向无意识地投射给了母亲（Meltzer & Williams, 1988）。到了晚年，这种敏感性可能抑制男性性欲（并且他们还害怕自己失去性吸引力，女性也一样），重新激活或者强化针对性欲的俄期禁令。到了生命的黄昏阶段，伴侣间还有性亲密，这毋庸置疑是他们拥有性自由的明证，同时也是最后一次证明的机会。老年人通常会否认性生活，可以说，这也是他们最后一次重复童年期对父母性生活的否认，同时这也是为人父母者最后一次重复与自己的性欲相关的内疚感。在对伴侣间被解离的攻击性的再现进行调节和控制上，对一生挚爱伴侣的担忧或许会成为一个越来越重要的因素。

伴侣双方在名望、收入及其他与职业和工作有关的方面的发展变化会带来伴侣间力量和权力的转换，这些转换不但影响情感平衡，而

93

且矛盾的是，可能还代表着无意识决定因素的出乎意料的影响。一个经典的例子是：一位护士，在医学院上学期间，为了让丈夫安心，她一直都扮演着母性养育者的角色，以满足丈夫的依赖需要。后来丈夫成了一名成功的医生；他憎恨自己对母亲的依赖，想要寻求一段他做主宰的"父亲-小女孩"式关系。妻子苦苦挣扎于自己的怨恨之情，恨自己再也不能为丈夫提供母职功能；她对强大男性的无意识憎恨（阴茎嫉羡）也因为丈夫职业上的成功而被激活了。

或者，一位自恋的男性与一位崇拜他的、单纯而拘谨的女孩建立恋爱关系，激励她学习和工作，只是为了她能够不辜负自己的期待，期待对方成为自己的自恋性孪生者；不料最后发现，她的茁壮成长激活了他对女性深深的嫉羡之情，导致他憎恨她的独立。随后他开始贬低她，他们的关系也被摧毁了。

但时间并不只是会产生破坏作用。如果不管相互攻击的力度有多强，伴侣之间都仍能保持爱意的话，那么寻求再次激活过往冲突也可能会治愈伤口［采用马丁·伯格曼（Martin Bergmann, 1987）的说法］；没有被攻击性摧毁的伴侣可能会敞开心扉，道出自己幻想中被夸大了的无意识恐惧，这些恐惧是围绕着被压抑或者被解离的攻击性产生的。伴侣一方施虐性地攻击了另一方，却见证了对方仍然继续爱着自己；一方体验到了自己的转变，即从无休止的暴怒和贬低转变为内疚、哀悼与修复——这些对于伴侣双方来说都是非常宝贵的体验。当性亲密与性愉悦中包含这种基于觉察、内疚与担忧的修复性努力时，性带来的兴奋感和亲密感就会增强，一起增强的还有伴侣双方承诺一起为他们的生活负责的决心。

如果将生命划分为各个年龄段，那么情感的成长就意味着认同的不断扩展——跨越所有阶段的边界，把生命连为一体。伴侣共同分享的一段生命，其不断累积的体验还包括哀悼父母的丧失、青春难再返，哀悼去日苦多、来日却有限，哀悼命运何等无情！伴侣同枝连理的生

94

活，会变成爱的贮藏室，会成为一股强大的力量，从而在日常生活发生中断时，可以继续维持连续感。

在晚年，对另一半的忠贞变成了对自己内在世界的忠诚。历经死亡，一个人会越来越明白关系的有限性，这样的领悟更凸显内在世界的重要性。逐渐认识到伴侣间共同的生活终将在某个时间点不可避免地结束，这样的领悟会让一个人不再完全否认自己的死亡，还会开启一段哀悼之旅，从而再一次丰富共同拥有的岁月，以及在失去爱人后的独自生活。幸存的一方独自承担起责任，延续他们曾经共同拥有的生活。丈夫去世的女人，带着新一任丈夫回归往日伴侣社交网，会在整个群体中激发这一哀悼过程。

》 病态的角色固着

我前面描述过爱情关系中的倒错，其中，攻击性元素控制并主宰了性兴奋，施受虐模式控制并主宰了情感关系，以及双方相互投射的超我功能的迫害性与施虐性占据主导与控制地位，导致伴侣的性亲密被毁掉。还有一种倒错的形式就是，伴侣关系被冻结在单一的模式中，成了一种无意识的补偿性客体关系——补偿早年生活中的不足。通常，伴侣会在当下实际关系中再次上演往日的角力过程。伴侣间的互动具有可塑性，一个典型例证就是丈夫无意识的角色转变：从一个在性方面做主导的、兴奋插入妻子体内的男性——象征性地再现了充满爱意与性接纳的父亲——转变成心满意足的婴儿，被母亲喂养；这个母亲此刻象征性地被妻子代表着，妻子则把自己的性高潮作为礼物赠予他。从此以后，他可能就变成一个小孩，依赖上母亲般的女人，这个女人喂养他，给他盖好小被子哄他睡觉，或者他也可能主动转变成父亲的角色，去照顾依赖他的女儿，比如修好灯泡，而这是她做不了的（或者她假装做不了）。

95　　　　或者也可能是，妻子从成年性伴侣的角色转变成依赖母亲保护的女儿，或转变成会慈母般喂养自己的男孩-男人（boy-man）的女人。或者妻子变成一个内疚的小女孩，受到施虐父亲的引诱才接触到性；或者幻想性交过程中她被强奸，从而确保她不会因为性愉悦而感到内疚；或者她可能会很难为情地展示自己，从而一边替自己的性愉悦赎罪，一边收获满足——被爱她的男人所渴望。

　　　　或者丈夫会从一个充满内疚感、不断被完美母亲批评的小男孩转变成充满嫉羡的小男孩，成年女性的关注点和兴趣在他眼里都充满了神秘感。或者他会憎恨妻子在职业上的献身精神或对孩子的全情投入，因为他觉得自己就像被忽略的孩子；与之相对应的则是女性无意识里对丈夫职业成功的憎恨，因为这激起了她早年对男性的嫉羡。

　　　　由于同时表达了爱与恨——在爱情关系里整合进了攻击性——伴侣双方的这些以及其他形式的角色代入可能是令双方都满意的。但这种无意识的合谋有可能破裂，攻击性也许会表现为无意识地把自己及性伴侣"固定"在特定角色里，导致一些典型场景成为意识层面的主题，长久地出现在婚姻冲突中，这些场景包括：依赖的、黏人的、渴望被爱的女人和自恋的、冷漠的、自我中心的男人；具有主宰性的、强有力的、喜欢控制的女人，她想要一位成年男人做自己的伴侣，但又因为自己那缺乏安全感、孩子气的男人而备感受挫，无法感受到他们的关系在本质上是可以自我延续的。或者，"性饥渴"的丈夫无法理解妻子对性的兴趣有限。当然，还有内疚的一方和指责的一方，以及这种场景的各种变体。

　　　　僵化的角色固着通常反映了潜在的被解离的场景的再现，以及伴侣双方无法接纳或执行中断的功能，这种中断与俄期内疚或者自恋性固着相关。有人可能要问，是否可以简单地认为，伴侣双方无意识的角色代入缺乏和谐一致性，可能会导致冲突，因为各自的期待是矛盾的——男人想要成为具有保护性的父亲，女人想要成为具有竞争性的母亲，这两者相互冲突；或者双方都期待独立，因此都备受挫折。但其实，在临床上可以观察到，在伴侣双方对彼此性格的无意识觉察中，这种无意识的巧妙协调让双方都非常清楚对方是如何感知自己的。看似简单的误解通常是由无意识需要所决定的。

认为伴侣间的问题都来源于沟通失败的假设，其实只是触碰到了问题的表面。有时候伴侣间的交流或许的确是为了再现被勉强控制住的攻击性，但这并不意味着伴侣间沟通自己的需要和期待的努力是无用的。但是，当内心深处的无意识冲突参与其中时，交流过程本身可能会受到污染，敞开心扉的交流也可能只会让冲突加剧。

最后，我想谈谈伴侣与社会和传统价值观的关系。迪克斯（Dicks, 1976）描述了伴侣意识层面的各种愿望、他们的文化价值观和周围社会环境的文化价值观之间的复杂关系。我相信，并没有"客观"规则来定义什么样的价值观会决定一对伴侣间的关系，特别是他们应对冲突的方式。毫无疑问，我认为所有文化的意识形态维度都会暗暗地反对伴侣间的亲密。这正是传统文化的本质所在，它总是企图控制伴侣基本的反叛性与暗含的不合群性——传统的社会环境就是这样看待每一对伴侣的。因此，在冲突的情形中，伴侣独立于社会传统可能对他们关系的幸存尤为关键——也因此，他们的非传统性在他们与治疗师的工作中也是必不可少的。当然，当来自过去的、被解离的客体关系在当下再现，导致对当下生活的极端扭曲威胁到伴侣双方或一方在身体或者情绪上的完整性时，日常社会现实或许的确能保护伴侣关系不至于出现危险的，甚至威胁到生存的恶化。但是，这种情形只适用于少数伴侣。大多数伴侣的无意识冲突就像是对与意识形态的斗争中的呐喊的表面模仿；随着传统的标准变成僵化的口号，他们的关系也进一步变得困难，他们处理冲突的灵活性也进一步被削弱。

96

第七章
超我功能

在描述力比多与攻击性对伴侣的性关系及情感关系有什么样的影响时，我提到了超我在其中扮演的关键角色。现在，我们来更仔细地检视一下这个心理结构所起的作用。前面我们已经看到，伴侣双方如何变成对方的贮藏室——存储对方意识层面或者无意识层面的性幻想、性欲望及内化的客体关系。我们也看到，除了双方都获得了各自的同一性之外，伴侣关系本身如何获得了自己的同一性。我认为，伴侣关系本身作为一个存在也触发了双方意识层面和无意识层面的超我功能；结果就是在日积月累之后，除了伴侣双方的超我之外，伴侣关系本身也获得了自己的超我系统。

这一建立在伴侣关系上的新的超我系统会带来什么样的影响，取决于伴侣双方超我的成熟度。当原始的超我病理占主导时，施虐性超我的前身就会再现，有可能会摧毁伴侣关系。成熟的超我——表现为担忧对方，以及自己——会保护伴侣间的客体关系，会培养爱与承诺，但由于超我总是包含俄期冲突的残余，所以也可能威胁双方的性爱能力，抑制或者禁止伴侣一方向另一方表达温柔及性欲感受。所以，超我可能会在维持长久的性激情方面增强双方的能力，也可能正是摧毁

它的元凶。谢弗（Schafe, 1960）明确地区分了超我对个体温和的一面
与敌对的一面；这里，我将一一检视伴侣关系的这些方面。

把自我理想设定为超我的一个子结构，这是一个人能否坠入爱河
的先决条件。对钟爱之人的理想化反映出一个人正在把自我理想的某
些部分投射出去，也代表着一个人的俄期愿望通过升华的方式得以实
现。投射的同时，一个人会依恋被自己投射出去的自我理想；这种感
觉就是，所爱他人代表着令人心满意足的、深切渴望着的理想就要在
外部现实生活中实现了。从这个意义上说，在实际生活中与另一人建
立的恋爱关系其实是一种理想的超越自身心理边界的体验；与平凡普
通的生活辩证比较的话，这是一种令人心醉神迷的体验，为人生赋予
了新的意义。所以，浪漫之爱表达了一种深切的情感需要，从本质上
解释了为什么人们要结成伴侣，而不仅仅是源于浪漫主义的一种文化
理想。

正如沙瑟盖-斯米格尔（Chasseguet-smirgel, 1985）所指出的，把
自我理想投射到所爱之人身上，并不会像弗洛伊德（Freud, 1914）最
初认为的那样，会减弱一个人的自尊，而是会增强自尊，因为投射之
后自我理想的抱负就实现了。对方回报的爱会增强一个人的自尊，这
也是相恋的人在爱与被爱中所享受的满足的一部分。在这些情况下，
自体之爱与客体之爱融合了——这是情欲非常关键的一个方面。付出
却得不到回报的爱会有各种不同的结果——取决于个体的心理平衡能
力。心理有足够韧性的人，或许会开启哀悼过程，让自己恢复，而不
会受到重大创伤；但是个体如果神经症性地固着于最初的那个既得不
到又极具挫败性的客体，那么可能会体验到自尊的丧失。总的来说，
个体越容易受到俄期失败及前俄期挫败（例如，口欲期依赖受挫）的
影响，付出爱却得不到回报就会激发越多的自卑感。

我认为，伴侣双方身上成熟超我功能的再现反映了各自都有能力
为对方及他们的伴侣关系负责任，把伴侣关系放在心上，当亲密关系

98

中不可避免的矛盾情感激活了同样不可避免的攻击性的时候，能够保护伴侣关系不会受到太多的影响。

同时，一个更细微但却极其重要的超我功能也会被激活。我指的是伴侣双方自我理想的健康方面，它们会联合起来创造一种共同的价值结构。一套先入为主的价值体系会慢慢形成，逐步细化，在岁月中一点点打磨，为伴侣筑起一道边界，区隔伴侣与伴侣之外的世界。简言之，伴侣形成了他们自己的超我。在这种共同价值体系的背景下，伴侣双方能够创造性地解决冲突。对爱保持一种不期待的姿态、懊悔、原谅，或者幽默，这些都能把攻击性控制在一定范围内。对对方和自己的缺点及局限的容纳，也会被无声无息地整合进伴侣关系中。

这一共同超我结构的重要性在于它暗含着"上诉法庭"（court of appeal）的功能，当伴侣一方对业已缔造的共同价值休系造成重大伤害时，这里就像是最后一道屏障。对这一共同体系边界的逾越——不管是真实的逾越还是企图逾越——会向伴侣双方发出警告，他们的关系正在遭受极端的威胁，从而建立起一个重要的警报系统，保护伴侣关系不至于破裂。

如果伴侣一方或者双方都有不够成熟、不够坚定的超我，那么伴侣一方幼稚超我中被压抑的部分就会被投射出去，使得另一方很容易感染上他/她的爱批评人的倾向。原始超我的密集投射会进一步强化伴侣间所有的客观批评。成熟超我会允许被批评的一方提出抗议，战胜攻击，从而有助于维持伴侣间的平衡。

但是，严重的超我病理在伴侣任何一方都会引起投射性认同，而不仅仅是投射，这使得这一防御更加难以对抗。结果可能是伴侣间的平衡被打破，施虐性超我的内射主宰了伴侣关系。

在正常的发展过程中，前俄狄浦斯期的以原始理想化及迫害幻想为特征的超我前身会逐渐趋于缓和，被慢慢中和，进而会促进个体内化俄狄浦斯期更高阶的超我的被理想化部分以及禁令部分。前俄期和

99

俄期的超我形式的整合，会促进个体后俄期超我的巩固，而后俄期超我的特征是抽象化（abstraction）、个体化（individuation）及去人格化（depersonification）（Jacobson, 1964）。

个体经历了这些过程后，会发展出一种复杂的情感，那就是感恩。感恩也是爱用来发展自己、延续自己的方式。在自我和超我共同作用下发展出来的感恩能力，是人与人之间互利互惠的基础；它起源于婴儿的愉悦感受——当外部现实世界中令人满意的照顾者再次出现时，婴儿就会感到愉悦（Klein, 1957）。有能力容纳矛盾情感，说明一个人从分离-个体化的和解阶段发展到了客体恒常性阶段，这也是以感恩能力的增强为标志的。客体恒常性的获得，也能增强个体因为自己的攻击性而体验到内疚感的能力。正如克莱因（Klein, 1957）所指出的，内疚感能够强化感恩心（尽管内疚感并不是感恩心的起源）。

内疚感还会增加理想化。最早的理想化是在发展过程中的共生阶段，婴儿对母亲的理想化；它后来发展成分离-个体化阶段对母亲的理想化。对超我的整合促进了无意识内疚能力的发展，也刺激了理想化过程的发展；这一理想化过程可作为一种反向形成来对抗内疚感，同时也是对内疚感的直接表达。受到超我刺激而发展出来的理想化会有力地强化作为爱的组成部分的感恩心。

伴侣双方理想化对方的能力最明显的体现是，他们有能力体验到感恩——感恩于对方给予自己的爱——并且自己想以爱回报对方的愿望也会相应地增强。伴侣双方能够把对方的性高潮体验为对方在表达自己得到的爱，同时也体验为是双方爱的互惠能力的表达；这些体验本身就足以确证爱与互惠在关系中占据主导，超过了嫉羡与憎恨。

但矛盾的是，起源于理想化的感恩能力与俄狄浦斯发展阶段中的自我理想的某些更高阶的特点是背道而驰的；在这一阶段，个体与俄期双亲的理想化关系源于个体能够克制多形态倒错的婴儿式情欲以及这种关系中的生殖器情欲部分。

100

正如迪克斯（Dicks, 1967）之前强调过的，新婚伴侣一开始的相互理想化以及对两情长久的衷心期待，迟早会遇到冲突：被压抑的、被解离的、冲突性的、内化了的旧有客体关系会重新复苏。在大多数情况下，俄期冲突以及相应的超我禁令，会渐渐破坏这些早期的理想化。与此同时，个体也在继续未完成的青春期使命：把性欲和柔情整合在一起。这些冲突，时常会发展成一场场检验伴侣关系稳定性的测试。它们可能不只是给伴侣双方带来一些痛苦的真相，可能也会创造出属于伴侣两人自己的疗愈方式，下面的案例就很好地说明了这一点。

一位女性患者，她认为自己与男友在婚前的性关系还是挺令人满意的。然而结婚后，他们的性生活不行了。她抱怨说，丈夫似乎不太在意她了，每次见面他的兴趣似乎全都在性上，对她不够温柔亲切。

每次长时间的亲密相处之后，她完全没办法忍受正常的中断。她觉得自己很爱他，但是她没有觉察到自己责备他、总是把自己当成无助的受害者这一倾向会毒害他们的关系，而且她孩子气般黏人、给别人制造内疚感的行为，其实重复了她母亲与她父亲关系中的某些方面，也重复了青少年早期的她与父亲关系的某些方面。

在青少年早期，她曾经有一位男朋友，而且后来一直理想化他；现在再次与他相逢后，她开始与他发展出一段婚外情，这段婚外情在性方面让她满意。她惊讶地发现，自己在这段婚外情里体验到了作为一个女人的心满意足感，感觉到自己的安全感和自尊在不断增强。同时，她发现自己对丈夫又重燃爱火，这让她感觉到内疚，一方面因为自己的婚外情，一方面因为欣赏到与丈夫在一起的生活中也有积极阳光的一面。实际上，时间一久她发现，比起与情人的关系，与丈夫关系的情感方面令人满意得多，尽管与此同时，她与情人在一起仍然能体验到完全的性满足，她也仍然认为这是丈夫提供不了的。这个冲突让她开始寻求心理治疗；她在治疗中慢慢觉察到自己无意识中无法从同一位男性那里同时体验到完全的情感满足和性满足。

　　这样的超我结构，可能会让个体长期外化一个幼稚超我，并且寻求与父母客体之间建立一种坚定不移的爱的关系，这虽然不一定会有明显的冲突，但却会大大限制个体和一对伴侣的爱情生活。但通常，这种表面的稳定与和谐是以伴侣的社交生活在某种程度上受限为代价的，因为潜在的威胁性——或者对应的矫正性——关系必须要屏蔽掉，尤其不能让自己觉察到关系其实还有更令人满意的可能。伴侣一方与攻击者认同（表现为与对方的超我认同）可能会导致双方组成施受虐联盟，一起对抗外部世界；这或许也能满足伴侣双方共享同一价值体系的需要，使他们联合起来，把对幼稚超我的反抗投射给外部环境。伴侣双方联合起来表现得好像是受到第三者冒犯和羞辱的受害者，或许会由此维持一种稳定但有些神经质的关系；这可能也会包含许多健康的特征，比如互相关心以及为对方负责。

　　在相反的另一端，共享价值体系可能会为伴侣提供力量和韧性，使之能在充满敌意的环境中——比如，在一个极权主义的社会中——幸存下来；在那里，被文化所接受的不诚实行为充斥于普通社交关系中，伴侣必须通过两个人一起默默反抗环境的压迫和腐败，来容忍并屏蔽这些。就像我之前指出的，伴侣的性亲密的最本质之处必然包含两个人一起反抗社会传统，这也是他们的关系不断走向满意的源泉。

　　伴侣双方努力对抗幼稚超我的需求，会有助于巩固他们的关系——把他们从不假思索的对传统的性成见和性观念的接受中解放出来，其中最典型的莫过于文化中的这种陈词滥调：男人在性方面是来者不拒且情感冷漠的，女人在性方面是被动而依赖的。伴侣双方也一定会渐渐明白，每个人都倾向于把自己幼稚超我的残存部分投射到爱人身上。对于个体的这些幻想中的恐惧，伴侣一方含蓄而肯定的对抗可能会有疗愈作用："不，我不认为你是个腼腆的小男孩，我不能认真对待性。""不，我不认为做爱后你就成了堕落的女人。""不，你的攻击行为不会招致永久的惩罚、贬低、憎恨，我不会永远怀恨在心的。"

102

但另一个相关的任务则是，伴侣们要扛得住以下危险，即伴侣一方的原始超我功能可能会把一个象征性的暴君强加在双方头上。这里，我们要讨论的精神病理是伴侣一方或者双方施虐性超我的形成，这种超我会导致施受虐型的伴侣关系。

伴侣还需要把两人白头偕老的美好心愿与所处文化的理念、要求与禁令整合在一起。宗教、族裔或经济背景，以及政治和意识形态立场等的差异造成的矛盾也可能带来巨大影响，在既定社会环境下，有时候会干扰伴侣关系，有时候会让伴侣关系更牢固。为了保护自己，不让当下文化环境与自己旧时内化的价值观起冲突，一对伴侣可能会选择与社会隔离。但是，通常一旦孩子出生，这种与世隔绝的生活就会受到威胁，将自己的价值观融入外部世界这一无法避免的挑战可能会变得迫在眉睫。

个体把超我功能投射给自己的伴侣也有积极的一面，那就是可以把伴侣当作咨询师或者守卫自己的人：当受到外部攻击时，可以从伴侣这里寻求安慰，汲取力量，重新获得价值感。伴侣一方理想化另一方的方式很重要：一位男士娶了一位爱慕他的女士，一开始这位女士的爱慕增强了他的自尊，但后来他无法仰赖她的爱慕，因为他开始贬低她。所以，那些无法理想化对方的个体一开始或许可以利用对方来让自己安心，但是之后可能会适得其反，反而产生一种孤独感。

如果说柔情之爱与情欲之爱时常解离是许多长期三角关系中的一个潜在动力，那么寻找一段关系来补偿生命中的重大挫折也是。有些婚外情也有重要功能，可以保护婚姻关系，让伴侣双方远离婚姻中无意识中令人害怕的地方；从这个角度讲，婚外情虽降低了伴侣之间的亲密程度，但却巩固了婚姻关系。个体——尤其是在婚姻中的个体——由于在爱情中获得了满足感和完满感而无意识地感到内疚，这或许代表着伴侣一方或者双方的病态超我在发挥影响。

另一种由超我决定的长期三角关系，可能反映出伴侣一方或者双方难以忍受爱情关系中的正常矛盾情感，难以忍受任何攻击性的表达。
例如，伴侣一方或者双方可能会有一种理想化的但情感上很幼稚的感
觉，觉得与伴侣之间拥有完满和谐的、既有温柔又有性的关系的同时，
还要有另一段长期存在的、既有温柔又有性的关系；个体潜在的攻击
性只能通过无意识地暗自品味某种带有攻击性意味的想法——同时背
叛两个伴侣——来表达。

这些动力，尤其是分裂机制的卷入，或许是用来防御伴侣关系中
的施虐性超我的特征的；当平行关系中的一个结束时，这些特征就能
被观察到。虽然实际上个体对某人是忠诚的，但仍然会有时而正当、
常常过度的恐惧：害怕对方永远不会原谅或者忘记过去的不忠，因此
对方成了冷酷无情、永不宽恕的超我；实际上，与这种恐惧相配合的
就是将所爱伴侣代入为这样一个永不原谅、永怀怨怼的角色。虽然，
被抛弃、被背叛这种自恋性损伤感显然是这种不原谅行为的一个重要
方面，但是，我也在思考与之相应的个体向伴侣的投射，以及 / 或者
"被背叛"的一方对苦大仇深的超我的认同。

能够原谅他人通常表明一个人有着成熟的超我，这源于他 / 她能
够觉察到自身的攻击性和矛盾情感，也源于与之相关的能够接受亲密
关系中在所难免的矛盾情感的能力。真诚的宽恕代表着一种成熟的道
德感，代表着当对自己及他人的幻想破灭时，一个人能够接受这种丧
失之痛，相信信任可以重建、爱可以重来、情可以永续，攻击性尽管
不可避免，但可以被超越。但是，基于天真幼稚或者自恋性夸大的原
谅，在重建伴侣生活上其价值要小得多，因为重建需要在他们对彼此、
对共同生活的关心的基础上进行新的巩固。

伴侣一方幻想对方以及自己的死亡非常司空见惯，因此，这些幻
想其实传递了大量有关伴侣关系状态的信息。当遭遇严重疾病或者生
命受到威胁时，伴侣一方一般比较能承受自己可能会死的预期，而难
以承受对方可能会死：在无意识层面，有一个本质的幻想被保留至今，

那就是母亲必须幸存下来。凯绥·珂勒惠支在她的版画中用小珂勒惠支沉睡于上帝的臂弯中来象征死亡，以表达焦虑和安全感的一个基本的来源。个体最终还是会失去母亲，这是被抛弃和孤独感的原型，是生命最根本的威胁；在与之对抗的过程中，他人的幸存为个体提供了一点保护。这种担忧会增强个体对另一半的爱，也会强化个体的无意识愿望：希望另一半可以永生不死。

个体对自己可能会死标志着第三者的最终胜利的可怕预期——被俄期竞争者取代的危险——进一步完满了上述担忧："直至死亡将我们分开"是伴侣们体验到的最根本的威胁，是命运开的一个残忍玩笑；从象征层面上看，这是一种阉割。对于伴侣所给予的爱，以及自己对伴侣的爱有基本的信心，能够极大削弱对第三者的恐惧，也能帮个体抵御对自己可能会死的焦虑。

超我冲突在伴侣关系中再现的一个重要方面就是欺骗的产生。欺骗或许是为了保护自己不受对方的攻击，无论是真实的还是幻想中的；或者，可能是为了隐藏或者控制自己对对方的攻击。欺骗本身也是一种攻击形式。它可能是因为害怕对方会攻击自己而产生的一种反应，所以它可能是真实的，也可能反映了个体的超我投射。一位丈夫宣称，"我不能把这些告诉我妻子，她不可能接受"，或许是真实的，的确说明他的妻子有着幼稚超我；或许，这是因为他把自己的幼稚超我投射到了妻子身上。或者，双方都受制于一个联合的超我结构：有时伴侣双方可能会屈从于一种自我破坏性的合谋，这是由于他们屈从于一个联合的施虐性超我。欺骗还可能是为了保护对方远离自恋性损伤、嫉妒，或者失望。但是"绝对忠诚"有时也只是合理化了的攻击。在社交场合通常能够被控制住的矛盾在亲密关系中可能会控制不住——声调的转换或者表情的变换都有可能迅速升级成严重冲突，哪怕起因只是一些鸡毛蒜皮的小事。一对伴侣通常并不能充分觉察到彼此之间有多了解，多能"读懂"对方的心思。

实际上，伴侣间的有效沟通会增加相互投射超我的危险——对正常矛盾情感的负性部分控制不住或者无法控制的表达会增多。伴侣双方读懂对方未表达的感受的能力不断增强，会让对方常常产生强烈的被强行闯入的心理体验，这种被闯入感进一步又会把偏执性恐惧转化为防御性欺骗。最好的情况是，欺骗可能被对方感受为一次孤立的耍手段事件，让双方之间产生距离。最差的情况是，欺骗可能被对方体验为是伪装了的攻击，会触发对方更进一步的偏执反应。尽管欺骗的目的是保护伴侣关系，但欺骗可能会让关系恶化。甚至在成功的关系里面，也有所谓的"欺骗、偏执（或互相猜疑）、抑郁或内疚行为"的循环；这些循环一方面表达了直接有效的沟通，一方面也代表着抵制直接有效的沟通。欺骗也可能是一种防御，用来对抗潜在的偏执性恐惧；而偏执行为反过来也可能是一种防御，防御更深层次的抑郁。自我谴责也可能是一种防御，防御偏执倾向；它是一种反向形成，不谴责他人转而谴责自己。

》相对较轻的超我病理

在比较轻的超我病理类型中，伴侣关系尚可维持，但联合的超我结构过分严苛；伴侣也会更易于受到周围文化中的严苛要求与禁令的影响，尤其是社会传统方面的。因为社会传统从文化方面反映着所有人共有的潜伏期超我残余，这是未能发育成熟的超我功能的另一条退行之路——退行到严苛的幼稚超我的要求和禁令中去。

下面的案例就说明了伴侣双方相当整合但却过分严苛的超我会带来怎样的问题；这个超我可以是双方联合共享的，也可以是一方伴侣无意识地强加在伴侣关系上的。

一对已婚伴侣前来找我咨询，因为他们在人际交往及性方面遇到的困难越来越多。妻子三十出头，伴侣双方都认为，她是一位勤劳能干的全职主妇，充满爱心地照料着两个儿子——一个3岁，另一个5岁。丈夫快40岁了，在夫妻两人的口中是一位努力工作、尽职尽责的人；他在职场上节节高升，没花几年时间，就成了业内领头羊。他们住在市郊的一个天主教中产社区，两人都来自美籍拉丁裔大家庭。他们来咨询是因为妻子对丈夫越来越不满意，觉得他离自己越来越远，缺乏情感、忽视她；而丈夫也越来越难以忍受妻子的唠叨和责备，越来越不想回家。我提议为两人做独立诊断访谈，并穿插一系列联合诊断访谈，他们同意了。我的任务是评估婚姻中的冲突，并决定哪些治疗方案可行，以及进行个体治疗还是伴侣治疗。

对妻子的独立评估显示，有证据支持显著人格障碍的诊断，且癔症及受虐特征占主导，人格组织处于神经症水平。她的主要困难似乎是婚内性生活调适问题。她想要性亲密，但是却只能获得极小的性兴奋——插入后立即消失。她觉得丈夫对性的兴趣过于强烈并且很"粗鲁"，她对此感到厌恶。她似乎还怨恨丈夫没能复制她与理想的、强大的父亲之间的温暖关系。她也恨她自己，恨自己越来越像她的母亲，那个顺从、唠叨，总是激起别人内疚感的女人。她描述自己的父母对待性有着清教徒式的态度；她显示出强烈的压抑机制，比如无法回忆起任何童年往事。她悲愤地抱怨丈夫变化太大：当年追求她时活泼开朗、风度翩翩，颇有骑士风范，现在却变得阴郁而退缩。

对丈夫的个体访谈也显示其有显著的人格障碍，并且强迫特征占主导。他呈现出整合良好的自我同一性，有能力建立深入的客体关系，有中等程度的、持续的神经症性抑郁。他的父亲是位商人，患者在童年期很钦佩父亲的力量感。但是到了青少年期，患者觉察到父亲的权威行为背后是不安全感，此后钦佩变成了越来越多的失望。患者在童年早期对两位姐姐的性别充满好奇，但却遭到了父母的严厉申斥，特别是母亲。母亲似乎是一位顺从的妻子，但是在患者眼里，母亲对父亲的操控十分明显。

在青少年期，他挑衅性地与来自其他文化群体的有着较低社会经济地位的女性深入交往。在成年早期，他体验过几段充满激情的爱情。但是后来，让父母及亲朋倍感欣慰的是，他娶了一位与他有着相同文化及宗教背景的年轻女子为妻。他的妻子的言行举止有点胆小羞怯——他们有着类似的出身背景——她不愿意与他发生婚前性行为，这些都令他着迷。但是结婚后，她对性缺乏反应，一开始他把这归因于没有经验，但慢慢地成为他不满意的根源。同时，他也责怪自己不能在性方面满足她，靠近她时越来越感觉到不安全，最终他减少了自己对她的性需求；在来咨询的时候，他们一个月才有一两次的性生活。

他也越来越抑郁，在意识层面内疚于自己没能陪在妻子和孩子身边，但走出家门沉迷于工作会让他感到解脱。他坚持认为自己很爱妻子，并且如果她能少批评他，如果他们的性关系能够好一点，其他的问题就都会消失。他们有这么多的共同的利益和志向，这一事实似乎对他很重要。并且他强调说，自己的确很喜欢妻子照料孩子、家庭及日常生活的方式。

相应地，她也在个体访谈中陈述了类似的信念：她爱自己的丈夫，对丈夫的远离与退缩感到失望，但仍希望他们的关系能够回到从前。唯一的问题就是性生活。性是职责，她愿意履行；但是如果要让自己按照丈夫的愿望做出反应，她觉得这需要丈夫一方更温柔、更有耐心一些。

除了个体会谈，我还平行地做了几周的夫妻联合访谈。我发现，对于他们的文化生活及价值观，以及在意识层面期待双方在婚姻中各自承担什么样的角色，他们的确有着共同的假设和愿望。他们的主要问题的确似乎集中在性方面。我想知道，与丈夫无意识中因为不能满足双方的联合期待——期待他成为一个强有力的、成功的丈夫——而产生的内疚感相比，他的抑郁在多大程度上是次生的；我也想知道，妻子的性抑制是否反映了她未解决的俄期冲突导致的无意识内疚，而

107

丈夫无力帮她克服这种抑制又进一步强化了这种内疚感。

我认为，伴侣双方都在被无意识中激活的客体关系里，挣扎于各自的俄期冲突。他无意识地认为她是他操控欲强的、反对他有性行为的母亲；而他也再现了对失败父亲的认同（患者在青少年早期对父亲的感觉），虽然他并不想这样。她无意识地把他简化为性失败的丈夫角色，是为了回避与一个强壮的、温暖的、强势的父亲发生性关系，因为这会引发她的俄期内疚。同样，她也并非自愿地再现了她母亲沮丧但又会引发别人内疚，并且能够控制别人的那些行为。在意识层面，他们都努力想要抓住他们已达成共识的理想：妻子温暖奉献，丈夫强壮又能保护家人。双方在无意识层面合谋，都不愿意觉察各自无意识地在关系中呈现的攻击性感受。

在扩展探索领域，好让他们能够承认这一无意识合谋的过程中，我发现双方都不情愿去谈论他们在性方面的困难。妻子严厉地批评我，说我用一种她所谓的"公开且机械"的方式对待性关系中的私密部分；并且丈夫也同意，说鉴于妻子的不情愿以及自己早已安于现状，他也不愿意"人为地挑起"他们在性方面的冲突。他们如此熟练并且一致想要弱化性问题的重要性，以至于我不得不翻开在个体访谈时所做的记录，看一看他们就性问题都向我说了些什么，好让自己更有把握。

在重申他们脑海中所拥护的理想关系的样子时，可以说他们在捍卫着一个联合超我，从而把我变成了劝诱他们的魔鬼。双方都表达了这样的愿望：希望我能够给他们一些建议，告诉他们一些夫妻双方相处的规则，好让他们减少相互指责并缓解紧张的关系；他们希望通过这种方式解决困难。

在联合访谈之后的个体会谈中，又有了新的发现。丈夫非常明确地说，他不认为自己的妻子会继续接受诊断访谈；实际上，她觉得我对她有偏见——与其说我在帮她解决婚姻问题，不如说我正把他们的婚姻关系置于危险之中。同时，他继续说，他妻子比较能接受的方式是他继续和我做咨询，我可以试着改善他对待妻子的行为方式。他说，如果我真的觉得他需要治疗，他愿意接受针对他个人的治疗。我问他，较之于他们夫妻双方共同参与改善夫妻关系的治疗，他这样的治疗想要达成什么样的目标。他说自己现在很抑郁，对性事冷淡，结婚前他不是这样的，他不知道要如何与妻子联结，这些都是来治疗的原因；如果能够有机会克服这些困难的话，将会很好。

与妻子的个体会谈确证了她对联合访谈的怀疑和不满。她觉得我作为一个男性，更偏向她丈夫一边，并且认为我夸大了他们夫妻关系中性方面所占的比重。她说，如果丈夫需要治疗，她没意见，但是她不会继续参加联合访谈了。

我最终决定，建议两人各自去做个体治疗；我接受他们不再继续参加联合访谈的决定，并且在与妻子的个体访谈中，我建议她自己与另一位治疗师一起重新评估一下，看看她认为的性问题是否也有一部分根源在她身上，以及她可否在进一步的治疗中获益。带着一些不情愿，她还是与一位女性治疗师开始了精神分析治疗。但是几个月后，她觉得治疗既没帮助也没必要，所以决定暂停。

我对她丈夫在之后的六年里进行了精神分析治疗。在分析中，他与妻子冲突的本质、他选择妻子作为伴侣的缘由，以及他的抑郁和性抑制背后的动力是什么，都越来越清晰，并且被逐一修通。在分析早期，他反复强调，不管最后结果如何，他都不会和妻子离婚：他的宗教信仰和出身背景都排除了这种可能。精神分析式探索揭示出在这一陈述背后，他是如何把自己在青春期时指向父母的叛逆行为投射到我身上的——尤其是对父亲的禁令的违反，因为父亲不允许他与其他文化和宗教群体的女性建立任何关系。我本人以及精神分析总体上代表着反宗教意识形态，可能还代表着赞成性自由与性放纵，而他代表着卫道士。

后来，当能够认识到自己人格中的投射部分后，他也开始看清自己在青少年期信奉的"圣母-妓女"这一二分道德观，以及他如何把未

109

婚妻认同为理想的、会让他想起自己母亲的天主教拉丁裔妇女。他的性抑制反映了：他由于对姐姐们的性兴趣而产生的深远的内疚感被再次激活，以及把妻子视为理想的、对自己不满意的、讨厌自己的母亲。在更晚的分析阶段，与早年在母亲那里受挫有关的攻击性所带来的无意识内疚，因觉得母亲忽视了他而产生的无意识暴怒，以及因为母亲在他小时候得过一场严重的、危及生命的疾病，他无意识地认为自己要对此负责，从而产生的内疚感，这些内容都开始浮现，成了分析的主要议题。再后来，当谈到他在工作中的竞争性努力受到抑制时，因自己在商业上的成功而产生的无意识内疚也逐渐浮现，成了一个新的分析元素。他觉得，糟糕的婚姻是他为成功付出的公平代价，这种成功无意识中代表着他战胜了自己的父亲。

所以，他的抑郁表达了与无意识内疚感相关的多层冲突；在治疗的头两年，这些冲突逐渐浮出水面。在分析的后期，他的俄期叛逆通过这样的形式得以行动化：与一个非常不般配的女性陷入婚外情，这也进一步说明了他有一种深刻的恐惧——不敢与同一位女性建立既温柔又带有情欲的关系。在分析的第五年，他与另一位女性发展出一段关系。这位女性与他在性方面有共鸣，并且在文化、智识及社会阶层方面都与他般配。在这段关系的早期阶段，他就告诉了妻子这一点；这既是一种行动化，向挫败他的母亲表达报复性的攻击，同时也是一种无意识的努力，想给妻子和自己一次机会来改善婚姻关系。她的反应是非常愤怒、极度愤慨，在娘家人面前把自己表现成一个无辜的受害者，受到了丈夫的攻击，从而进一步损害了婚姻，并加速了它的死亡。患者与妻子离了婚，娶了"另一位"女性，这一步也是一个信号，说明他的性抑制问题已经得到了解决。与之相一致的是，他的强迫型人格特质也得到了重大改善。分析完成时，他的主要问题都得到了解决。随后五年回访证实，他的这一改善是稳定的，他在新的婚姻里很幸福。

这里，我们可以看到超我病理的几个方面：双方在意识层面对婚姻及婚姻角色的期待进行了僵化的理想化并相互强化，这源于伴侣双方都认同于他们自己所在社会群体的文化价值观和意识形态；他们相互投射自我理想，并且僵化地坚守着自我理想，这为夫妻关系提供了稳定性，但牺牲了他们的性需求。他们在对方身上无意识地互相投射禁令——对俄期性欲的禁止、对整合柔情和情欲感的禁止——促进了他们相应的俄期关系在无意识中的复活；他们目前生活中的互动越来越像与俄期客体的旧有关系。

好的地方是，他们的责任感及担忧感让他们来寻求治疗；但是，潜在的内疚感，以及双方合谋、一起坚持着他们意识层面对婚姻观的理想化，这些阻碍了他们作为一对伴侣继续关注并接纳改变他们当下平衡的机会。后来的事证明丈夫更灵活一些，但是不可否认的是，他的治疗为原有的伴侣关系带来了不平衡，从而导致婚姻逐渐解体。

》 严重的超我病理

现在，让我们从正常或者轻微病态超我对伴侣爱情生活的影响，转到严重超我病理的影响。这里或许首先要说的是，病理程度越严重，就会有越多的限制被加诸伴侣双方可容忍的事情上。严重的超我病理还会带来以下影响：僵化死板地理想化伴侣一方或双方所认同的原始超我，"搜罗不公平"（injustice collecting），假想性地背叛与报复，以及充满敌意地切断联结。

更有甚者，超我功能的严重病理还会导致冷漠的忽视行为以及公开的敌意行为，这些都是在原始水平上表达攻击性，并且这种倾向会慢慢主宰伴侣生活，不断地损害伴侣关系。矛盾的是，在严重病态超我被激活的早期阶段，伴侣的性生活或许还会生机勃勃，因为双方都否认无意识的俄期禁令，否认双方用痛苦去赎罪的无意识内疚感。表面上看起来自由快乐的性互动或许会模糊掉情感关系的恶化。

111　　当超我病理严重时，理想化与迫害性的超我前身都会妨碍超我的整合，并且会加剧超我内核自一方向另一方的过度投射；伴侣一方或者双方能做的就是忍受充满矛盾的模式被没完没了地一再上演。伴侣一方责怪、批评、贬损另一方，通过投射性认同，无意识地在对方身上诱发这些行为。这些投射还可能会反映在交往几个月或者几年后，伴侣之间开始防御性地保持情感上的距离。有些时候，伴侣可能只是被"冻结"在某种有距离的模式中；但随着时间的推移，这种模式会被强化，最终导致爱的损毁或者断裂。

有时候，保持一定的距离能让伴侣双方在某些方面的亲密得以保留。但长久地、刻意地保持距离，会妨碍伴侣间的亲密，也会干扰有助于关系稳定的正常中断。除此之外，伴侣间可能会产生的问题还包括：伴侣各自回应性地合理化自己对另一方的攻击行为。伴侣间相互引发并持续存在的挫败感可能让各自进一步合理化自己的行为，从而进一步增加挫败行为，导致进一步远离对方——例如，发展出婚外情。

但是，超我投射最常见的表达方式是伴侣一方把另一方体验为一个无情的迫害者，即体验为道德权威，让别人感到内疚和崩溃，从而享受虐待别人的快乐。后者对前者的体验是不可靠、虚伪、不负责任、奸诈歹毒，总是企图"逃脱惩罚"。这些角色通常可互相替换。由于互相的投射性认同，伴侣一方会在另一方身上非常高效地强化，甚至引发一些自己最害怕的特征。长期的施受虐关系，加上没有外来第三方的干预，或许是严重超我病理最常见的临床表现。施受虐关系中的伴侣或许一开始会得到一些性关系方面的满足，但长此以往，这种互动一样会影响双方的性功能的发挥。

一对夫妇因为时常爆发严重的肢体冲突前来咨询。丈夫呈现出一种混合的人格障碍，兼有强迫、婴儿样和自恋特征；妻子主要呈现出婴儿样人格，并伴有癔症偏执特征。丈夫在工作中的不安全感——不能达到他对自己像父亲一样强大的期望——也反映在他对妻子的行为中。他平常对妻子一直都殷勤体贴，有时候有些唯唯诺诺；他的困难在于害怕在性方面靠近妻子。妻子对性行为有些抵制，除非丈夫按照某种严格的、她能够接受的方式进行；这让他们的性接触变得越来越少，而且也是他与她在一起偶尔阳痿的重要原因。

与同事的激情婚外恋让丈夫获得了短暂的性方面的勇猛感和满足感，但对妻子的强烈内疚感又破坏了这些感觉；他现在无意识中把妻子当作跋扈的、会羞辱他、引发他内疚感的施虐母亲看待。他母亲时常变换角色，在丈夫面前屈从卑微，在儿子面前暴戾跋扈。现在我的患者也开始阴晴不定，通常情况下他都是充满内疚且柔顺，愿与人和谐相处，但会周期性地突然孩子般大发脾气、尖叫、摔碟子打碗（像他母亲一样），用一种笨拙的自我挫败的方式模仿他的父亲。

他的妻子于是觉得受到了他的虐待，这是她在自己父亲那里的体验的重复。为了避免她童年时经历过的自己驯顺的母亲的屈辱行为，妻子现在开始暴力抗议，并将邻居、亲戚，尤其是自己的母亲作为见证者。

在无意识中，她努力想要激起丈夫更多的暴力行为：她贬低丈夫在性方面的表现，她甚至还拉来他们两个正在学龄期的孩子以及其他熟人一起羞辱丈夫。随着暴力的不断升级，终于有一次，他打了她，她立即向当地有关部门举报丈夫虐待她。正是这个时候，有人建议他们来做婚姻评估与治疗。

上面的陈述说明了对父母形象的无意识认同，以及在婚姻生活中把父母形象再次投射给伴侣，尤其是超我的内射，包括："搜罗不公平"；"义正词严地发怒"；为了证明对对方的迫害是正当的，不惜一切代价地合理化自己的行为；还有将无意识内疚行动化，因为对于一段成年人的婚姻关系，他们的确有很多部分难以忍受。对妻子的精神分析治疗揭示，她性抑制的起源是她无意识地在努力创造一种与有虐待倾向的父亲之间的施受虐关系；对丈夫的治疗则揭示，在对既挑逗又拒绝的母亲的矛盾情感之下，是他在无意识中与强有力的、可怕的父亲意象的斗争。

第八章
分析设置中的爱

》移情之爱

分析设置构建了临床实验室，在这里我们能够研究披着多种形式外衣的爱的本质。移情与反移情一起，构成了我们对这些形式的研究的载体。

俄期情境与移情之爱最主要的区别就是，移情构成了最佳的环境，在移情中有可能全面探索俄期情境的无意识决定因素。修通移情之爱，意味着能够自我克制并哀悼，这些是俄期情境解决方案的正常伴生物。同时，患者还必须明白，对俄期客体的追寻是所有爱情关系的永恒特征（Bergmann, 1987）。这并不是说以后所有的爱情关系都可以被理解为衍生于俄期情境；而是说，不论是对于个体还是对于伴侣来说，俄期结构都会影响新体验的建构。

在理想情况下，移情性退行所具有的"好似"（as if）本质——以及，蕴含在这一有限退行中的潜在的自我力量——有助于患者退行性地体验移情之爱，并有助于移情之爱的修通；并且伴随着成长，患者有能力在一种真实互惠的爱的关系中通过升华的方式来满足自己的俄期渴望。移情之爱没有这种互惠性，这一点让它截然不同于分析设置之外的爱的关系，就像在意识层面对俄期冲突的探索不同于最初的俄期情境一样。有人可能会说，移情性退行中的爱类似于神经症性质的爱，这会促进单相思之爱的发展。但是，当通过哀悼，让单相思之爱能够增强而非消解依恋关系时，那么对移情的分析反而就会清晰地区分开移情之爱和神经症之爱的行动化品性。

对移情之爱的精神分析式探索为正常恋爱过程中的各个组成部分提供了证据：把自我理想中的成熟部分投射给对方（分析师）；与俄期客体之间的矛盾关系；对多形态倒错的婴儿式及生殖器式俄期冲突的防御以及调度。所有这些结合在一起，在移情中会引发混合着性欲望的浪漫之爱的体验，哪怕这种体验相当短暂，转瞬即逝。这些感受通常会被置换到患者生活中可获得的客体身上，从而被稀释。实际上，在精神分析治疗中，或许没有其他地方能够让潜在的行动化以及体验的增长如此紧密及密集地发生。

移情之爱可能会太强烈、太僵化，且顽固不化，从而背离其神经症属性，特别是当移情具有受虐性质的时候。相反，在另一个极端，缺乏明显的移情之爱，可能反映了要么有强烈的施受虐性阻抗在对抗正性俄期关系，要么是存在自恋性移情，在其中，正性俄期关系的发展被严重削弱了。移情之爱的性质会因参与双方的性别不同而不同，这一点已经被很多人观察到了（Bergmann, 1971, 1980, 1982; Blum, 1973; Karme, 1979; Chasseguet-Smirgel, 1984a; Lester, 1984; Goldberger & Evans, 1985; Person, 1985; Silverman, 1988）。简言之，女性神经症患者与男性分析师在分析中倾向于发展出典型的正性俄期移情——参见弗洛伊德（Freud, 1915a）在他关于移情之爱的文章里描述的案例。但是有着自恋型人格的女性患者遇到男性分析师，往往并不会发展出这种移情之爱，或者只会在治疗进行到很晚的阶段才发展出来，并且相当微弱。因对抗移情中的依赖而产生的自恋性阻抗——为了对抗无意识中对分析师的嫉羡而发展出的部分防御——阻碍了移情之爱的发展；患者体验到的任何对分析师的性欲化渴望都被视为一种羞辱，让她感到自卑。

男性神经症患者遇到女性分析师时，通常不会直接展示移情之爱，多多少少都会有些抑制，更倾向于把这种爱置换到其他客体上；他们反而会对性方面的自卑和不足发展出强烈的焦虑，这是其正常的、趋向俄期母亲的、婴儿期自恋幻想再次被激活后的部分反应。正如沙瑟盖-斯米格尔（Chasseguet-Smirgel, 1970, 1984b）所指出的，小男孩在无意识里害怕自己的阴茎难以满足大母亲，这是此处最为重要的动*115* 力。然而男性自恋型患者遇上女性分析师时，常常会展现出貌似强烈的移情之爱；但这实际上是一种攻击性的、性欲化的引诱，反映了他因不愿感觉到自己对理想分析师的依赖而发展出的移情性阻抗。这是一种想要再造强有力的、充满诱惑的男人与被动的、对男性充满理想化的女人这一传统的文化二元配对的努力；与之相对应的是，女性神经症患者与男性分析师之间也会出现符合传统文化情境的依赖性的、性欲化的关系，以及，就像在后面的案例所示，小女孩也会再现俄狄浦斯期对理想父亲的欲望。

遭受过性创伤，尤其是乱伦创伤的患者，以及曾经与心理治疗师卷入性关系的患者，或许由于创伤导致其强迫性重复的迫切性增强，会不断引诱分析师，他们/她们的这一要求或许会长时间主宰移情。在这些案例中，患者对攻击者的无意识认同发挥着重要的作用；患者对于分析师不回应他或她的性需求会非常激愤，这一部分也需要多加注意，只有仔细地分析这些怨恨，然后患者才能体验到解脱，并感激分析师维持住了精神分析框架。

带有强烈反社会特征的自恋女性或许会试图对分析师进行性引诱，这可能被错误地理解为是俄狄浦斯式的移情之爱。但是她们这一企图背后想要破坏治疗努力的攻击性，常常会清晰地展现在移情中。这一类女性需要和受虐女性区别开来，后者不一定有性虐待史，但她们有一种易于被性虐待及性剥削的素质倾向。具有癔症型人格结构的患者，其强烈的情欲性移情代表着典型的移情之爱：在值得注意的无意识攻击性（这种攻击性源于俄期失望以及无意识的俄期内疚）背后，常常隐藏着对分析师防御性的、性欲化的理想化。

移情之爱的神经症性特征很明显，不仅仅表现为患者对所暗恋的分析师有强烈的情欲性渴望。它们还表现为：常见的婴儿式自恋愿望——渴望被爱，而不是作为成年人主动去爱分析师；性亲密的愿望——作为对共生渴望或者前俄期依赖的一种象征性表达；对性欲化的理想化的着重防御——作为对来源五花八门的攻击性的防御。具有边缘型人格组织的患者可能会表现出特别强烈的想要被爱的愿望、情欲性需求，并且千方百计想要控制治疗师，甚至用自杀来威胁治疗师，极力逼迫治疗师，榨取治疗师的爱。

不管是男性还是女性，都会发展出类似同性恋的移情之爱，但分析师的反移情可能会很不同。具有神经症性病理的患者可能会对同性别的分析师发展出强烈的同性恋渴望，其中还糅合着负性俄狄浦斯情结和前俄狄浦斯期的口欲依赖及肛欲对抗；只有对移情性退行的阻抗进行系统的分析之后，才可能去探索性欲望的部分。 *116*

在自恋性病理中，同性恋式移情通常同样具有索求无度、攻击及控制等特征，这些特征也常见于男性自恋型患者对女性分析师，以及女性边缘型、反社会型、自恋型患者对男性分析师的异性恋式移情之中。一般的规则是，分析师能够自如应对神经症患者这种正性的、性欲化的移情之爱；面对自恋型患者的这种伪正性移情之爱仍能维持分析框架，是进行全面分析式探索的关键必备条件，也是患者取得进步的途径。反移情的变迁在此过程中占据核心的重要性。

≫ 反移情

虽然在精神分析的临床技术文献中，反移情这个要素在形成移情性解释的过程中已经获得了越来越多的关注，但主题大多是关于攻击性反移情的，情欲性反移情得到的关注并不多。传统上对反移情的恐惧态度，近几十年虽然改变了不少，但仍然在发挥作用，尤其是当涉及分析师对情欲性移情的情欲性反应时。

基本上，如果患者在移情中产生的情欲感与幻想受到了压抑，那么他们通常只会在分析师的反移情中产生少许的情欲性反应。但是，如果患者的情欲性幻想与愿望变得意识化，分析师的反移情反应中就可能包含一些情欲性元素；这时分析师就要警惕，或许患者正在有意识地压抑自己的情欲性幻想与愿望。当阻抗大幅度减少、移情能够得到充分表达、患者体验到对分析师有着强烈的性欲望时，分析师的情欲性反移情可能会变得强烈——会跟随着患者的情欲性移情的强度而波动。

这里，我强调的是移情的波动：通常情况下，哪怕是强烈的情欲性移情也会潮涨潮落；如果有机会，患者可能会通过再现、行动化，或者在分析外满足性欲等方式，置换掉移情性感受。如果患者的情欲性愿望排他性地完全针对分析师，那么阻抗的部分会变得非常明显，性需求中的攻击性成分也会加重。这一发展倾向会减弱情欲性反移情感受的强度。

当投射性认同占主导即超过投射本身时——不同于简单地把无意识冲动投射出去，患者觉察到自己有性的感受，却把它归咎于分析师，并认为这是危险的，从而拒绝这种感受，但同时又试图控制分析师，避免受到可怕的性方面的攻击——情欲性反移情通常是缺失的。实际上，如果带有色情狂式移情的患者投射出强烈的性幻想，而分析师的反移情反应却只有被威胁、被束缚的感觉，这两者之间如此古怪的差异就需要引起分析师警惕：患者身上可能存在着严重的自恋性病理，或者出现了深度的移情性退行。

根据我的经验，最强烈的情欲性反移情可能会出现在下面三种情形中：（1）男性分析师治疗女性患者，患者带有强烈的受虐但不是边缘特征，患者对无法获得的俄期客体发展出强烈的"不可能"的性欲之爱；（2）分析师——无论男性还是女性——有强烈的未解决的自恋特征；（3）某些有强烈受虐倾向的女性分析师，治疗极具诱惑性的男性自恋型患者。某些女性受虐型患者会激起男性分析师强烈的拯救幻想，"引诱"他去帮助她们，但目的只是证明那种帮助是如何具有误导性或毫无用处的。这种引诱可能被性欲化，也可能明显地反映在反移情中：分析师的拯救幻想中带有强烈的情欲成分。比如一种典型的情形是，男性分析师可能会问自己怎么回事，这么有魅力的女人怎么会留不住男人，怎么总是被拒绝。从问这个问题到反移情幻想"我要为这个患者找一个会让她心满意足的性伴侣"只有一步之遥。

我发现，如果受虐型患者有长期的不愉快情史，那么分析师留意自己在哪些时刻产生了拯救幻想或者情欲性反移情，会很有帮助。多数情况下，这种移情-反移情诱惑会不断发展，直到患者突然开始让分析师受挫，令分析师失望，很生气地误解分析师的评论，或者转而无节制地对分析师提出要求，这些都会即刻破坏分析师情欲性拯救这一反移情的发展。

我还发现，如果分析师能够容纳自己对患者的性幻想，甚至让这些幻想发展成一种叙事——一段想象中的性关系——这会很有帮助。*118* 很快，分析师自己的幻想就会让这一想法消失得无影无踪，因为他会在前意识中觉察到患者人格中那些拒绝帮助的、"反力比多的"、自我挫败的部分；这种方法有助于分析师——甚至在移情突然转变成负性之前——形成对移情的解释。把治疗安排得前后不一致，要求改变时间，指责分析师对特定情形不敏感，不承担经济方面的责任，迟迟不愿支付治疗费用，这些显然都是患者无意识企图的再现——企图阻止或者破坏与分析师建立一种稳固积极的关系的可能性；警惕反移情的内容，或许可以让分析师在治疗中的再现发生之前就觉察到这种倾向。

强烈的情欲性移情的临床表现不能混同于患者想要得到分析师的爱，这两者要区分开来。在移情中，患者有意识地或者无意识地极力引诱分析师，其背后可能潜藏着这样一种愿望：想要成为分析师欲望的客体——变成分析师的阴茎——与之相伴的还有患者幻想中的身体方面的自卑及阉割。因此，我通常不仅会分析患者的防御——到底是什么阻碍了他充分表达情欲性移情——还会分析移情幻想本身的本质是什么。看起来好像是想要与分析师建立一种性关系，但其背后有着复杂的移情及多重的含义。比如，强烈的情欲化常常是针对来源五花八门的攻击性移情的防御——一种逃离痛苦的、围绕着口欲期依赖的冲突的努力，或者倒错性移情（想要引诱进而摧毁分析师）的再现。

分析师只要能够自由地探索自己脑海中对患者的性感受，就有能力评估移情的本质，也就不会防御性地否认自己对患者的情欲性反应；他也一定能够同时探索移情之爱，且不会诱惑性地将自己的反移情行动化。患者也可能用非言语行为表达自己的情欲性移情，把自己和分析师的关系性欲化；对此，分析师正确的应对方式是探索患者非言语诱惑行为的防御性本质，同时不能增强治疗情境的性欲化色彩，也不能防御性地拒绝患者。

分析师自己未解决的自恋性病理或许会成为最主要的诱因，导致分析师将自己的反移情行动化，并且进一步增强分析情境的性欲化色彩，甚至打破分析设置的框架。我认为，与患者发生性关系，多半是分析师自己自恋性病理以及相应的严重超我病理导致的症状。但是，的确也有某些时候是纯粹的俄期动力在起作用；或许，分析师越过分析关系中性的边界象征着他越过了俄期障碍——一种对分析师的受虐性病理的行动化，无意识地希望自己的俄期逾越受到惩罚。

119

患者的情欲性幻想和想要与分析师建立性爱关系的愿望是很复杂的，也有其亲密的一面；对复杂性及亲密方面的探索为分析师提供了独一无二的机会，可以更好地了解异性的性生活。这里面不仅有同性恋的动力，也有异性恋的动力，不仅有正性俄狄浦斯情结，也有负性俄狄浦斯情结。如果分析师认同了异性患者的情绪体验，即，分析师在反移情中与患者对其他异性恋客体的情欲性体验发生了一致性认同，那么这种认同一方面会激发分析师的认同能力——使得分析师有能力与异性患者的性渴望发生认同——另一方面也会激发针对此认同的阻抗。男性分析师，要能够在反移情中与他的女性患者建立这种一致性认同，即在认同女性患者对其他男人的兴趣之前，必须先要能够毫无拘束地了解他自己的女性认同。当这个女患者体验到针对他的性欲感受时，由于他把自己对患者的性欲的一致性认同与他作为患者欲望的客体的互补性认同整合在了一起，他可以更好地理解患者作为异性的一员会有什么样的性欲望。分析师这一方的理解既包括对他自己的双性同体产生的情感共鸣，也包括对亲密和交流边界的跨越——这种跨越只有在性伴侣达到亲密高峰时才能实现。

如此强烈而复杂的反移情的激活能够被容纳，并被分析师用于工作中，这是精神分析情境所独有的，因为分析关系的界限提供了保护。这种反移情体验的独特性有一个令人啼笑皆非的确证：尽管精神分析师独享这样的契机，可以研究异性爱情生活的心理学，但是当在精神分析情境之外，分析师去理解自己与异性在一起的体验时，通过研究得来的知识和体验就会全都烟消云散。也就是说，出了精神分析情境，分析师在自己的爱情生活中也就只是个普通人而已。

当患者和分析师性别相异时，反移情中的一致性认同仰赖于分析师有能力容纳自己的同性恋成分，而他的异性恋成分则主要作用于反移情中的互补性认同。当与分析师性别相同的患者体验到强烈的移情之爱时，这种区别就会变得不那么清晰。患者的同性恋式移情以及分 *120*

析师对此种移情的情欲性反应，常常会同时激起患者的前俄期及俄期抗争与冲突，尤其是对于那些通过神经症型人格组织来表达同性恋冲突和渴望的患者而言。如果分析师能够容纳自己的同性恋成分，能够反移情地探索自己对前俄期双亲的认同，这将有助于他分析患者同性恋感受中的负性俄狄浦斯含义。这一般不会出大的问题，除非分析师深陷于自身的挣扎中，正在冲突性地压抑自己的同性恋渴望或者压制自己的同性恋倾向。

具有自恋型人格结构的同性恋患者与同性分析师做治疗时，发展出的移情会呈现出强烈的需求过多、攻击性过强的特点，这些特点会减弱或者消除分析师一方强烈的同性恋式移情及相应的困难。当然，与具有严重的自恋性病理的同性恋患者工作的同性别分析师的反移情中缺乏性方面的共鸣，这一点也有必要进行探索；探索的依据是，或许分析师对他自己的同性恋冲动有一种特定的恐惧反应。遗憾的是，针对男同性恋的越来越激烈的文化偏见或许代表着男性分析师要承受越来越重的反移情负担。

根据早前的观察，在分析移情之爱时最重要的技术议题似乎是：第一，分析师容纳自己针对患者发展出来的性欲感受，无论是同性恋的还是异性恋的，这就要求分析师在内心深处能够自由地使用他自己的心理双性；第二，分析师系统地探索导致患者无法充分表达移情之爱的防御，这一方面会让分析师面临自己内在的恐惧，致使分析师会犹豫，不愿意检视这些防御，另一方面也会让分析师面临变成一个具体诱惑性的侵入者的风险，分析师要在这两者之间找到一条中间道路前进；第三，分析师能够很充分地既分析患者移情之爱的表达——表达完后患者不可避免会受挫——也分析患者对受挫的反应。因此，在我看来，分析师的任务包括：适度克制，不要过多地向患者传递自己的反移情，从而确保他内在的自由；能够充分探索自己的感受和幻想，理解自己的反移情，并根据患者的无意识冲突，把获得的理解与对移情解释的建构整合在一起。

患者会将被分析师"拒绝"体验为再一次确证了自己的俄期渴望被禁止，或者自恋受到羞辱；这些体验以及患者对自己在性方面被阉割、低人一等的感觉，统统都需要被探索和解释。当条件具备时，移情中就可能会出现一些患者能够自由开放地表达移情之爱（不管是俄狄浦斯期的还是前俄狄浦斯期的）的时间段，并且表达的强度通常起伏不定，因为患者在性生活中的情感成长会进一步促使他或她在外部世界中努力追寻更多的关系满足。

分析师要面对的不仅仅是自己在情欲性反移情中激活的双性倾向，还要面对其他多形态倒错的婴儿式抗争——比如，在对患者性生活的解释性探索中，可能暗含着分析师的施虐及窥阴倾向。还有一点也可能是真的：分析师对自己的性生活越满意，他或她就越能够帮助患者解除其在人性体验这一必不可少区域的抑制和限制。移情之爱尽管有很多有问题的地方，但我相信，分析师一边分析这种爱，一边又暂时成为这种爱的客体，精神分析工作所提供的这种独一无二的体验可能也会有助于分析师在情感及职业方面的成长。

》》一个临床案例

A 女士是一名单身女性，不到 30 岁，因为慢性抑郁、酒精及多种物质滥用、生活方式混乱、无法稳定工作，以及无法与男性建立稳定的关系等原因，被她的内科医生介绍到我这里做治疗。我前文曾经提到她的治疗中的其他方面（第五章）。A 女士给我的印象是：聪明、温暖，有一定的吸引力，但有点平淡无奇，不在意外表及着装。她成功地完成了在建筑学专业上的学习，并且曾受雇于几家建筑公司；她常常换工作，我后来才渐渐发现，这大多是因为她与工作中认识的某位男士发展出了一段不愉快的情事。她有一种倾向：把工作和私人关系混在一起，其结果往往弄巧成拙。

A 女士 6 岁时，母亲去世；父亲是一位杰出的商人，有一些国际业务，需要经常出国旅行。父亲每次出门，都会把 A 女士和她的两个哥哥留给他的第二任妻子照顾，但 A 女士与父亲的这位妻子合不来。A 女士对生母的描述带着理想化，但有些不切实际。母亲去世后，她曾经体验过强烈的哀痛，在她父亲再婚大约一年后，这些哀痛转变成针对继母的旷日持久的敌意；她与父亲的关系也恶化了，而在此之前他们是非常要好的。父亲认为，A 女士对他的新妻子的敌意毫无道理。

122 在 A 女士的青少年期，继母似乎很乐意留在家里继续她的社交应酬，而让 A 女士陪父亲出国旅行。应该是在上高中的时候，A 女士发现父亲与其他女性有婚外情；她渐渐明白了，这些风流韵事是她父亲出国旅行活动中的一大要点。A 女士成了父亲的红颜知己，她意识到自己非常兴奋，并且很高兴父亲如此信任她。她不太意识到的是，她感觉自己战胜了继母。

上大学期间，她的行为中开始形成一种模式，并延续到她来做治疗之时：一旦坠入爱河，她就变得极其依赖、顺从、黏人，最后无一例外都被对方甩掉。她对此的反应是陷入深度抑郁，并且逐渐倾向于依赖酒精及少量镇静剂来对抗抑郁。在专属的社交圈子里，她体会到自己的社会地位逐渐降低，因为大家都觉得她是一个易于被征服和控制的人。在一段不愉快的情事中，她怀孕了，随后做了人工流产；这让事情变得复杂起来，引发了她父亲的担忧，同时也促使她的内科医生把她介绍到我这里来。

我的诊断印象是：具有受虐型人格，性格层面抑郁，有酒精及物质滥用的症状。A 女士有几位女性朋友，多年以来，她与她们维持着不错的关系；只要不与工作中遇到的男性卷入亲密关系中，她就能够有效地投入工作。在留给我的印象中，她基本上是一个诚实的人，关心自己，能够建立深入的客体关系。我建议她做精神分析，下述进展出现在她治疗的第三到四年里。

A 女士曾经有一段时间与已婚男士 B 卷入亲密关系中；B 明确告诉她，自己不会为了她离开妻子。但他愿意和 A 女士生一个孩子，并承担经济方面的责任。A 女士觉得可以先怀孕，通过这种方式巩固他们的关系，希望借此最终能把他们之间的联盟固定下来。她向我反复描述与 B 在一起的感受，她把 B 描述成一个有施虐倾向的、谎话连篇的、不可靠的人；她苦苦地抱怨不休。当我问她如何理解她所描述的这段关系时，她指责我想要破坏她生命中不管怎么说也是最有意义的一段关系，我对她没耐心，我盛气凌人，我在道德说教。

逐渐清晰的是，他把我体验成对她没有帮助的、爱批评的、不共情的父亲般的人物——复制了她体验父亲对她的担忧的方式。同时，她还在移情中重复了受虐性的关系模式。令我奇怪的是，她事无巨细地描述她与情人之间的争执、困难，但却绝口不提他们性关系的亲密方面，除了偶尔提到他们一起在床上度过了美妙的时光。她大体上是开放的，但在这一特定部分非常防御。出于某些原因，我没能探索其中的差别；到后来我才慢慢认识到，我不愿探索她的性生活，是因为我自己幻想着她可能立刻会把我的探索解释为一种具有诱惑性的侵犯。我感觉到自己有一种特殊的反移情反应，但我还没有完全理解它。

当我去探索她与 B 不断重复施受虐性的互动到底有什么功能时，我发现，她害怕我会忌妒她和 B 的关系的强烈程度。她听了我的解释——她正在我这里复制一种令人沮丧的、自我挫败的关系，这种关系她曾经在 B 那里经历过——把这理解成我邀请她在性方面臣服于我。然后我才明白我之前为什么不想探索，因为我直觉到了她对我的猜疑——她怀疑我意图引诱她。我提出她害怕与我分享性生活的细节，是因为她认为我会在性上剥削她，引诱她对我产生性的感觉。

我有必要多说一点，在这些发展过程中也有非常多的非情欲性的东西；在这几年中，时常也会有一些时刻，她相当有自我反思能力，这些时刻一般都发生在她怒气冲冲地抱怨情人或者因为我断然不肯对她和 B 的关系抱一丝宽容而对我大发脾气的过程中。我得知，尽管从一开始她就愿意玩 B 提出的各种性游戏或尝试各种性活动，她的顺从给 B 带来了独特的愉悦感，但是她却无法从性交中获得高潮，而是再次体验到性抑制，这与她在之前的情人那里一样。只有当某个情人对她发脾气、打她时，她才能够获得充分的性兴奋和高潮。

这一部分资料让她当下模式中的一个方面——她黏人，但却常常用一些挑衅行为激怒 B——变得容易理解：她在无意识里努力激惹 B 去打她，这样她才能获得充分的性满足。她酗酒，服用少量镇静剂，目的是把自己表现为一个冲动的、失控的人，欲求不满，怨声载道——与她一贯的甜美和顺从形成对比。所以，她激惹男人使用暴力的同时——使她有机会获得性满足——也让自己变得对男人不再有吸引力。回头再看，她的酗酒似乎是一个原因，导致她最终被男性拒绝。这些关系中的俄狄浦斯意味引发了她无意识的内疚感，并逐渐成为主要的动力。

对这些材料的分析加速终结了 A 女士与 B 的关系：A 女士的退行性的欲求不满变得少了一些，她在现实层面去面质 B 对待她前后矛盾的行为变得多了一些。A 女士开始重新思考他们关系的未来，而面对此情形，B 决定终止他们的关系。在随后的哀悼阶段，A 女士意识层面对我的情欲感受首次进入了移情里。她之前怀疑我意图在性方面引诱她，把我看成是她虚伪、说教、荒淫的父亲的复制品，现在觉得我完全不同于她父亲。在她心目中，我成了理想的、充满爱的、能保护她的人，也是一个在性方面可以响应她的男人；并且她相当自由地表达了对我的情欲性感受，其中整合了柔情、性幻想及愿望。相应地，我之前觉得她平淡无奇，现在则在会谈中对她发展出了一种情欲性反移情，同时也改变了想法，觉得这样一位有魅力的女性不应该无法维持与男性的持久关系。

在她想象中的主要是施受虐式的性互动的大背景下，A 女士很明显可以自由表达对我们之间爱情关系的幻想了；但在这个过程中，她对会谈中任何微小的挫折都变得非常敏感。如果她必须要等我几分钟，如果约定的治疗有一些变动，如果出于某些原因我无法按照她的请求做出调整，她都会觉得受伤——首先是"抑郁"，然后会变得非常愤怒。她对我的性欲望得不到回应，让她倍感羞辱；她指责我冷酷无情、麻木，施虐性地引诱她。联想到她父亲出国期间为与多名女性随意保持关系，利用她打掩护，消除第二任妻子对他的怀疑，此时一个重要的主题浮出水面：我像他父亲一样充满诱惑性且不可靠，我与其他患者及我的女性同事"随意"保持关系，这是对她的背叛。

随着互相指责引发的强烈情感，她的控诉、自我贬损以及充满怨恨的态度，她与男性相处的困难再次上演，她开始谈论之前一直压抑着的与父亲的关系的某个方面，这些变化也导致我的反移情发生变化。矛盾的是，我觉得可以更加自由地探索我的反移情幻想了，范围从重演她幻想的施受虐式的性互动，到幻想着与 A 女士这样一位女性生活在一起是什么样子。我关于施受虐式的性互动的幻想也重复了男性对她的攻击行为，她之前会无意识地诱导男性这样对她。我的幻想最终让我清晰地认识到，她会无休止地制造出一些情境；在这些情境中，她的依赖需要总是会被挫败，她生气的指责也会被愤怒地反击，逐步恶化到双方大打出手，她只得公开展示自己的抑郁与暴怒。她会呈现出受害者的姿态，而这又会不断破坏我们的关系。

当我把这一反移情素材用在对移情发展的解释上时，A 女士感到深深的内疚，这种内疚感明显超过了我们关系中的性欲化的部分。较之于从前她抱怨我对她的反应缺少爱意，让她感觉到被拒绝、被羞辱，现在她感觉到焦虑、内疚和难过，因为她想要引诱我，并且她心里产生了关于我妻子的理想化意象（她不认识我妻子，对我妻子一无所知）。回顾治疗过程的时候我才认识到，我对探索反移情幻想的抗拒使

125

得我没能朝着这个方向前进：澄清 A 女士对我的情欲性愿望中的受虐的、自我破坏的成分。回头想想，我可能会说，我自己无意识中反认同了她那位具有诱惑性的父亲，这种反认同干扰了我，让我不能自由地探索我的情欲性反移情，因而没能更清晰地感知到移情中的受虐模式。我还认为，我自己的阻抗——不愿意面对自己作为分析师这个角色对 A 女士的反应中有无意识的施受虐冲动——也有影响。A 女士对父亲的性幻想，以及她把父亲体验成一个既挑逗她又激惹她，同时又在性上拒绝她的人，这些后来成了分析中的主要内容。

我们开始探索她深刻的内疚感，这种探索把她对我妻子的理想化意象与她对生母的理想化意象联系在了一起。在这个大背景下，A 女士认识到，她一直在防御着这些内疚感；防御的方式是分裂，把母亲意象分裂为理想的但已经死去的母亲和她害怕并贬低的继母——这些人都代表了她的竞争对手，代表了男人生命中还有其他女人，她永远也不可能独占男人。明白这一点，让她可以看清楚：她在无意识地选择那些"不可能"的男性，无意识地抑制自己，除非在身体或心灵上受苦，否则就不能让自己获得充分的性满足。

后来 A 女士终于和男士 C 建立了关系，相比她之前的情人，这位男士在很多方面都更令她满意。在他们建立关系的时候，他没有其他女人，他和她同属一个社交圈子（她由于自己混乱的生活方式，曾经觉得被这个圈子排斥在外）。此后分析继续进行了很长时间，我们探索了她与 C 男士发展关系过程中的幻想和恐惧。她能够去谈论他们性生活中的大量细节，我们也能够检视她的感受，不论是对我的内疚感——因为她抛弃了我这个爱的客体——还是战胜我的感觉；在她的幻想中，她的性关系更令她满意，超过了我当时可能拥有的性关系。换句话说，在外部的现实世界建立一段非常满意的性关系，也有助于移情的发展；在移情中完成对我的哀悼，也是重复她对父亲的哀悼过程，同时也是与父亲的一个和解——从新的视角看待她与父亲之间的矛盾关系。

第九章
受虐的病理学

》受虐：概览

在我看来，受虐是一个包含广泛现象的领域。它包括正常的和病态的受虐；它以有目的的自我破坏和有意识或无意识地在痛苦中获得愉悦为核心。这是一个没有精确边界的领域。在一个极端，我们会发现非常严重的自我破坏，这个过程中最重要的动机是消除自己或消除对自身的觉察——格林（Green, 1983）称之为"死亡式自恋"（narcissism of death）——并且，其中的受虐性精神病理中还合并了原始的、严重的攻击性的精神病理。

在另一个极端，呈现出的是为了家庭、他人或理想而自我牺牲的健康的能力，即受虐是由超我决定的、自愿忍受痛苦的一种升华了的功能，这不应是病态的。我们婴儿期长时间的依赖，以及在漫长的童年期和青少年期必要的、对父母权威的内化，很难让我们想象出一个不包含受虐成分的超我；也就是说，我们有一些无意识的对痛苦及其潜在动力的需要。

在这两个极端之间是一系列受虐的精神病理，它们的共同要素的核心是性和超我的无意识冲突。在道德受虐的范围里，付出代价是为了获得愉悦：将痛苦转化为情欲性愉悦，将攻击性整合到爱中，这些都发生在自体与内射的超我之间。由于无意识的内疚感，一个人愿意忍受惩罚性的内射是为了重获客体的爱并与客体结成联盟；通过这样的方式，攻击性就被吸收进了爱中。同样的动力也在性受虐中表现为一种特定的性倒错：必须经受痛苦、屈从和羞辱，才能获得性满足，这就像是对那些被禁止的、有着俄狄浦斯意味的生殖器性欲进行无意识的惩罚。

正如我们所看到的，受虐作为多形态倒错的婴儿期性欲的一部分——构成了性兴奋的主要方面——主要基于以下两点：潜在地对不相关联的身体疼痛体验做出情欲反应，以及把这种能力（将疼痛转化为性兴奋）象征性地转变为"把憎恨吸收或整合进爱里的能力"（Kernberg, 1991）。正如布伦瑞克和费恩（Braunschweig & Fain, 1971, 1975）所强调的，情欲客体最初是一个挑逗性的客体——充满感官刺激的挫败的母亲——而带有攻击性成分的性兴奋是对这样一个渴望的、既令人挫败又让人兴奋的客体的基本反应。

在最理想的情况下，性兴奋中痛苦的部分会转化为愉悦；这会增强性兴奋，增加与情欲客体的亲近感。内化情欲客体或欲望客体，也包括内化这一客体维持它的爱所要求的条件。这种情况下，基本的无意识幻想可以表达为："你伤害我，这是你对我欲望的回应的一部分。我接受痛苦，因为这是你对我的爱的一部分——它使我们更亲近，我变得像你一样享受施加给我的痛苦。"这个客体的这些需求也可以转换成无意识的道德准则，其基本的无意识幻想可以表述为："我服从你的惩罚，因为来自你的，一定是合理的。我接受它，这样就能拥有你的爱；经受这样的折磨，我就能留住你和你的爱。"由此，痛苦中所包含的攻击性意味（源自或被归因于欲望客体的攻击性，以及对痛苦的暴怒反应）就编织进或融合到爱中，并成为性兴奋必不可少的部分；这正是布伦瑞克和费恩（Braunschweig & Fain, 1971）以及斯托勒（Stoller, 1911a）所强调的，也是费尔贝恩（Fairbairn, 1954）所说的"道德防御"（moral defense）的一部分。

下面这个案例就可以对此加以说明。一位有着抑郁-受虐型人格结构的40多岁的女性，在精神分析治疗后期——在她能够解决与丈夫结婚多年却无法达到性高潮的问题的一次会谈里——她在移情中产生了这样的幻想：她一丝不挂地来做治疗，我会沦陷于她的乳房和生殖器，完全成为她欲望的奴隶，我会性欲亢奋、和她性交；然后，她要成为我的奴隶，放弃她所有的责任并顺着我。

作为禁欲母亲唯一的女儿——母亲无法容忍她有任何性的表现——她有一个温暖但却遥远的父亲；在她小时候，父亲经常不在身边。她很快觉察到，希望和我发生性关系的愿望，与希望把父亲从母亲那儿引诱走的愿望里所隐含的对母亲的反叛有关。把我变成她的奴隶，既实现了她想让我完全接受她的生殖器和性欲的愿望，也实现了对我偏爱其他女性（她的母亲）的惩罚，之后她自己作为奴隶就可以为她的内疚赎罪。然而，她也把奴隶幻想的再现体验为攻击性兴奋的表达，而不必担心这会抑制她的性快感。相反，她觉得这种攻击性会提升全部性行为的满足感，并融合进主奴关系的互惠中。那次会谈后，她第一次能够要求丈夫在性交中用力捏她的乳头；丈夫带着强烈的性兴奋这样做了，相应地，也允许她使劲地抓他的后背以至流血。第一次，两人同时达到了强烈的性高潮。

分析这段经历时，她表达了这样的幻想：她的丈夫就像一个饥饿的、挫败的婴儿在咬妈妈的乳房，而她作为一个强有力的、理解的和给予的母亲，能够满足他的需要，同时容忍他的攻击性。与此同时，她觉得对于丈夫-婴儿（husband-infant）来说，自己是一个性感的女人，因此丈夫不是一个有威胁的父亲；她用让他流血的方式，向抛弃她的父亲、给她带来痛苦的丈夫复仇。她觉得拥抱丈夫的同时抓他，能够增进他们的融合，让她感觉双方可以互相参与到对方的性高潮中。这个女人——对她的分析即将完成——已经能够明确表达正常的性兴奋和情欲的各个重要方面。

雅各布森（Jacobson, 1971）认为，与欲望客体的融合不仅可以在强烈的性兴奋和爱的条件下培养出来，也可以在极端的痛苦和仇恨中培养出来。当长期与具有攻击性、虐待性、挫败性、挑逗性的母亲相处时，婴儿生理或心理上产生痛苦太强烈了，以至于无法吸收进正常的情欲反应，或无法吸收进施虐性的但具有保护性的、可靠的超我前身；它会直接转化成攻击性。根据斯托勒（Stoller, 1975a）、弗雷伯格（Fraiberg, 1982）、加伦森（Galenson, 1983, 1988）和赫尔佐格（Herzog, 1983）的观察结果，格罗斯曼（Grossman, 1986, 1991）认为，过度的痛苦会转化为攻击性，过度的攻击性又会扭曲所有心理结构的发展，并妨碍攻击性在幻想中的表达——相反，攻击性会直接出现在行为中。用安德烈·格林（André Green, 1986）的观点来说，我们也可以认为，过度的攻击性通过原始的躯体化或行动化的方式限制了无意识心理体验的范围。

在极端情况下，过度的攻击性会表现为原始的自我破坏。伴有长期疼痛的早期严重疾病、身体暴力或性暴力，以及与父母客体的长期虐待和混乱关系，都可以导致严重的破坏性和自我破坏，并产生恶性自恋综合征（Kernberg, 1992）。充满攻击性的病态的夸大自体（grandiose self）是这一综合征的特征，它反映了自体和施虐客体的融合。这种幻想可以被描述为："我独自一人感受着我的恐惧、暴怒和痛苦。在与折磨我的人成为一体的过程中，我可以通过摧毁自己或对自身的觉察来保护自己。现在我不必再害怕痛苦和死亡，因为在把这些强加给自己或他人时，我变得比所有引起这些灾难或害怕这些灾难的人都优越。"

在不太极端的情况下，施虐客体可能会被内化进一个整合的但施虐性的超我中并与之融合，表现为略带道德色彩的、想要毁掉自己的欲望。在精神病性抑郁中，对自己之坏（badness）的妄想性信念、想要摧毁幻想中的坏自体的愿望，以及通过自我牺牲实现与所爱客体重新结合的无意识幻想，可能都反映了这些情况。在更不严重的情况下，受虐性的折磨可能会带来一种道德优越感；"搜罗不公平"型患者通常表现出道德受虐中更温和的妥协形成。

但是，如果让被吸收到超我中的攻击性是去内化一个惩罚性的但又被需要的欲望客体，那么情欲化的受虐也可能"涵容"攻击性；这种攻击性不是通常性兴奋中的施受虐，而是完全屈从于欲望客体和想要被该客体羞辱的性兴奋的凝缩。受虐作为具有约束性、强制性的性行为，把普通的多形态倒错的婴儿期性欲转化为"性偏离"（paraphilia）或严格意义上的倒错（perversion）；出于同样原因，内化施虐客体可以保护心理发展，从而避免攻击性渗透进超我。显然，在遭受过有限的身体或性虐待的患者身上，或者当乱伦发生在其他相对正常些的客体关系中，或实际的挨打经历和相关互动已经让惩罚本身情欲化的时候，两种心理组织[1]是分别建立的。

早期建立的性倒错可能会在随后通过防御阉割焦虑和源于后俄期冲突的无意识内疚而得到强化，最终"涵容"了这些冲突。然而，如果严厉的但整合良好的超我占主导地位的话，内化专制的性道德就有助于将早期的性受虐转化为道德受虐，将性的痛苦、屈从以及羞辱感的象征意义转化为心理上的痛苦以及对超我的屈从，并通过羞辱性的或自我挫败的行为表达无意识的内疚。

综上所述，我描述了严重的原始攻击性并入心理结构中所形成的三个水平的心理组织：原始的自我破坏、情欲化的受虐和道德受虐。

---

[1] 指攻击性和性欲。——译者注

在所有类型中，弱化对受虐倾向里的自恋的描述，首先是为了更好地解释主题，其次是为了尽可能还原这些受虐模式在性格上及行为上的表现。

最理想的情况是，原始的攻击性会被整合为性兴奋中的施受虐元素，或者更严重的话，会以受虐性的倒错形式被整合进来，以避免在病态超我进一步发展的影响下"污染"一般的性格结构。但是，如果无法实现情欲化受虐，甚至无法实现受虐性的倒错以执行这些涵容功能，主体就会倾向于道德受虐。在一个过度严厉但整合良好的超我结构中，道德受虐可能会限制受虐带来的自我破坏效应，并且事实上可能抑制自我破坏。然而，过度的攻击性——从原始的自我破坏首先蔓延到性倒错，然后再蔓延到施受虐型人格的发展——可能会导致出现最严重的施受虐；在这样的病例中，性倒错、严重的自恋性病理和具有严重自毁性的施受虐型人格特征会同时出现。

男性和女性的受虐

像所有的性倒错一样，受虐在男性中比女性中更常见（Baumeister,1989）。我所用的**倒错**（perversion）这个术语是指在部分本能驱力支配下，性行为中的强制性和排他性组织。尽管美国和欧洲的实证研究结果差异很大（Kinsey et al., 1953; Greene & Greene, 1974; Hunt, 1974; Spengler, 1977; Scott, 1983; Weinberg & Kammel, 1983; Baumeister, 1989; Arndt, 1991），但似乎 5% 到 10% 的美国成年人习惯性地享受某种受虐式的性行为。在受虐作为一种倒错本身的普遍程度和它所采取的主导形式方面，显然存在文化上的差异。

男性和女性在性受虐幻想和行为上既相似，又不同。男性的幻想和行为表达了想要被支配、戏弄、刺激（excited）的愿望，以及只有被迫屈从于一个强大的、残忍的女人才能达到性高潮；与之相对应的是，女性的幻想和行为表现为以向别人展示自己的方式被羞辱，以

及幻想着被一个有力、危险的陌生男人强奸。鲍迈斯特（Baumeister,
1989）认为，男性受虐通常涉及更大的痛苦感并更强调羞辱、性伴侣
的不忠、观众的参与和易装癖。相反，女性受虐涉及更频繁但强度较
小的痛苦感、在亲密关系中受惩罚、将性欲展示作为一种羞辱，以及
观众不参与进来。在男性受虐中，通常不通过生殖器性交达到高潮；
而在女性受虐中，通常在生殖器性交时达到高潮，尽管她们并不总能
达到高潮。

　　精神分析视角的理解有助于澄清这些差异：在俄狄浦斯层面上，
性受虐及倒错的核心动力，通常包含与俄期冲突强烈的攻击性（可能
也包括显著的前俄期攻击性）部分相关的强烈的阉割焦虑，以及对前
生殖器性欲的防御的加强——以确保免受阉割的威胁。男性由于有着
更高强度的阉割焦虑，所以被认为有更大的概率发生性倒错。麦克杜
格尔（私人交流）曾提醒人们注意女性阉割焦虑所具有的更原始、更
弥散的性质，她们对通常的身体破坏的无意识恐惧可以作为一种主要
的动力，用来解释她们与男性不同的对抗阉割焦虑的防御结构。

　　沙瑟盖-斯米格尔（Chasseguet-Smirgel, 1984b）曾将具有边缘性
病理的患者的倒错描述为前俄期攻击性和俄期阉割焦虑的结合。前俄
期攻击性可通过投射俄期阉割焦虑而增强。沙瑟盖-斯米格尔强调，退
行回肛欲期性欲暗含着对代际和性别差异的无意识否认、对倒错的防
御性的理想化、对生殖器性交的贬低，以及客体关系的普遍恶化。

　　沙瑟盖-斯米格尔（Chasseguet-Smirgel, 1970, 1984b）以及布伦
瑞克和费恩（Braunschweig & Fain, 1971）对男孩和女孩的俄期情境
发展的描述，为两性在受虐幻想上的差异提供了更具体的线索。对于
男性来说，被一个强大的女性支配，重现了他作为一个小男孩与强大
的、压倒一切的母亲交往的幻想，其中混合着对俄期内疚感的赎罪，
以及他的自恋幻想，即他的小阴茎能带给母亲像父亲能给的那般满足
感。易装幻想和行为融入男性受虐中，作为男性典型的"女性化受

虐",既象征着又服务于否认阉割焦虑。对于女性来说,则结合了以下两方面:无意识中幻想自己成为强大的、疏远的、有潜在威胁同时又有诱惑性的父亲的首选性客体,以及通过屈从、被性羞辱和被抛弃以达到对内疚感的赎罪。无论是对于男性还是女性而言,受虐场景都强调挫败且刺激的性互动中的挑逗品性,而这种基本的性兴奋的动力可追溯到母婴关系中的情欲品性(Braunschweig & Fain, 1971, 1975)。但对于男性来说,这种挑逗品性可能直接出现在他们与女性的受虐场景中;而女性的受虐场景则与父亲相关,也可能结合了她与母亲的受虐关系。

虽然作为性倒错的受虐在男性中比在女性中更普遍,但却没有任何迹象表明道德受虐在哪种性别中更常见。这些发现可能与心理动力因素和社会因素有关。我有理由假设,父权文化强化了女性性格中的受虐成分和男性性欲中的施虐成分,从而在男性中强化了施虐的性欲化色彩,而在女性中则促使其转化为性格模式。女权主义作家(Thompson, 1942; Mitchell, 1974; Benjamin, 1986)在谈到顺从关系时指出,尽管二者可以互补,但是把客观的压迫从无意识的愉悦中区分出来是很重要的。客观的压迫可能会扭曲愉悦的模式。例如,文化上的态度可能会强化具有男性化认同的女性的施虐模式:文化上的刻板印象可被用于性别幻想。此外,意识形态还可以用来解释性格结构的无意识起源。

抑郁-受虐型人格的临床特征(Kernberg, 1992)在男性和女性身上都可以看到,但它们倾向于表现在不同的生活情境中。根据我的经验,女性受虐的爱情关系的发生频率比男性受虐的爱情关系更高,但男性在工作场所的受虐性顺从可能比女性更常见。我认为,治疗师,尤其男性治疗师,可能低估了男性在工作场所的顺从行为中受虐模式的发挥程度。同样,工作场所中对女性客观上的歧视必须与男性对权威和权力普遍的具有文化适应性的顺从区别开来。此外,当我们深入

134

探讨男性对爱情关系的态度时，具有社会适应性的"施虐"表象下会浮现出明显的无意识受虐元素。而探索女性与学习和工作的关系时，我们会发现一些明显的受虐元素，例如过早放弃竞争和错失晋升机会。

在早期的精神分析文献里，也许最具代表性的是多伊奇的《女性心理学》一书（Deutsch, 1944-1945）。它强调，女性更倾向于受虐可能与生物因素（如月经）有关，并认为那些生物因素是在表达无意识的阉割假设，这也可能反映在分娩的痛苦方面；它假定女性气质和被动性与女性超我未充分发展的特征之间有着密切的关系。这些早期的观点曾遭到了强烈的驳斥（Stoller, 1968; Chasseguet-Smirgel, 1970; Mitchell, 1974; Schafer, 1974; Blum, 1976; Chodorow, 1978; Person, 1983）。厘清文化刻板印象的影响、对特定社会和文化挑战的适应、意识形态承诺、无意识动力，以及与道德受虐有关的生物学倾向，仍然是一项尚未完成的任务。

》受虐型爱情关系

对于具有抑郁-受虐型人格的女性来说，受虐型爱情关系本身往往就是占主导地位的精神病理。通常，在青少年早期或晚期爱上一个理想化的、无法获得的、令人挫败或极度失望的男性，会成为影响女性未来爱情生活的一种体验。爱上"得不到"的男人，可能既会导致那些在不切实际的情况下的浪漫邂逅最终以失望告终，也可能导致持续多年的、对可能发生的事情的浪漫幻想。爱上得不到的男人可以被看作青少年阶段俄期冲突重新激活的正常表现，但这种锲而不舍，尤其是当明确那种爱是单相思后，反而会增强爱的感觉，这正是这些不寻常关系的特征。这种女性在之后的那些更具现实选择性的关系中没能逐渐克服对得不到的男性的理想化，而克服这些是正常发展的特征。固着在这样的创伤上使她们无休止地重复同样的体验。

135 具有受虐性精神病理的女性可能会在令人挫败甚至危险的情境下，将对性的恐惧和抑制混杂在冲动性的性卷入中。例如，一位患者在所有与性有关的体验方面都有着清教徒式苛刻的背景；在与几位男性的恋爱关系中，她都拒绝任何性亲密行为。她的第一次性接触是和一个男人的一夜情，那个男人的攻击性，甚至是潜在的威胁品性对她有着强烈的诱惑力。

在性接触时，整合良好的超我功能和具有神经症型人格组织的受虐女性可能起初体验到某种程度的性抑制；之后，有时好似是偶然地，她们会在性互动中发现一种特别痛苦、羞辱或者屈从的品性，性的倒错就是围绕这些而形成的。当一个具有抑郁-受虐型人格的患者和她的男朋友性交时，男友出于乐趣想要支配她而扭曲她的手臂直到她觉得很疼；由此，她第一次在性交中体验到了高潮。这一经历开创了一种受虐型的性关系模式，即她的手臂必须被绑在背后一个扭曲的位置，以使她获得最大的兴奋和高潮。

同样，这一发展与施受虐幻想和体验的正常整合明显不同。早期创伤性的性体验可能会引发受虐幻想，这些幻想会在令人满足的爱情关系和性互动中出现并促进性交。尤其是自慰幻想可能延续了一种相当于自我限制的受虐情境，这种情境源于青春期早期开始的性活动。哥特式浪漫主义小说作为针对女性的一种大众文化主题（与针对男性的标准色情小说相反），通常以一个经验不足的年轻女性和一个著名的、无法得到的，往往是臭名昭著的、不可靠的、有吸引力但又有威胁性或危险的男性的关系为中心。女主角在与其他有权势的女性的竞争威胁下，冲破所有逆境、经历了无数次失望和失败后，终于被这位大男人拥抱（他的积极品性得到了再次确认），晕倒在他的怀里，最后故事结束。

男性在青少年早期典型的"圣母-妓女"幻想和体验如果受到受虐性精神病理的影响，就会被极度地夸大。通常，"不可能的爱"包括对所爱女性（无论是能得到的还是无法得到的）的极端理想化，以及与她有关的抑制（会阻碍关系建立）；同时，男性的性活动被限制为与廉价的女人有关的自慰幻想或与其的性关系，这种性参与可能包含施虐的特征，但体验到的是挫败、羞耻或屈辱的感觉。理想化是伴随着抑制和缺乏自信发生的，这是一种把机会留给对手或为失败创造条件的无意识倾向。

无论男女，单相思都会增加爱而非减少爱，这是健康的哀悼的典型表现。多年来，我们可以观察到受虐的男性和女性都倾向于爱上不可能的人，过度地顺从于一个理想化的伴侣，并通过这种非常顺从的方式无意识地破坏关系，同时放弃其他可能更令人满意的关系。

为什么女性比男性更频繁地出现一连串不愉快的爱情经历，通常会通过以下四点来解释：文化压力，这些文化压力会加强，甚至诱发和促进女性的自我挫败行为；对女性的经济剥削导致的限制；意外怀孕；文化上对男性施虐行为的强化。尽管这些确实是重要的影响力量，但同样重要的是女性比男性更早地拥有在性关系的背景下发展深入的客体关系的能力，这种能力来源于俄狄浦斯期开始时小女孩的依恋客体从母亲到父亲的转变；相比之下，小男孩则坚持最初的依恋客体并带着强烈的矛盾情感。女性更早发展出的投身于爱情关系的能力和她们受虐性的依恋可能会相互强化。

男女在性心理发展早期的显著差异会在成年后减弱。也许男女之间最大的差异出现在青少年晚期和成年早期，那时女性不得不整合她们对月经、生育和母亲身份的新的认识，而男性不得不对母亲这一不变的最初爱的客体的强烈矛盾情感达成妥协。当我们审视患者在三四十岁时的爱情关系时，与他们在二十几岁及更早时相比，受虐性病理与普通的生活变迁对关系影响的差异会变得更加明显。

一位内科医生，倾心于自己既美丽和富有创造力，又具有艺术气息的妻子；他鼓励妻子与其他（男性）艺术家建立亲密的关系，同时将自己沉浸在自己的职业生活中，以至于妻子的情感需要在他这里越来越受挫。当妻子为了她的一个艺术家朋友而抛弃他时，医生陷入了严重的抑郁之中，并愿意容忍妻子和其他男人私通。精神分析式探索表明，俄狄浦斯期未解决的与父亲的激烈竞争所导致的内疚感，以及与之相关的以同性恋的方式屈从于父亲的愿望，使医生认同妻子的同时，无意识地将妻子推向其他男人。他极度地理想化无法得到的女性——代表着在他幼年时便去世的母亲——并无意识地重建了与失去的母亲的幻想关系。

将具有以受虐为主并以自恋强化受虐模式的人格的人与具有自恋型人格的人区分开是很重要的，因为后者混乱的爱情生活可能会表现出类似受虐的模式。具有自恋型人格的人倾向于当潜在的伴侣不可得的时候将其理想化，而一旦对方变得可得就贬低对方；他们很难忍受所有爱情关系中都会有的平常的挫折和矛盾情感。具有受虐型人格的人寻找高度理想化的、潜在的不可得的伴侣，但具有发展深入的客体关系的能力，尤其是与令人挫败的、具有施虐倾向的伴侣发展关系时。然而在临床上，复杂的组合使得这种可预测的重要差异很难在最初的病史采集中进行评估（Cooper，1988）。在精神分析治疗的过程中，被控制不住的性滥交困扰的自恋者，可能会因为病态的夸大自体的消解而发展出受虐型爱情关系：受虐性地投身于一段关系可能会被体验为从先前的孤立状态中解脱出来。

到目前为止，我讲了个体的受虐模式。伴侣的无意识共谋能使一段满意的关系变成一场噩梦。最常见的情况是，当伴侣认同他们各自内射的施虐性超我时，通过相互引起内疚的行为，双方对施虐性超我的需求和禁令的相互投射会增强。出于非理性的内疚，一方或双方往往表现出一种习惯性地倾向于去顺从另一方的不可能的要求，然后以潜在的自我伤害的方式反抗这些要求。

一个有点依赖性的丈夫娶了一个有着严重抑郁-受虐型人格和性格

抑郁的女性。妻子很容易觉得自己受到丈夫和其他亲友的轻视；丈夫试图让亲友对妻子尤其体贴来调整他们之间的关系。当其他人认为这位丈夫是个"妻管严"时，他却责怪自己，认为是自己没能力让他那有天赋、敏感的妻子过上更舒适的生活。然而，妻子利用他充满内疚的行为来强化自己的信念，即丈夫对她很不好，她认为自己被判与一个不敏感的男人生活在一起。通过将自己无意识的内疚感投射到丈夫身上，这位妻子暂时摆脱了抑郁。但丈夫接受了她的指控，使她再次确认了自己受伤的感觉，导致她更进一步的抑郁。这位女性再现了俄狄浦斯期对具有施虐倾向的、会引发内疚的母亲的顺从，并且无意识地希望被一位有力量的好父亲拯救；但丈夫安抚的行为强化了她对母亲的顺从。

一个在工作中有着长期自我挫败模式且对权威持偏执态度的男性，认为自己的这些短处源于他娶了一位强大的、有保护欲的妻子；妻子牺牲了自己的事业，把自己奉献给了她非常钦佩的丈夫。在家里，这位男性觉得自己找到了一个避风港，可以远离工作中那些真实和想象的轻视，而妻子想要保护别人和给予别人的需要也得到了满足。然而多年来，妻子总能看到丈夫是如何让他自己陷入困境的；而且，她害怕自己对丈夫在工作中的行为感到恼怒，并为没有达到她完美配偶的理想而感到内疚。于是，她变得越来越关心丈夫，并开始社交退缩。继而，丈夫变得越来越依赖妻子，发现自己越来越觉得世界是不公平的。他开始对自己日益增长的依赖性感到愤恨，但即使对自己也难以表达这种愤恨，因为担心可能会失去唯一的支持。妻子对自己做得仍然不够的内疚，以及丈夫对发泄自己挫败感的恐惧都在逐步升级；妻子开始滥用药物以应对日益加剧的焦虑，这些最终导致他们来接受治疗。

另一种常见的模式表现为所谓的"受虐交易"（masochistic bargains）：个体或一对伴侣无意识地牺牲生活中的一个重要领域，以换取在所有其他领域的成功和满足。与命运玩俄罗斯轮盘赌，让自己陷入一种可能会破坏主要人生预期的潜在威胁境况，是将无意识的受虐需要行动化的另一种形式。

俄罗斯轮盘赌也可以通过无情地攻击心爱之人——激起爱的客体的拒绝，同时希望爱仍然会持续——来进行。一个聪明、勤奋、有创造力、有魅力的女性嫁给了一个具有同样特征的男性。这位男性是个满怀斗志的年轻专业人士，但是与权威相处有问题：他偏好挑战在他看来专横的父亲般的人物，并向强大、能提供保护的女性"寻求庇护"。他有个成功、受人尊敬但缺少情感的父亲，并且无意识里觉得自己竞争不过父亲。这位女性，有个专横、疑病、极度不满的母亲，母亲把丈夫当奴隶看待，并且干涉自己所有已婚子女的生活；这位女性在与自己丈夫的关系里无意识地复制了母亲的这种行为。

她批评丈夫对工作"过度"投入并对她的需要缺乏关注；对此，丈夫以交替的深感歉疚的行为和长期不在家来回应——这复制了他父亲的缺失。这位女性无意识中设法重现了前文描述的父母家里那种紧张、混乱的气氛，而这位男性由于无意识里无法与成功的父亲竞争而感到挫败，只能表现出一种无意识的顺从。治疗性干预刚好是在他们的关系即将破裂之前进行的，这实际上相当于该女性对自己内化的母亲的受虐性顺从，同时也象征性地证实了该男性在俄狄浦斯期的失败。

把受虐选择在意识形态上合理化对维持施受虐关系起了重要作用。与一个具有施虐倾向但"低人一等"的伴侣（如酗酒的配偶或受迫害的少数群体成员）维持关系所获得的道德确认感甚至优越感，或对"为了孩子"执意维持一段不可能关系的合理化，可能会建起防御系统，但这需要与客观上有限的社会或经济环境导致遭受虐待的配偶无法离开一段难以忍受的关系区别开来。

与利用孩子维护严重的受虐关系的持续存在对应的是延迟怀孕直到生理时钟客观上阻止生育，受虐模式可能就是通过围绕这个重要的核心而得到巩固的。一位女性，一直无意识地想办法把推迟结婚和生

139

孩子合理化，直到她 40 多岁；由此，她可能会发展出一种次要的观念系统，以暗示她现在无法拥有孩子的事实可以证明她余生的不快乐是合理的。

建立共同的价值体系可能会巩固伴侣联盟，并确保他们从传统的文化环境中解脱出来；但这套体系也可能会被意识形态系统渗透，使他们关系中发展出的受虐合理化。无论是把女性的任务限定为"孩子、厨房和教堂"的传统观念，还是女性解放的观念，都可以被用来服务于受虐的需要。例如，一个女人可能会拒绝对女性气质的刻板印象，并以此关注自己的身体护理和打扮；或者，她可能会合理化自己对男性的敌意挑衅，而这有着无意识的自我挫败目的。过去曾受过严重迫害的事实，如身体暴力或乱伦，可能在意识层面会让人有种特权感；而在无意识层面，与攻击者认同并将其内化进超我会导致虐待的情景一遍又一遍上演，使被害的过程永远持续下去。

≫ 移情的发展 *140*

在精神分析治疗中，受虐性病理可以通过多种方式表现出来，下面的例子说明了其中常见的移情发展。先是对分析师理想化，同时患者会聚焦外部的、坏的、迫害性的客体，之后是无法离开或对抗这个坏客体。典型的情形是，一个男性可能会和一个被他描述为长期令人挫败的、蔑视他人的、挑衅的、爱出风头的女性交往；对此，尽管对他这种倾向（disposition）的无意识根源进行了明显的分析，但他还是无法离开她。事实上，患者可能最终要么抱怨分析师没有能力帮助他，要么指责分析师试图破坏潜在的良好关系！由此，理想化的分析师就变成了一个迫害性的客体。

对这种移情发展的解释可能使重要的受虐性病理浮出水面，揭示出患者因不能容忍被帮助而需要无意识地将一种潜在的有益的关系转化为一种糟糕的关系，以表达他的无意识内疚，以及受虐的起源——把对假定的坏客体的怨恨置换到好客体上。通常在更深的层面，这种移情会让我们去探索对一个需要的却又令人挫败的旧有好客体的报复性攻击。患者对旧有客体关系的防御所揭示的对攻击者的无意识认同，以及他作为受难者的"道德优越感"所带来的隐性满足，是这种移情发展的其他特征。

在对具有严重的受虐性病理的患者的精神分析治疗中，无意识内疚导致的负性治疗反应很典型。例如有一个患者，当她受到她的自我挫败模式的威胁，而我因为明确关注到她生活中发生的自我破坏过程，从而试图解释说是她自己诱发她去破坏自己的各种机会的时候，她将我体验为是一个挑剔的、不耐烦的和专横的人。当她提到自我挫败行为，而我没有进行解释性干预时，同样还是这个患者，把我体验为是一个温暖的、通情达理的人。最终，我能够澄清和解释她无意识地努力在移情中创造一种情境，在这种情境中，她会告诉我她生活中的可怕处境，我会热情而坚定地倾听，但却没能力帮助她，从而暗中与她自毁的心相勾结；否则我会试图帮助她，到那时，她会立刻把我当作一个正在发起进攻的敌人。在移情中，她无意识地试图把我变成一个满怀忌妒的、具有施虐倾向的母亲般的内射物。

141　　　一些受虐型患者能够唤起分析师强烈的解救幻想，"诱使"分析师试图帮助他们，只是为了证明这种帮助是多么不明智或没用。正如我之前所提到的（第八章），这些引诱企图可能会变得性欲化，并在反移情中表现为带有强烈情欲成分的拯救幻想。

受虐型患者可能会巧妙地拒绝提供有关他们对自己的困境所做贡献的完整信息，以确保他们的受虐倾向可以被行动化。与此同时，分析师要么被置于同情患者的位置，要么一旦试图客观地评估情况便立即会遭到愤怒的指控——因为在患者看来，分析师此时站在了敌对的位置。在这里，很重要的是要解释患者为何会无意识地使分析师处在一种不得不被指责为在挫败患者需要的境地。

一些受虐型患者会坚称他们正在变得更糟，治疗正在毁掉他们，但同时他们又拒绝考虑这个治疗师可能确实不能帮到他们，以及他们应该明智地去寻求会诊或者换个治疗师的可能性。其中一些患者会坚持"要么就是这个治疗师，要么就不做治疗""要么做这个治疗，要么自杀"；这清晰地表明，他们执着于这个被体验为有破坏性的、持久的创伤情境的治疗经历，执着于被投射到治疗师身上的坏的内在客体。在反移情中，分析师可能会感到想要结束对这种患者的治疗；而且极为重要的是，这种反移情愿望会被转化进对患者想要激怒治疗师的移情行为的系统性分析当中。

对于存在有组织的受虐性倒错的患者，早期的任务是分析他们对性受虐中理想化部分的防御。在这里我们常会发现，他们的倒错具有无意识的意义并会反映在移情之中；就此而言，性受虐者和分析师都有着假性理想化（pseudo-idealization）。这种假性理想化在无意识层面反映了用肛欲期的粪便阴茎替代生殖器期的阴茎，在客体关系上从俄狄浦斯世界退行到肛欲世界，以及相应的在移情中的"好似"（as if）品性——反映了沙瑟盖-斯米格尔（Chasseguet-Smirgel, 1984b, 1991）所描述的对俄期冲突的否认。对于这种发展，我们要特别关注联想素材和移情中的"好似"部分——一种在男性中尤其突出的动力。在女性那里，在关于被施虐男性强奸的受虐幻想背后，我们常常会找到一种有着侵略性的、有阴茎的母亲的无意识意象。不足为奇的是，具有受虐型人格结构的女性倾向于被不道德的治疗师引诱发生破坏性的性关系，这使得随后其他治疗师对她们的治疗变得更加困难。具有自恋型人格的女性可能也希望引诱治疗师，以此作为她们战胜他的最终表现。

142

在施受虐情境作为性互动必不可少的方面的背景下，与客观上危险的施虐客体互动而产生的亲近甚至融合感，通常指向严重的前俄期创伤以及对一个必需的但会带来创伤的客体的固着。具有这些动力的患者会发展出强烈的施受虐性的移情，但其中的情欲化（erotization）相对较少；这与移情中有着强烈的情欲化的患者相反，他们的施受虐幻想反映出高阶的俄期原初场景无意识中被再次激活。在性交中幻想的对父母双方的认同，以及对因取得俄狄浦斯式胜利而产生的内疚感的受虐性补偿，可能会凝缩为自己同时具有两种性别的自恋幻想，这样就不需要与任何客体建立可怕的依赖关系——这是自恋型患者中的一种常见动力。

在早前的著作中（Kernberg, 1992），我报告了我对一些具有严重的施受虐性移情的患者进行精神分析治疗的经验，他们在连续数月的时间里几乎不接受任何的解释性努力。这些移情的重要特征是，患者一致指责我对他们做的在他们看来是令人沮丧的、攻击性的、冷漠的或贬低的，而我完全没可能澄清这些说法的荒诞性或夸张性；这是一种严重的移情性退行，会出现在非边缘型或精神病患者身上。在对患者的经历中似乎有理由进行这种指责的每一个事例进行了艰难的探索后，我依然无法"澄清事实"——特别是明显不可能将这些经历追溯到各种先行因素；于是，我决定就我自己在虐待问题上完全不同的意见和患者对质。同时我强调，我的目的不是要说服他们相信我的立场，而是去处理在这些点上我们对现实体验的不一致，把这个作为分析式探索的主题。这种方法让我逐渐找出是什么导致了移情中现实检验的真正缺失——移情中的"精神病性核心"——并追溯这种与现实的不一致的根源。显然，这种方法需要分析师在治疗的关键点上仔细小心地探索自己的反移情倾向。

第十章
自恋

伴侣中的自恋性病理的范围很广。有些伴侣有意识地努力维持一种不切实际的公众形象，让他们的关系看起来像是完全互相满意的。还有些伴侣无意识地共谋了一方对另一方的残忍剥削。精神分析研究显示，众所周知的关于自恋伴侣和受虐伴侣相配的印象并不一定符合他们各自的性格病理。更普遍的是，一个伴侣对他或她自己解离和投射的部分的无意识认同，加上另一个伴侣通过投射性认同相互诱发的互补角色一起，促成了角色的分配，从而可能传达出对每个伴侣的精神病理的错误印象。

例如，一个不体谅他人的丈夫对妻子进行自我中心式的剥削，可能意味着丈夫有严重的自恋性病理，而妻子受到了迫害。然而，对这对夫妻意识层面和无意识层面互动的探索表明，妻子正在无意识地挑衅丈夫，并将自己的施虐性超我投射给丈夫。丈夫与他人之间关系的完整性、深度以及对这些关系的投入均表明，他主要是孩子气，而不是自恋。因此，我们必须处理两个问题：伴侣中一方或双方的自恋性病理和双方人格方面的"互换"——它们会导致病态的伴侣关系，而这种关系与伴侣个体的病理并不一致。

>> 自恋型爱情关系的特征

对自恋型爱情关系的精神分析研究,可以从对一方或双方均患有
144 自恋型人格障碍的伴侣和没有这种迹象的伴侣的比较开始。一个非病
态自恋者,有能力相爱,并在一段时间内维持爱情关系。具有最严重
的自恋性病理的人没有相爱的能力,这确实是病态自恋的诊断特征。
即使是那些能够短暂相爱的自恋者,也与那些具有正常相爱能力的人
有着显著的不同。

当具有自恋型人格的人坠入爱河时,对所爱客体的理想化可能集
中在作为赞赏(admiration)之源的美貌上,或者集中在权力、财富或
名望这些会被赞赏的属性上,并无意识地将其纳为自体的一部分。

在所有爱情关系中,俄狄浦斯期的情感共鸣都会导致自恋者无意
识地尝试一种以攻击性为主导的关系,其程度如同甚至超过以爱为主
导的关系,因为源于过去的深深的挫败感和愤恨感,在幻想中会被从
新客体那里获得的性满足魔法般地克服。俄期竞争、忌妒和不安全感
会由于前俄期攻击性被置换到俄狄浦斯领域而加剧。自恋型患者表现
出对爱的客体的无意识恐惧,这与投射的攻击性有关;他们还明显缺
乏内在自由,因此无法对他人的人格感兴趣。他们的性兴奋被对异性
的无意识嫉羡所支配,被由于曾体验到的对早期满足的挑逗性收敛而
产生的深深的愤恨所支配,被贪心和贪婪所支配,被想要占有那些曾
经拒绝的东西的愿望所支配,以此消除对它的渴望。

对于自恋的伴侣来说,生活是孤立地进行的;依赖对方是可怕的,
因为它代表承认对依赖存在嫉羡和感恩;当需求得不到满足时,依赖
会被自以为是的绝对化要求和挫败感所取代。在亲密的时刻,他们的
怨恨不断累积,并很难消除;这些怨恨更容易通过将彼此不同的体验
分裂开来解决,以关系碎裂为代价来维持和平。在最坏的情况下,会
产生被对方囚禁和迫害的窒息感。为了保护理想化的自身形象,自身

不被承认和无法容忍的部分会被投射到伴侣身上。无意识地挑衅伴侣使其遵从自身投射的部分，与对伴侣的攻击和拒绝并驾齐驱，因此误会得以产生。

对对方令人赞赏的特征的象征性合并可能被用作自恋的满足：一个与著名公众人物结婚的自恋女性，可能会继续沉浸于丈夫的公共声望中。然而私下在家时，除了围绕着嫉羡的无意识冲突外，她可能感觉到极度无聊。由于缺乏共同价值观，她无法开辟新的兴趣领域并以此提供关于世界或其他关系的新看法。在这种关系中，因为对对方缺乏好奇，只有当下的行为会被回应，而不会反映出对对方内在现实的担忧——这是自恋型人格的核心问题，与潜在的同一性弥散以及缺乏与他人深入共情的能力有关——所以了解对方生活的那扇门就会被关上。除了不可避免地激活过去的无意识冲突，以及在伴侣亲密关系中爆发的挫败感和攻击性之外，这种关系中还缺乏满足感的来源，并且充斥着无聊、无法涵容的暴怒、长期的挫败感，以及被关系禁锢的感觉。最显著的是，在性的领域，对对方的无意识嫉羡会将对身体的理想化转化为贬低，促进将性满足转化为得以成功侵入和吸收对方的感觉，由此消除由正常的多形态倒错的性欲激活的原始客体关系的丰富性，并陷入厌倦之中。

自恋者是否只能爱自己，这个问题值得思考。在我看来（Kernberg，1984），问题不在于投注在自体还是客体，或者自体表征还是客体表征。问题在于被投注的自体在类型上的差异：它是否有能力在爱的主导下整合爱与恨，或者它是不是一个病态的夸大自体？正如拉普朗什（Laplanche，1976）在提到弗洛伊德（Freud，1914）关于自恋的文章时所指出的，依赖型和自恋型爱情关系都暗示着一种与客体的关系。而且正如范·德·瓦尔（van der Waals，1965）所观察到的，自恋者并非只爱自己不爱别人，而是他们爱自己和爱别人时一样糟糕。

让我们看看普通的爱情关系中自恋与客体相关方面的相互作用。

换句话说，在稳定的爱情关系中，自我满足、从对方那里得到享受，以及投身于对方这三者之间有什么联系？只要被选的伴侣反映了一个人自己的各种理想化，那么爱上对方和觉得被对方爱，无疑都有种明显的"自恋"品性。人们会有意无意地寻求互补性——从赞赏、满意于对方在他／她自己身上能够享受和容纳自己不能的东西，到通过与伴侣建立一种"双性"联盟以克服自己性别的局限性——甚至有人可能会说，这样的互补性是服务于"自恋"的。同时，鉴于对方同时满足了养育和俄狄浦斯情结的需要，并感恩于所得到的东西，那么这种爱情关系显然是"与客体相关的"。它具有利他的特征，以多种方式将自我中心、自我牺牲、奉献对方和自我满足融合在一起。总之，正常的自恋和客体相关性是相辅相成的。

出于临床考虑，我上述的内容意味着需要分别考虑使伴侣关系得以稳固或冻结的行为模式和伴侣双方每个人的人格结构。一方或双方存在自恋型人格障碍无疑会对他们关系的性质产生影响，有时候，深层的、长期的婚姻冲突的解决就依赖于一方或双方人格结构的改进。然而更常见的情况是，通过精神分析和心理治疗——或分居和离婚——来解决病态互动，将揭示出一方或双方看似是自恋性的病理中有多少源于无意识的、由其他冲突导致的互相剥削和攻击所造成的共谋。

》两个临床案例

第一个案例是关于一个表面上自恋但实际上具有强迫型人格结构的丈夫，和一个具有抑郁-受虐型人格特征的妻子之间微妙而持久的冲突。丈夫似乎冷漠、疏远，不顾妻子的需要，而妻子默默地忍受着丈夫过度的期望。丈夫有一位过度保护的、自恋的母亲，母亲对秩序以及传染病和身体疾病的危险的担忧主宰了他的童年。他的父亲和蔼可亲，但让妻子管理家用。这位丈夫曾深深地被妻子温暖而放松的天性所吸引，并因她稍显无序的处事方式而感觉到有乐趣和放松。而对于妻子而言——她有着一位专横但混乱、马虎的母亲，和一位慈爱但经常缺席的父亲——丈夫对秩序和清洁的在意曾给她留下了深刻的印象。但结婚几年后，丈夫对秩序和清洁的过度需要与妻子的邋遢都在不断增加。妻子严厉地指责丈夫让她负担过重的任务，同时没负起自己的责任；丈夫指责妻子用粗心大意的方式来管家，故意想要激怒他。

冲突逐渐平息，是因为丈夫"放弃了"。事实上，通过让自己撤离和缺席，他无意识地助长了妻子的混乱。他逐渐地将自己的兴趣和财产与妻子的分开，变得孤僻，觉得妻子对自己冷淡、忽视，同时也为自己忽视她而感到内疚。后来，在对他的精神分析治疗过程显示，他对妻子感到愤恨就仿佛妻子是个冷漠的母亲，而他则无意识地认同了自己的父亲——曾将家用的控制权留给了母亲。他由此在这段本可能在很多方面会是非常令人满意的婚姻里限制了自己的权威和满足感。反过来，他的妻子越来越觉得他冷淡、冷漠、自我中心，而她自己则是传统父权制丈夫的受害者。

个体精神分析治疗——加上与另一位治疗师有时限的联合精神分析治疗——对他们婚姻冲突的探索，揭示了他们的无意识共谋。对这种共谋的理解使最初丈夫身上看起来严重的自恋品性，以及妻子身上明显的受虐品性奇异地消失了。

第二个案例集中在对一个有严重自恋性病理的男性的精神分析治疗的进展上，他来找我是因为他无法与一位女性维持一段既能给他带来情感满足又能给他带来性满足的关系。L 先生四十出头，是一位成功的建筑师；他已经先后和三位女性结婚、离婚，回顾过去，他形容这些女性对他专一、迷人，而且很聪明。事实上，他与三人在婚前都有过满意的性关系。一旦结婚，他就对她们完全失去了性兴趣。婚姻关系演变成一种"兄妹情谊"，双方都越来越不满意，最终导致离婚。

L先生不想要孩子；他担心孩子会干扰他的生活方式和自由。

L先生的职业地位和管理技能使他能够将大量时间花在无休止地寻找与女性交往的新体验上。这些体验有两种截然不同的类型：一种是激烈的性体验，但持续时间很短，因为他会很快对那个女性失去兴趣；另一种是柏拉图式的或主要是柏拉图式的，他把那些女性当作知己、顾问或朋友。

在治疗的早期，几个月来最重要的特征是L先生对加深移情关系的强烈防御，这只能逐渐被理解为是在防御对分析师的无意识嫉羡，因为作为一个已婚男性，分析师能够享受一段情感上和性上都令人满意的关系。L先生花了大量的时间在会谈中嘲笑他的那些结婚多年的朋友；在他看来，他们试图让他相信他们的婚姻关系是幸福的，这很荒谬。他得意扬扬地向我讲述了他所有的性业绩，结果却陷入绝望，因为他无法与一个在感情上对他很重要的女性保持性关系。在这种时候，他强烈地想要结束治疗，因为治疗没有帮他克服这个问题。他逐渐能够觉察到，尽管他希望我没有遭受与他同样的问题，但关于我可能拥有良好的婚姻关系的想法让他充满了自卑感和羞辱感。然后，他开始容许自己感受到对我的嫉羡。

逐渐增长的对这种嫉羡的容许，使他在移情中的关系变成了一种类似于他与男性朋友之间的关系，一种坦诚和投入的"仅限男性"的关系；与此相对的是另一种假设，即必须与女性有性行为，并要赶紧逃离，否则她们将变得具有剥削性和控制性。现在，在移情中的同性恋幻想反映出他觉得只有男性才能被信任，带有攻击性和剥削性的女性形象也开始浮现。再后来，一种更新的将他自己和我做比较的倾向构成了这样的幻想——我有孩子，对于我的孩子来说我会是一个能够给予和提供保护的父亲，而他处在从来没有孩子的危险中。

这是他第一次从感情上重温自己过去的一些方面；他还回忆起父母间不断的争吵，他感觉他们总是互相猜疑，而他多次试图进行调解，但都只是徒劳。L 先生的两个姐姐早就放弃了与父母的关系。正是继续关注父母的需要的 L 先生，试图解决他们之间的争端，并使自己卷入涉及所有他们三人的激烈的争吵和指责中。

L 先生传达了这样的印象：他的父母都没有能力或可能甚至没打算对他有兴趣。他最初的态度是虚张声势，藐视那些参与空洞的"心理谈话"的人，现在则转为越来越觉察到自己在童年期和青少年期需要被倾听和尊重时有多么受挫。我们开始能够明显地看到，他曾怀疑我想让他结婚，因为这样我就能证明我作为一名治疗师的优越性；他从不相信治疗的目的是帮他找到他自己的解决方案。

在这一背景下，以下进展出现了：L 先生对一位年轻建筑师越来越感兴趣，虽然她的行为常常成为专业圈子讽刺的话题，但 L 先生却与她建立了一种非常满意的性关系。他形容这位 F 小姐咄咄逼人、喜怒无常，在她的期望和要求上独断专行，并且如此毫不掩饰地操控，以至于他可以放心她没有试图利用和剥削他。在接下来的几个月里，F 小姐对他的行为和 L 先生母亲过去的态度看起来具有惊人的一致性。L 先生坚称他不爱 F 小姐，而且他非常公开地告诉她，除了对他们的性关系感到极度满意外，他对她没有任何感觉。F 小姐似乎能容忍他这冷漠的宣言，这在我心里引起了一个疑问（但在 L 先生心里却没有），那就是她是在受虐还是精于心计。我努力在移情中解释 L 先生如何防御自己对 F 小姐产生类似的担忧，这使他逐渐觉察到他不仅多么享受自己对待 F 小姐时的施虐品性，也享受她对此的容忍。他还认识到，即使她一直试图操纵他，他感觉自己对他们的关系有如此多的掌控感还是让他觉得兴奋。

然后一个新的主题在治疗中出现了：L 先生的幻想——如果他真的想再次结婚，并有自己的孩子，那将是衰老和死亡的开始；只有毫无牵挂的性和不负责任的花花公子式的生活才可以永葆青春。现在，他在会谈中青少年般呈现自己的方式（一种过度幼稚和几乎不恰当的

149

着装和举止风格）成了分析式探索的主题；它的出现是为了避免与成年念头有关的厄运感。正如一系列联系松散的梦境所揭示的那样，幻想逐渐在他脑海中形成——他只能和两种女人生孩子，一种是已经和别人结婚的，一种是和他离婚后只允许他与孩子偶尔接触的。

一方面，是他对咄咄逼人的、令人挫败的、独断专行的、操纵欲强的女性的恐惧，另一方面，他也害怕比他那怕老婆的、疏远的、孤僻的父亲做得好（以及因为无法与我竞争而感到绝望，而我是那个缺席父亲的理想化版本），这两种恐惧凝聚在一起，现在在治疗中弥漫开来。在一次突然的行动化中，L 先生决定和 F 小姐结婚。婚后不久，F小姐怀孕了。虽然和她的关系仍然动荡混乱，但现在，L 先生有生以来第一次完全沉浸在这段关系中，而没有因和其他女性发生性关系而带来的内在压力。他自己对这一发展感到惊讶，并回溯性地觉察到，他的幻想之一是再次参与一段不幸且失败的婚姻，然后他就能把这个摆在我面前，以证实我们的分析工作和我作为俄期父亲的失败。然而，与此同时，他敢于生孩子也有一种竞争性的俄狄浦斯意味，尽管这是在与他父母非常相似的婚姻背景下发生的。

在与妻子的关系中最让人震惊的是，L 先生原本用相当不敬和贬低的方式对待她，现在却变得不可思议地顺从她，尽管他怀疑妻子想和他离婚，以便获得对他部分资产的控制权。L 先生自己也很惊讶，他以前是一个独立、快乐、成功的花花公子，现在竟然被一个他朋友们认为既好斗又不成熟的女人控制着。简言之，L 先生成功地再现了他父亲和母亲之间的关系，并从性滥交转向一种施受虐关系，这种关系可以使性满足和情感投入都继续下去。

在分析性会谈中，L 先生被这种变化吓了一跳，并逐渐觉察到，如果他真的认为妻子爱他，他会愿意相信她，并将自己的生命交予她。俄期内疚感（与一个女性建立起比他父母间更令人满意的关系）和早期对令人挫败和难以获得的母亲的施虐冲动所引发的内疚感的混合现

150

在成为分析中的主题。

简言之，在他对待女性的行为中，他那种施虐性的、全能性的控制已经发生了转变，且这些正在由他的妻子上演，而他则退行到一种孩子气的、噘嘴式的依赖中，以取代他那自恋性的孤僻。妻子在婚前表现出的专横行为现在大大增加了，这是由他的挑衅行为，以及他在妻子身上投射性地认同母亲的方式无意识地煽动的。工作进入更深层的移情性退行，这时他将我视为一个强大的、有威胁性的、具有施虐倾向的俄期父亲；在他不再害怕像个成年人那样坚持自己的情况下，这最终让他克服了对妻子的受虐性顺从。最终，他能够使他们的关系正常化，他们互动中的施受虐模式也减弱了：他现在可以在稳定的婚姻关系中兼顾性和温柔的感觉。

》自恋性病理的动力

最常见的是，具有自恋型人格的人扮演了他或她病态的夸大自体，并把自体中被贬低的部分投射到伴侣身上，而伴侣无尽的赞赏也确证了那个夸大自体。较少见的是，具有自恋型人格的人将病态的夸大自体投射到伴侣身上，并再现这种夸大自体和它的投影之间的关系。在这些情况下，伴侣只不过是自体各方面之间关系的载体。其中典型的情况是，被理想化的伴侣与理想客体的"附件"或附属物被再现或幻想成了一对，或者它们形成一种无意识的"反射"，其中每个伴侣都复制了对方。他们还可以互相补充，共同重建一个幻想的、已经失去的夸大的理想单元。

在回顾这些防御行为背后的基本动力时，在无意识冲突中最重要的是前俄期嫉羡，即指向特定形式的所需客体的暴怒和怨恨，这个客体被体验为是令人挫败的和珍藏密敛的。因此，想要的东西也变成了痛苦的来源。在对这种痛苦的反应中会发展出一种有意识或无意识的

151

愿望，即想要去摧毁、破坏、强行占有那些拒绝给予的，特别是那些最让人赞赏和渴望的东西。具有自恋型人格的人的悲剧在于，他们愤怒地占有和贪婪地索取那些被拒绝和嫉羡的东西并不会带来满足感，因为对所需要的那些东西的无意识怨恨破坏了原本可以得到的；他们最终总是感到空虚和挫败。

出于同样的原因，对方给予的好也是嫉羡的来源，因此他们不可能依赖所爱客体，而是必须否认这种依赖；具有自恋型人格的人需要被赞赏而不是被爱。对方的赞赏维持并巩固了病态的夸大自体的自尊和自我理想化。他人的赞赏代替了虚弱、扭曲的超我，尤其是自我理想正常的保护和自尊调节功能。

自恋者需要被赞赏，并且会无意识地从他人那里获取赞赏，以作为对嫉羡的报复性防御；由于将同样的需要投射到伴侣身上，所以他们害怕伴侣会剥削和"掠夺"他们所拥有的东西。因此，他们不能容忍伴侣对他们的依赖。他们会将人际关系正常的互利互惠体验为剥削和侵入。由于那些围绕着无意识嫉羡的冲突，他们无法为从对方那里所得到的而心怀感恩，因为对方慷慨给予的能力可能正是他们所嫉羡的。由于缺乏感恩能力，他们也很难用爱去回应爱。

在严重的情况下，对他人的贬低会遭受一种退行性的"肛欲化"（analization; Chasseguet-Smirgel, 1984b, 1989），即一种无意识的愿望，象征性地将所有的爱和价值转化为排泄物，这可能会导致无意识地否认性别和代际差异（所有的差异都被否认和贬低），以避免对另一性别和与自己不同代的人的嫉羡。对俄期夫妇的无意识嫉羡可能是对婚姻伴侣的嫉羡的基础；这种想要毁灭一对伴侣的需要更多地源于对俄期夫妇的原始攻击性，而不是俄期内疚感。对父母夫妻间良好关系的无意识憎恨和嫉羡会转化为对个体自己作为丈夫或妻子的功能进行破坏的愿望，这是自恋性病理最显著的特征之一。

这些无意识的冲突通常可以追溯到母婴关系的早期病理。由冷漠

152

且拒绝的母亲或拒绝且过度刺激的母亲、严重且长期的早期忽视，以及自恋的母亲无视婴儿的情感需要和内在生活而导致的剥削所造成、触发或加强的口欲期攻击性，及其因与父亲的冲突而再次受到的强化——或父亲无法起到补偿作用——都可能导致对母亲强烈的嫉羡和憎恨；这最终影响与父母双方的无意识关系，并造成对俄期夫妇的爱情关系的病态的强烈嫉羡。

对于男性来说，与母亲的早期关系不断影响着他们一生与女性的关系，对女性的病态憎恨和嫉羡可能会成为一种强大的无意识力量，加剧他们的俄期冲突。由于早期口欲上的挫败感转化为了一种（投射性的）性攻击，他们可能会将母亲体验为在性方面挑逗人的和珍藏密敛的。这种具有挑逗性的母亲形象反过来加强了性兴奋里攻击性的成分，并促进了情欲性兴奋和柔情之间的解离。这些男性会将对一个女性的性欲体验为母亲早期挑逗的复制品，因此他们会无意识地憎恨那个勾起他欲望的女性。仇恨可能会破坏性兴奋的能力，并导致性抑制。在不太严重的情况下，对女性性吸引力进行防御性的理想化会导致对性刺激、兴奋感和满足感的强烈追求，随之而来的则是无意识地破坏性体验、贬低那个理想化的女性，然后感到厌倦。对女性强烈的和防御性的理想化，以及迅速地将她们贬低为只是性客体，可能会导致性滥交。

性的病理的广泛性就源于这些动力。一些自恋的男性表现出严重的性抑制，害怕被女性拒绝和嘲笑，这与他们将对自己的无意识的憎恨投射到女性身上有关。这种对女性的恐惧也可能导致对女性生殖器的强烈反感——汇聚了前俄期嫉羡和俄期阉割。或者，可能会发生极端的分裂：一些女性被理想化，对她们的所有性方面的感觉都被否认，而其他女性则被视为纯粹的生殖器客体，与她们在一起可以实现性自由和享受，但代价是损失柔情或理想化的浪漫。这导致了对性亲密行为适得其反的贬低，并将不断地寻找新的性伴侣。

一些自恋的男性也许能够和他们所依赖的女性保持柔情关系，只要他们一直无意识地贬低她们作为性伴侣的价值。令人震惊的是，一些存在严重抑制的自恋男性，他们惧怕女性，可能以阳痿来作为对这种恐惧的直接表达；而在治疗过程中缓和了对女性的这种恐惧后，他们则会变得性滥交。他们的行为既表现出对爱情关系的寻求，也表现出需要从中分裂出对女性的无意识攻击。相反，那些从青少年早期就性滥交的自恋男性经常表现出性生活的逐渐衰退，因为在短暂的迷恋中对女性的防御性的理想化一再地破灭。他们新的性接触显得越来越重复以前的那些；防御性理想化的逐渐丧失和性体验中累积的失望可能导致他们性生活的继发性衰退以及阳痿，这使他们只有到了四五十岁才来接受治疗。

无论男女，具有自恋型人格的人常常存在自己同时是两种性别的无意识幻想，从而否认对另一种性别的嫉羡（Rosenfeld, 1964, 1971, 1975; Grunberger, 1971）。这种幻想促使他们通过各种途径寻找性伴侣。一些男性自恋型患者会寻找那些无意识中代表着自己镜像的女性——结成"异性孪生关系"——从而以拥有另一性别的生殖器和相应的心理暗示的方式无意识地让自己完整，而不必接受有另一个与自己不同的、自主的人的现实。然而，在某些情况下，对另一性别的生殖器的无意识嫉羡非常强烈，以至于被嫉羡的性征会被贬低，从而导致无性的孪生关系。这可能是破坏性的，因为它带有严重的性抑制特点。

有时，无意识地想要同时获得两种性别的特征的愿望会导致患者在与男性或女性的关系中，除了他或她与患者在性方面的互补性以外，这个人其他的部分会被无意识地贬低。无论男女，一些身体上有魅力且非常依赖于他人赞赏的自恋型患者，可能都会选择一个丑陋的伴侣来突出自己的魅力。另一些则选择一个"孪生者"，这样这对漂亮伴侣的公开露面就会成为满足自恋需要的相对可靠的来源。选择一个其他男人会嫉羡的女人可能同时满足了自恋和同性恋方面的追求。

对女性的无意识憎恨（以及由于这种憎恨的投射而对她们产生的

恐惧）是男性中由自恋导致的同性恋的一个重要来源。选择另一个男性作为一个同性孪生者，将另一个男性的阴茎防御性地理想化为患者自己阴茎的复制品，并无意识地确信他／他们不再依赖女性的生殖力，可以有效地防止对另一种性别的嫉羡，甚至也允许理想化——如果可以去性化的话——与女性的关系。

在异性恋或同性恋关系中，自恋型患者的冲突的一个主要来源是对孪生关系幻想的保护，这种冲突可能只是逐渐出现，随后主导了互动，并最终破坏了关系。伴侣必须达到患者的理想化水平，但又不能比患者更好，因为这会引发嫉羡；伴侣也不能不如患者，因为这会引发贬低并破坏关系。因此，通过全能控制的防御机制，伴侣"被迫"变得完全成为患者需要他或她成为的样子，从而限制了另一方的自由和自主权，此外还意味着患者无法欣赏伴侣的独特之处或不同之处。毫不奇怪，那些限制伴侣自由的患者最害怕被对方约束或囚禁——这显然是投射性认同起作用的结果。

在具有相对较轻的自恋性病理的男性患者的爱情关系中，从青少年期起典型的"圣母-妓女"二分法会被作为一种终生模式而维持下去。由于这种模式符合父权社会中文化上容许和助长的双重道德，男性的自恋性病理在文化上得到了强化——就像女性在爱情关系中的受虐性病理那样。

尽管多年来，性厌倦在具有自恋型人格的男性中变得更常见，但一些人继续用性接触来发泄对女性强烈的矛盾情感，同时寻求性的满足、施虐性的报复，甚至强迫性地受虐式重复由母亲引发的挫败感：自恋性和受虐性病理汇集在一起。

唐璜综合征反映了男性的自恋性病理的广泛谱系。在一端，唐璜可能是一个极度需要引诱女性并促使其与之发生性关系的男性，而这会令他一时选择的女性感到受挫或羞辱；这种引诱几乎是有意识的、操纵性的攻击，而后来抛弃那个女性又会带来一种愉悦的解脱感。也 *155*

许，唐璜对新冒险强烈的强迫性的追求源于对女性的理想化，以及希望能找到一个不会让他失望的人。

在这个谱系更健康的一端，唐璜兼具自恋和幼稚的品性，是一个具有女子气的男人-男孩（man-child），他引诱女性正是基于他缺乏具有威胁性的男性气质。通过声称他的"小阴茎"让母亲完全满意（Chasseguet-Smirgel, 1984b），他无意识地否认了对强大的父亲的嫉羡、恐惧以及与他的竞争；他与女性的性冒险则满足了这样的幻想——他，作为小男孩，是母亲的最爱，也是母亲需要的所有。布伦瑞克和费恩（Braunschweig & Fain, 1971）曾描述了这样的唐璜如何总能成功地找到互补的女性，这个女性对强大的父亲的无意识憎恨会使她将这个缺乏威胁性的、孩子气的男人理想化。

男性自恋型人格中对女性的防御性的理想化，表现为强烈而短暂的痴迷；这往往会对女性，特别是那些具有巨大的受虐潜力或对自己作为女性的吸引力缺乏信心的女性产生强大的吸引力。自恋的女性也可能会被那些其优越感和浮夸感能完全满足他们自己的自恋需要的男性——我们可称之为异性孪生者——所吸引。自恋男性提供的不带父性的生殖力——他们无意识中无法认同父亲同一性中保护性的、担忧的和有生育力的部分——可能会让自恋的女性放心，因为对于她们来说，父母功能可能也代表着一种重要的无意识威胁。

对男性短暂的理想化和迅速贬低可能引发自恋女性的性滥交。传统的父权社会强化了男性的性滥交，但在女性中绝不被允许。父系习俗可能会将自恋女性对男性的憎恨转移到婚姻和对子女的剥削关系中。矛盾的是，女权运动可能会助长具有自恋性病理的女性的性滥交，因为她们认同有攻击性的、被视为男性性征的部分。

如果由于攻击性太强烈，将攻击性从母亲置换到父亲身上并不能解决小女孩对母亲的矛盾情感，那么对母亲的恐惧和憎恨可能会使她寻找理想化的替代母亲，这通常意味着失望和愤恨。同样，寻求更加满意的与男性的关系可能会变成对男性的无意识认同——意味着对这种具有威胁性的依赖的继发性否认——并演变成自恋女性对男性的同性恋式的认同：通过寻求与女性的同性恋关系，患者可以把自己的依赖需要投射到那个女性身上。有时，女性中出于自恋动机的同性恋可能满足了同时是两种性别的无意识幻想，否认了对被憎恨、被嫉羡的父亲的依赖，并反转了对母亲的危险的依赖。

无意识地认同一个自恋、冷漠和拒绝的母亲，可能表现为控制性地向男性暴露和引诱男性，努力去支配和剥削男性，这满足了女性的性需要，并使她免于嫉羡。

自恋的女性有时会接受和一个她们认为"极好"（the very best）的男性保持稳定的关系，以寻求一种无意识的异性孪生关系来作为对男性的无意识嫉羡的折中解决方案。这可能导致一种看似受虐的关系，从这个意义上来说，这些女性倾向于一旦得到男性的回应就贬低他们；她们仍然专注于那些无法获得的男人，因为他们的不可获得使得他们的理想化得以保持，并保护他们不被贬低。一些严重自恋的女性可能会对极度自恋的男性保持长期的自我毁灭性的忠诚，这些男性的权力、名望或不同寻常的才能使他们看起来像是理想的男性形象。另一些在社会上更成功的自恋女性，可能实际上完全认同这种理想化的男性，无意识地将自己体验为这些男性真正的灵感来源，并可能最终掌管他们的生活。

一些自恋的女性把寻找理想男性和对伴侣同样强烈的贬低结合在一起，导致她们被一个又一个出名的男性所吸引；然而另一些人发现，登上王位背后的力量满足了自恋的需要，并弥补了对男性的无意识嫉羡。男性的性滥交大多出于自恋，而女性的性滥交可能源于自恋，也可能源于受虐。

自恋的女性可能会在与她们孩子的关系中表达自己的病理性。有些人不愿意生孩子，因为她们害怕孩子的依赖性，这会被她们无意识中体验为贪婪的剥削和限制。还有些人爱孩子，仅仅是因为孩子们完全依赖她们，也就是说孩子们构成了母亲的自恋在身体或人格上的延伸。或者，母亲关注孩子与众不同的魅力，因为这会带来第三方的赞赏，但她对孩子的内在生活几乎没有兴趣。这样的母亲促进了自恋性病理从一代传向下一代。男性也可能同样不愿意要孩子——他们没有能力投注于孩子，他们表现出深深的冷漠（除非孩子满足他们自己的需要）：传统的父权社会，由于对父亲和母亲角色有着明显的区分，于是掩盖了自恋男性与他们孩子关系中的病理性。男人们把照顾孩子的责任丢给妻子，于是他们自己对孩子缺乏投注就被掩饰了。

自恋的另一个重要症状是缺乏忌妒（jealousy）的能力，这往往意味着无法充分地承诺于他人，导致不忠变得无关紧要。没有忌妒也可能意味着一种无意识幻想，认为自己比所有竞争对手都更胜一筹，以至于配偶的不忠是无法想象的。

然而矛盾的是，忌妒可能会在事后出现：当伴侣为了其他人抛弃自恋型患者时，强烈的忌妒可能反映了患者因自恋而体验到的损害。当伴侣之前被忽视或被轻视地对待过时，自恋性的忌妒尤其显著。自恋性的忌妒可能会触发攻击性，从而使这种濒危的关系变得更坏。然而，它们也反映了投注于他人和进入俄狄浦斯世界的能力。正如克莱因（Klein, 1957）所指出的，嫉羡（envy）是前俄狄浦斯期，特别是口欲期攻击性的典型表现，但主导俄狄浦斯期的攻击性的是忌妒。由于真实或幻想的背叛而产生的忌妒会引发复仇的愿望，并经常以反三角关系的形式出现：无意识或有意识地希望自己成为另一性别的两人之间竞争的客体。

自恋的个体会因为不具有深入评估他人的能力，而在选择伴侣的过程中受损。这种缺陷可能会产生一种危险的组合：伴侣的"理想"品质可能会因为无意识的嫉羡而贬值，而伴侣人格的实际情况可能会被体验为一种侵入、一种约束或一种强加——患者会将其解释为剥削，并会因此再次产生嫉羡。那些由于赞赏自恋者的品质而被选中的伴侣可能很快就会被贬低，因为这种赞赏被视作是理所当然的。相比之下，自恋者遇到一个有能力建立爱情关系的伴侣时，可能会因为他或她的这种能力——自恋者知道自己缺乏这种能力——而唤起强烈的无意识嫉羡。

如果自恋者的超我确实发展到一定程度，并且他或她会因为无法回报所接受的爱而感到内疚，那么他或她可能会有更多的自卑感；这种自卑感继而又会引发努力，通过寻找伴侣的缺点来抵御内疚感，因为这些缺点可以证明自己没有回报是合理的。因此，存在两种可能性：超我发展不足导致冷漠、缺乏关爱能力和麻木无情，从而疏远伴侣；或者某些超我功能的存在可能导致将内疚感投射到伴侣身上，从而在关系中引入偏执的品质。

》自恋伴侣的持久关系

通常，双方都有自恋型人格的伴侣，他们可能会找到一种能够生活在一起的安排，以满足彼此的依赖需要，并将之规定为满足社会和经济生存需要的框架。这种关系在情感上可能是空虚的，但不同程度的相互支持、相互利用和／或便利性（convenience）可能会使它稳定下来。分享他们各自对社会角色、财务状况、对文化环境的适应以及对孩子的兴趣爱好的期望，可能会巩固这种关系。然而，来自过去的无意识客体关系经常被激活。在重演令人挫败、冷漠、拒绝的母亲和感到愤恨、满怀嫉羡、报复的孩子之间的关系时，相互的投射性认同可能会破坏性生活，导致三角关系再现，并威胁到与周围社会的关系。当一方或另一方遇到非同寻常的成功或失败时，伴侣之间的无意识竞争可能会破坏关系。

正如我之前所说，强烈的、压倒一切的前俄期嫉羡会影响个体进入俄期情境。对母亲的无意识嫉羡会变成对俄期夫妇的无意识嫉羡。自恋者自己的婚姻无意识中变成了必须被摧毁的俄期夫妇的复制品。对取代俄期情境中的父母的无意识嫉羡和内疚汇聚在了一起。对俄期关系的"肛欲化"——退行性地糟蹋它，以及通过无意识地、象征性地将它淹没在排泄物中来毁坏它——可以通过不懈的努力摧毁一切在他人、自己和在关系中好的和有价值的东西来表达（Chasseguet-Smirgel, 1984b）。

活跃的、会破坏关系的自恋力量和伴侣双方对回到彼此身边之路的绝望寻求之间的冲突通常会在他们的性关系中表现出来。自恋性的贬低可能使其没有办法找到情欲上感到兴奋的伴侣。即使性关系仍然存在，能够产生短暂的兴奋和有可能发生性行为或许也并不能阻止双方觉察到他们之间的距离。事实上，在这种情况下，反复的性接触可能会造成创伤并发症，并导致关系恶化。

但是，如果作为正常性关系一部分的理想化仍然充分可用，那么彼此体验到的性兴奋和高潮也会作为寻求融合、原谅和依赖，表达感恩和爱，以及寻求快乐的方式被感受和交流；然后，围绕着这样的互动，一些希望会逐渐成形。作为爱情关系的一部分，理想化的幸存可能首先表现为对对方身体外表的理想化。实际上，容纳矛盾情感的早期结果之一——承认自己对另一半的攻击性，并开始体验到内疚且为此担忧——可能是恢复对他人身体持久的欣赏和敏感性。

最困难的自恋型客体关系之一表现为具有以下症状的患者相互吸引：恶性自恋（Kernberg, 1989b）、严重的破坏性和自毁性努力，以及偏执和／或反社会行为的倾向。就严重的、弥散的指向自身的攻击性和自恋的、原始的受虐性病理可能相结合而言，在这个过程中每一方都可能在不同程度上剥削或虐待对方，并忽视和虐待自己。

例如，一个有着慢性自杀倾向，且没有能力相爱或体验对另一个人的深入承诺的女性，被一个对她感兴趣的男性所吸引。这位男性对她的兴趣使她能够抵御可怕的孤独感；同时，这位男性并没有什么要求，并且愿意满足她的要求，使得这段关系对她来说很舒服。然而，与此同时，这位男性严重忽视了自己的身体健康，尽管他患有一种可能危及生命的疾病，需要持续的医疗护理。他们关系运转中自毁的模式，以及他们对工作表现不佳的长期后果的共同漠视，使他们进一步团结在一起——以一种精神分析式探索曾指出的，无意识地迷恋他们自己的夸大自体和自毁自体（self-destructive self）的异性恋复制品的方式。只有对这名女性进行精神分析治疗，才最终改变了这种具有相互破坏性的联盟。

在确定一段自恋型爱情关系的过程中，凝缩了俄期和前俄期冲突的最引人注目的例证也许是反三角关系的发展。典型情况是，一个在特定的社会、文化或职业背景中可以算是成功的男性，娶了一位被公认是模范的女性，并且丈夫也这样认可她。他们可能有孩子，父母双方对孩子都有关心、负责的态度。这位男性还有情妇，她通常与妻子有着不同的社会、文化或职业背景。两位女性相互知道对方，并似乎都为此痛苦，而且有各种各样当众出糗的机会；该男性与两个女人的关系影响到了他的商业、职业、社会或政治生活。这个男人自己似乎不快乐，心烦意乱，对究竟要专情于哪个女人摇摆不定。

朋友、熟人、商业伙伴和心理健康专家建议他做治疗，而我们的这名男性通常会接受治疗，以表明他有良好的愿望和意向去处理显然超出他控制范围的情况。在精神分析过程中，通常会发现在该男性与女性的关系中有着完全分裂的、严重的自恋性病理。在与其中一位或同时与这两位女性的具体互动中，爱通常占主导地位；但攻击性却微妙地在他同时抛弃两名女性这一举动的施虐元素中得以表达，而这通常被强烈地体验到的或伪称的内疚感所掩盖。

儿子和父亲之间争夺母亲这一原始的俄期竞争在这里被逆转了；现在，这个男人成了两个女人竞争的客体，成了一个充满诱惑性的孩子般的儿子。把母亲的形象分裂成一个母性的、去性化的妻子和一个可引发性兴奋，但情感上被贬低的情妇，这不同于更纯粹的、由俄狄浦斯情结决定的分裂。前俄期决定因素出现在这个自恋男性与两个女性间那种孩子气的、依赖的、微妙的剥削关系中，当她们的需要与他的需要不完全一致时，他会觉得自己有权得到那些并感到愤慨；而且在没有与其他女性建立补偿关系的情况下，他无法长期维持这两种关系中的任何一种。同样的模式也可以在需要不断地同时被两个或两个以上男性追求的女性身上观察到。

有时，这些情况会引发一种真正的绝望感；而想要解决这种情况，一个人必须抓住另一性别的两个人。然而更常见的情况是，外部社会压力可能会将这些患者带入治疗；根据我的经验，预后在很大程度上取决于治疗是被用来作为维持关系的无意识借口，还是代表着想要逃离束缚的努力。在最理想的情况下，由于因挫败和暗中攻击两个爱他的女性而感觉到焦虑和内疚，自恋型患者会真正地对获得治疗产生兴趣。

161 伴侣一方或双方严重的自恋性病理通常需要精神分析治疗；与此相反的另一种情况是，伴侣间的冲突本身超过或遮盖了一方或双方的自恋问题。治疗动机是至关重要的因素，因为这些患者需要困难且漫长的分析；根据我的经验，伴侣的病理性能够在多大程度上完全再现并在移情中被修通，是最重要的预后特征。许多自恋型患者需要经历反复理想化和爱情关系的失败，然后才会充分地关心自己，进而有动机接受精神分析治疗。因此，对四五十岁的患者进行治疗比对年轻人进行治疗的预后更好。然而，具有严重的自恋性病理的患者需要在早期接受治疗，以防止他们的工作生活和爱情关系遭到破坏。

我一直在对比在一方或双方的自恋性病理影响下的伴侣关系和受自恋性病理影响最小的伴侣关系。强调自恋性病理的影响会带来过度强调其破坏性影响的风险，正如强调非病理可能会夸大爱情关系的完美或理想化的方面一样。让我通过指出病理和非病理混合的多种方式来完善我的描述。反复遭遇自恋性病理带来的消极后果可能会产生积极的影响，伴侣之间违背无意识期望和重复过去冲突的互动也可能能够疗愈和中和那些由投射性认同、全能控制以及重复性自我挫败行为带来的影响。

一般来说，承认矛盾情感是患者越来越觉察到自己对冲突和挫败所做贡献的最常见标志。改善的特点是深切的哀悼，在此期间，患者能够承认并修通攻击性，并希望消除其影响和修复其在现实或幻想中所造成的损害。

这种疗愈的过程也可能发生在治疗之外的日常生活中。一位与强势的男性有着长期剥削关系的自恋女性，有着以自我为中心的、喜欢自夸的生活方式，经过多年未成功的怀孕努力，终于有了孩子。当她发现自己的儿子患了一种疾病，会使他在幼年死亡时，她对残酷和不公命运的暴怒转变为对那个孩子的全心奉献。对儿子的关心被置于她的社会、职业和个人生活之上，这是她有生以来第一次发现自己能够与自己和世界和平相处。她的全心投入既反映了对孩子的自恋性投注，也反映了可能被称为带有受虐意味的利他性的屈从。自我牺牲中自恋和受虐特征的结合也影响了她与生活中其他重要人物的关系，并使她彻底改变了对男性的态度。这也使她不再需要保持对自己的理想化视角并以之作为自尊的基础。孩子去世后，她第一次能够与一位男性投入一段具有互动性和忠诚承诺的关系。

有时，对伴侣的选择包含着患者想要疗愈自己病理的努力。一个自恋自大、愤世嫉俗地贬低伦理价值观，并坚信世界充满享乐主义、以自我为中心的男性，可能会无意识地选择一个对坚定忠诚于伦理价值观并对他人的这种价值观有着深切欣赏的女性。当他被这样一个女性所吸引，并想要去践踏她的价值观以作为他自恋冲突中强迫性重复的一部分时，他也可能在重现无意识的愿望，希望她能够在道德上战胜他的玩世不恭。因此，疗愈性的努力可能会在伴侣各自的自我理想系统和无意识的过去冲突中取得进展。

162

第十一章
潜伏期、群体动力和社会传统

在检视了当个体成为性伴侣中的一方时，个体对性兴奋和情欲的倾向是如何逐渐转化为成熟的爱的能力之后，现在让我们来探讨伴侣与其周围的社交网络之间的关系。我特别关注的是小群体和大群体，在这些群体中，伴侣们找到了彼此，以复杂的方式互动，同时这些群体对伴侣的爱情生活的变化起伏产生了重要影响。

我指的不仅是实际的群体，也包括个体和伴侣对这些群体产生的幻想，尤其当他们作为一对伴侣与这些群体互动时，他们所预期的需求、威胁和满足感。我相信群体的和伴侣的价值判断（无论是真实的还是幻想的）、道德期望，以及对爱情关系的看法在这里起着重要的作用。同时，伴侣与周围的一个或多个群体之间建立了一种微妙的平衡，这反过来又会影响伴侣的心理动力。我对这些关系，尤其是这种群体过程与个体对性的态度和伴侣的性生活的关系的理解是基于与群体过程的心理动力有关的精神分析构想。

≫ 伴侣和群体

我早前（Kernberg, 1980b）写过关于个体、伴侣和群体之间关系的精神分析文章。弗洛伊德（Freud, 1921）描述了发生在群体中的退行和对领导者的理想化，其根源在于俄期情境。比昂（Bion, 1961）提出，小群体的成员会依据战斗-逃跑假设、依赖假设（源自前俄狄浦斯期）和配对假设（源自俄狄浦斯期）来行动。赖斯（Rice, 1965）和蒂尔凯（Turquet, 1975）研究了更大的群体，发现其成员的特征是缺乏同一性，以及害怕攻击和失控。

一般来说，所有非结构化的群体（即那些不是围绕某项任务而组织形成的群体）都会培养出一种限制性的、退行性的道德感。这种类型的道德是社交网络——小的社会群体和社群——所特有的，其中个体互相交流但并不亲密，也不一定彼此有私人关系。在这种情况下建立的基本的共同价值观，以及在非结构化的小群体和大群体中演变的过渡期的意识形态，与大众心理的特征（个体在觉得自己暂时属于一个大群体或是客观上的人群时的反应）极为相似。

我在早前的文章（Kernberg, 1980b）中提出，在这种情况下，成员倾向于将婴儿期超我的组成部分投射到群体中。他们试图在一些基本价值观上建立一种无意识的共识——一种与每个成员作为个体所遵从的道德观非常不同的道德观。我认为，这种道德观（我称之为传统道德观）——由于那些将在本章提到的原因——与潜伏期（俄狄浦斯情结高峰后，大约从4岁到6岁，一直延伸到青春期和青少年期）儿童的道德观惊人地相似。作为超我发展的一部分，潜伏期见证了道德体系的建立；这种道德体系高度依赖于适应学校和成人世界的社会体系的需要，以及保护与父母的亲密关系不受俄狄浦斯期的性冲突和攻击性冲突影响的需要。潜伏期的心理特点是巩固与父母双方的积极关系，压抑对俄期客体的性渴望的直接表达，以及压抑对俄期竞争对手的攻击性竞争力。这些抗争的衍生物被重新定向到具有潜伏期特征的群体构成上，并且作为整体的一部分融入群体；潜伏期儿童通过投射新建立的后俄期超我，使自己认同其他所有群体成员。同时，从俄期抗争中衍生出的对排他性的爱情关系的秘密渴望，标志着个体的欲望与对假定的群体理想的遵从之间开始对立。

165　　潜伏期群体道德观的特征包括：既对性有所了解，又很"纯真"，觉得性行为是种被禁止的事，并且与"他人"的秘密行为有关。还有对生殖器性欲的贬损——这被认为是与其肛欲期的前身凝缩在一起的——其表现包括称性器官和性活动为肮脏的，讲"下流"的笑话，对性行为感到羞耻和厌恶，以及对性行为私下里产生兴奋和好奇，等等。潜伏期年龄段简单的道德观将个体和原因分为好与坏，将生殖器性行为与柔情解离，将生殖器性行为与多形态倒错的婴儿期性成分解离，并鼓励天真烂漫、有着积极意义的单纯。这一年龄段的道德观无法容忍成熟的情感关系所具有的模棱两可和矛盾性；它倾向于从"合法的关系"中——基本上，指"官方"的父母关系——消除情欲的元素。有趣的是，潜伏期儿童在他们私下秘密的感觉和幻想中，表现出非凡的坠入爱河的能力，它有着传统上认为只有青少年和成年人才会有的浪漫爱情的特征——除了生儿育女这一主题（Paulina Kernberg & Arlene Kramer Richards, 1994）。

　　潜伏期价值观倾向于构建形式大于内容的表达：在行事时，偏好装腔作势或戏剧性的夸张；偏好多情胜过深情；而且在思考时，偏好简单和琐碎，而非深刻。潜伏期道德观所特有的对矛盾情感的不容忍，也许最显著地表现在通过把"坏敌人"和"好朋友"划分开来解决冲突上。实际上，潜伏期道德观与媚俗文化——一种没有审美价值，但具有巨大的大众吸引力的艺术形式——非常相似。媚俗文化的特点通常是多情，显而易见，自命不凡，浮夸，简化传统上占主导地位的表现风格，智识肤浅，追求孩子气的理想：对那些小的、舒适的、好玩的东西的理想化；小丑们的形象，与寒冬景象相映衬的壁炉里的火，温暖的、受保护的、安全的、简单的、快乐的（幻想中的）童年环境。

正是这种潜伏期的道德观，被大量投射到群体中，并持续存在于整个青少年期，甚至到成年期成为非结构化群体和当群体退行时的共同价值体系。虽然潜伏期超我很容易被非结构化群体的成员投射出来，但后期高度个人化、成熟的超我"依然存在"。这种成熟的超我将允许性与柔情相融合，以便在成年期有能力维持激情之爱。

潜伏期道德观与媚俗文化的相似性说明，退行性的群体过程与大众文化的创作之间存在着密切的联系，即，设计这些作品的目的是呼吁个体在大众心理影响下运转。

》大众心理和大众文化

塞尔日·莫斯科维奇（Serge Moscovici, 1981）提到，将弗洛伊德的大众心理学理论（Freud, 1921）应用于自己独自一人或在小群体中与大家一起读报纸、看电视或听广播的个体是有道理的，因为知道自己看到或听到的东西也被广大受众看到或听到，会让人感觉自己是人群的一部分。简言之，大众媒体可以实现交流的同时性，这种同时性能够让一个人立即觉得自己属于一个群体。由于广播比报纸提供了更大的交流同时性，电视加强了被观看者和观看者之间联系的直接性，所以广播和电视尤其有利于将个体受众转换为群体成员的状态。大众媒体传播的传统性（conventionality），反映了刚刚描述的潜伏期超我的需求。

通过大众媒体传播的大众文化的特点是简单，且明显不太需要消费者动脑子。电视的表达方式和权威性是相对于潜在意义上被动的、平等化的、"无知的"大众群体而言的。情景喜剧故事简单易懂，观众

166

的反应是可以预知的。观众可以感觉到一种被逗笑的优越感，这种优越感能够促进他的自恋性满足。有明确解决方案的戏剧性情境保持了被惩罚的罪犯、忏悔的罪人（坏的）与守护正义和纯洁并最终获胜的人（好的）之间的分离。多愁善感这种童年期的价值观，惊悚片和冒险故事对轻微的偏执和自恋幻想的激活，这些都满足了这个庞大的非结构化群体的退行愿望。

大众文化提供了规范、稳定、严格且僵化的传统道德观；有终极（父母式的）权威来决定什么是好的、什么是坏的，攻击性仅被容忍为正当的愤慨或对罪犯的惩罚，传统的群体道德观被视为理所当然，多愁善感可以防范从童年期道德观角度来看淹没式的有深度的情感。即使在攻击性看起来是主题的情况下，英雄打败极富攻击性的怪兽的行为也混合着对施虐的容许以及潜伏期超我的胜利。

167　　在性的主题上，同样的潜伏期特征占主导地位：柔情之爱与任何的情欲元素完全分开，或者情欲只在与理想化的、珍视的个体相关时才稍做暗示。生殖器性行为是"已知的"，但只有当与理想化的人的情感体验解离时，才可能被容许。通常，在传统戏剧中露骨的性行为总是与被贬低的、被轻视的攻击性互动或"古怪"的人有关。明显没有对多形态倒错的婴儿期性倾向的直接表达。例如传统电影的特点是，即使对性互动的刻画有明显的宽容度，幸福地结婚的人之间也没有愉悦的性行为，并且缺少情欲化的柔情——除了与"激情"时刻有关的，通常是带有明显的攻击性意味、危险或应受惩罚品性的那种特别的激情互动。

我发现电影能特别好地说明私人道德观和社会传统之间的长期冲突，这种冲突起源于潜伏期的群体发展过程。我相信，探索情欲艺术电影、传统电影和色情电影之间的差异，可以更好地理解在大众文化影响下，对情欲的接受或不容许所涉及的无意识动机。

⟫ 传统电影

《早餐俱乐部》（Hughes, 1985）是我所说的传统电影的典型例子。它展示了青少年在学校的冲突和叛逆——他们谈论性和性行为——并传达了一种非常"开放"的印象。然而，青少年之间性欲化的露骨场面发生在参与者没有任何情感关系的情况下，或者在这些场面清楚地描绘了攻击性之时。当男主人公——一个叛逆者，后来成为回头的浪子或忏悔的罪人——爱上女主人公时，所有涉及性亲密的东西都不见了。

在商业上取得了巨大成功的电影《致命诱惑》（Lyne, 1987）呈现出完全相同的结构。有一个丈夫，他有着出色的、善解人意的妻子；他和一个女人有婚外情，这个女人起初看起来非常有魅力，但后来暴露出严重的病态——自残、苛求，最后还想要杀人。她在威胁这位不忠诚但现在悔过的丈夫的生命并恐吓他的家人后，最终被这个丈夫的妻子（出于自卫）杀死。这部电影除了呈现传统道德观之外，还描绘了情侣之间的情欲关系，但回避了夫妻之间的性亲密。

另一个例子是《性、谎言和录像带》（Soderbergh, 1989），它只展示了那些互不相爱的人之间的性亲密；被描述为真爱的那段关系没有任何这种亲密行为。女主角是一个纯洁的、天真的、受挫的、失望的、性压抑的妻子，她的丈夫是一个对婚姻不忠的律师（他和她那有着负面形象的妹妹有婚外情）。在帮助丈夫年轻的、反主流文化的朋友（这个年轻男性的性"倒错"包括阳痿和对女性的性自白和行为进行录像）进行情感拯救后，女主角最终与这位朋友建立了恋爱关系，但影片没有展现他们之间的性亲密。

168

>> 电影中的情欲艺术

与传统电影不同，埃里克·侯麦（Eric Rohmer, 1969）执导的经典电影《慕德家一夜》是对情欲进行艺术性描绘的典型。年轻的强迫的男主角胆怯地爱上了一个他只在教堂里远远见过的女孩。一位朋友把他介绍给了聪明、热情、独立的慕德，她刚刚从一段悲惨的恋情中走出来，就被这位男主角的刻板和胆小逗乐和吸引。慕德给了男主角和自己共度一夜的机会，这突破了他的道德底线；男主角自我挣扎后拒绝了慕德，伤了她的自尊。最后，当男主角终于想要拥抱慕德时，慕德拒绝了他，告诉他自己喜欢能够下定决心的男人。两个角色之间的微妙互动和他们之间的情欲关系，以及观众能够对他们双方产生的认同，都让人深受感动。

贝托鲁奇的《巴黎最后的探戈》（Bertolucci, 1974）也取得了商业上的成功，它描绘了两个主角（由玛利亚·施奈德和马龙·白兰度扮演）之间性关系的发展。施奈德和白兰度在一个也许很漂亮但已经破旧的公寓里偶然相遇，两人都想租这个房子。施奈德不确定是否要嫁给她的未婚夫，一位年轻的电影导演。白兰度，由于妻子刚刚自杀，他正陷入深深的悲痛之中，同时伴随着因她背叛了自己和另一个男人出轨而感到的暴怒。在与施奈德——一位年轻得多的女性——建立关系的过程中，他试图否认和走出最近发生过的事。在这种关系中，两人都同意不告诉对方任何事情，甚至他们的名字。两人不断加深的、爱和攻击性交织在一起的性关系，反映了他的哀悼、理想化、失落感，以及浮现出的攻击性——作为他努力地想要接触到她的一部分。施奈德尽管被他的施虐行为吓到了，但这个身处巴黎的陌生美国人还是令她感动和兴奋。这部电影就是讲述了他们试图维持和发展这种关系，但没能成功的悲剧故事。性爱、相互交织的客体关系和深刻的价值观冲突结合在一起，共同描述了人类激情的复杂本质，为影片提供了强烈的情欲色彩。

最后，最近的一部电影——格林纳威的《厨师、大盗、他的太太和她的情人》（Greenaway, 1990）——有力地描述了情欲关系作为一种逃离被施虐暴君控制的世界的企图。最初的偶然相遇，慢慢演变出一段被禁止的、危险的性关系。这对恋人已到中年，这使他们更想要努力尝试能够在他们的爱情中找到一种新的、有意义的生活。

这部电影融合了象征性的口欲、肛欲和生殖器含义，以及极权主义的上层建筑，将所有人与人之间的关系转化为一个充斥着排泄物和暴力的世界。主要情节发生在一个高级餐馆内的优雅餐厅里。在这里，暴君和他的随从打破了普通人际关系的所有规则。在餐厅之外，有一个由厨师和他的助手所代表的"口欲"世界；在那里，通过仪式化的食物准备和背景音乐（儿童助手天使般的声音），文化和文明得以保存下来。在巨大的厨房外面是"肛欲"世界，在街上，我们可以看到浓烟、野狗和被虐待的人。

这对恋人试图逃离警惕的暴君，并在厨房一个隐蔽的空间里相遇，最终被迫赤身裸体地逃进一辆装满腐肉的垃圾车里。二人从这场磨难中逃脱，进入寓意着避难所的图书馆，而图书馆的看守者正是电影的男主人公。通过冲洗沐浴，两人得以从束缚他们的肛欲世界中解脱出来；由此，这对恋人的关系更紧密了，至少是暂时的。

暴君对女性的残酷虐待，他对知识和智慧的深深仇恨，他对夫妻私密的和自由的爱情生活的不可容忍，这部电影将所有这一切都戏剧性地汇集在一起，汇聚成对爱的颂歌。它的情欲品性感动了观众，因为它非常脆弱，且不得不坚守自己以对抗那些强大的力量。

》 色情电影

在典型的色情电影（以及典型的色情文学）中，显然缺少超我功能。这些故事强调对性行为的简单表达，同时羞耻感也被废除了。一旦可以接受传统价值观，尤其是私密价值观被打破，那么免于道德评判就重现了摆脱个人责任时兴奋的、解脱的感觉，这就是弗洛伊德曾描述的大众群体特征。观众认同的是性活动，而不是人与人之间的关系。没有模棱两可，叙述毫无意义，不允许对参与者的内在生活有进一步的幻想，这些都促成了将性机械化。

色情电影中通常传达的对性关系的非人化过程（dehumanization）会在观众中激活——特别是当他或她在一个群体中观看时——婴儿期与柔情相解离的多形态倒错的性欲感，包括前生殖器性欲中含有攻击性，恋物癖将伴侣的性亲密关系毁坏为令人兴奋的身体各部位的堆集，以及暗示性地将原初场景破坏为孤立的性成分。简言之，在这里，情欲发生了倒错性的分解（decomposition），这会破坏情欲与审美之间的联系，也会破坏对激情之爱的理想化。就色情电影完全无视传统道德观而言——事实上，它表达了对社会传统以及情感亲密的强烈攻击——它也对价值观产生了冲击。但即使能够单独在原始的情感体验层面寻求到性兴奋，色情作品也会很快变得乏味和适得其反。原因在于，性行为与伴侣情感关系的复杂性之间的解离，剥夺了性欲中有前俄狄浦斯和俄狄浦斯意味的部分，简而言之，它使性变得机械化了。

色情电影与激情之爱的恶化有着相似之处，就是当攻击冲动主导性接触，无意识的攻击性破坏了伴侣深层的客体关系，以及伴侣双方各自和伴侣间缺乏整合的超我时，隐私性和亲密性将会瓦解为机械化的群体之性。色情电影故意利用性与柔情的解离，在起初由于公然展示了多形态倒错的性行为而达到了性唤起的冲击后，最终会让人感觉到机械和乏味，这并不是巧合；就像参与群体之性的人们在一段时间后，会感觉性兴奋能力下降一样，这是由于其客体关系的恶化导致的。

色情电影也有现成、"非常规"或"地下"的观众群，他们会给予和谐响应，容许并享受具有大群体过程特征的肛欲化的性行为

（Kernberg, 1980b）。这种反应和色情电影适得其反的乏味效果之间的明显矛盾，体现在其观众群的极度不稳定中。

色情电影的特征使观看者从因侵入原初场景而带来的震惊中解放　*171*
出来，以及从需要直面潜伏期超我不能容忍的、整合了柔情和感官享受的威胁中解放出来。在这方面，色情电影是传统电影的对应物，而且讽刺的是，在所有其他方面，色情电影都受到同样的潜伏期超我的无意识支配。实际上，除了对性互动的刻画外，色情电影往往非常循规，并经常采用孩子气的"幽默"或娱乐方式来处理性交；这使观众避免了任何深刻的情感反应或觉察到电影里性内容中的攻击性元素。出乎意料地一贯缺乏审美框架也反映了成熟超我功能的缺失，表现为粗俗的装饰、伴奏音乐、姿势和总体氛围。通常，攻击性、对性窥视的展示、聚焦于插入和被插入的机械化行为、包裹和被包裹的生殖器以及相关的身体各部位，这些都有助于将人体分裂为孤立的各个部分，而对它们的重复展示则象征着对性器官的拜恋。

斯托勒（Stoller, 1991b）对色情电影演员、导演和制片人心理的描述生动地说明了他们的创伤性、攻击性的体验，特别是羞辱感和性创伤。斯托勒指出，色情作品无意识地代表着参与其制作的人的一种努力，即，通过对生殖器性行为进行解离式表达，去改变在多形态倒错的婴儿期性欲冲击下的那些体验。尽管色情电影给人的印象与传统电影不同，但它们在将性和肉欲与情欲的柔情和理想化方面完全解离这一点上是一样的。

》传统电影的结构

传统电影中对情欲的描述相当于色情电影的相应部分。这类电影促进了无需求且即时满足的退行，即退行到符合大众文化娱乐的水平，与传统道德观相协调，以及使人们基于潜伏期超我价值观所获得的群体同一性产生令人安心的稳定感。尽管这类电影通常包含叙事和一些角色的发展，但他们对主人公性生活的看法仍然反映出潜伏期超我的道德观。强烈的性卷入可能会发生在那些主要是攻击性关系或肉欲关系的个体之间，而那些有着柔情关系的伴侣，尤其是如果他们结婚了，其性互动就不会被描述：俄期禁令在那里生效了。这些影片简化了情感关系，以一种与色情电影惊人相似的方式避免了情感深度，尽管个体那些可接受的行为和反应，以及所包含的潜伏期理想，提供了色情电影所没有的人性化的情感品性。传统电影完全消除了构成色情电影核心的多形态倒错的婴儿期性欲。

172

有趣的是，比起情欲，传统电影允许更多的对攻击性的描绘。虽然审查制度（或制片人的自我审查）本身会促进传统电影的发展，而且对情欲艺术的容忍度很低，但这种选择过程的机制可能是（至少有一部分是）无意识的，与审查者直觉性地认同预期观众的潜伏期心理，而没有对决定审查制度的根本原则进行过多的分析有关。一位给商业电影分级的人向我解释说，当有疑问时，评级者会把一部电影多看几遍；反复观看攻击性场景会对观众产生脱敏效果，而情欲场景则不会。因此，带有情欲内容的电影比带有攻击性内容的电影被给予更限制性的等级。但平心而论，对于审查者来说，与这类传统电影不同，情欲艺术电影很少获得巨大的商业成功。我们可以说，审查者勉强尊重（一些）情欲艺术；他们的工作以这些艺术电影未能取得商业成功而完满。传统上对情欲艺术的不宽容，显然依赖于大众文化制作人对大众心理反应的一贯直觉。

❯❯ 电影中情欲艺术的结构

在我看来，情欲艺术有几个特定的维度：审美维度，即以呈现人体的美为主题，反映了对身体的理想化，而这是激情之爱的核心。对所谓人体曲线的艺术性描绘，将美的理想投射到身体上，通过身体来实现自体对本性的认同，以及人之美的超凡性和短暂性，都是情欲艺术的主要元素。

情欲艺术也有模棱两可的特点。它为恋人之间的关系提供了多种多样的潜在意义，并指出了所有关系的互惠作用，以及含蓄地指出了婴儿期性欲的多形态品性和人际关系的矛盾性。这种模棱两可打开了原始的无意识幻想的空间，这种幻想在任何情欲关系中都会被激活，并增进情欲的张力。

情欲艺术代表着对性行为有所限制的传统态度的颠覆，并且揭示了一种情欲体验，而这象征着一种隐含的道德价值观和责任框架。艺术中的情欲被描绘成人类价值观中严肃且成熟的一面，一种成人自我理想的象征，它消除了对性的婴儿式禁锢和限制。

情欲艺术还包含一个浪漫的维度，一种隐含的对恋人的理想化——理想中的恋人会反抗社会传统的限制，反抗在肛欲化中暗含的性的恶化，反抗贬低，以及反抗情欲的非人化，这些都是大群体现象的特征（也能在色情作品所传达的心理中发现）。情欲的浪漫方面也意味着同时实现了在爱中达到理想的融合与两个相爱的人宣布结为伴侣。情欲关系变成了激情之爱的表达。

最后，情欲艺术强调情欲客体的个体化品质；它通常传达出一种关于秘密、隐私的"不饱和"的元素，但也可能是"无耻"。然而，情欲客体的开放性或"赤裸裸"，却因距离的因素变得不可逾越，而这种距离因素仍然是此类艺术的成功作品中一个挑逗层面令人沮丧的组成部分。情欲艺术在某种意义上是自足的，因为它唤起了观众无法实现的渴望；它无法被完全同化，并且有种无形的因素干扰观众完全认同它的能力。同样，原初场景（被公开描绘的性亲密）也被艺术作品的自足性方面巧妙地保护着；这样，柔情和情欲的整合，或惊人的身体和感官与无法触及的理想或浪漫的整合，使艺术作品和观众之间保持

173

着不可逾越的鸿沟。

情欲艺术的这些一般特征可以在雕塑、绘画、文学、音乐、舞蹈和戏剧中表现出来，但也许在电影中表现得最为清晰。电影是表达反映大众文化的传统艺术的公认媒介，这可能是不言而喻的，而且这一功能也包括了它在表达情欲时的传统性。考虑到电影视觉影像的力量和直接性，它可能具有作为情欲媒介的特殊潜力，这无法与它的能够同时表达情欲艺术的对应物——以去人性化的、肛欲式的色情来表现

174 的生殖器性欲和多形态倒错的婴儿式的前生殖器性欲这一割裂的传统禁忌主题——相互解离。事实上，正是电影作为情欲媒介的特殊力量促使我们比较传统电影、情欲艺术电影和色情电影。

由于能够孤立、夸张和解离地表现生殖器及其他身体部位以及它们的混合，电影提供了理想化和恋物化人的身体的渠道。电影的视听特性使观众能够在幻想中侵入俄期夫妇的隐私，施虐式和窥阴式地侵入原初场景，以及对应地，通过投射暴露冲动、受虐冲动及与这些冲动相关联的同性恋和异性恋抗争而获得满足感。

同时，虽然时空边界通常控制着对性行为的描述以及对群体之性的直接观察和参与，但电影却允许观众超越这些边界；就此而言，也可以实现任意加速、减速和扭曲的视觉体验，这与无意识幻想的本质产生了强烈的共鸣。电影中对情欲的描绘有可能突破关于羞耻的传统障碍，因为它同时表现了俄期和前俄期性欲的所有组成部分，为性唤起提供了刺激。

因为电影是传播大众文化最有效的媒介，特别是在聚集的观众面前，它激活了观众的大众心理倾向；电影中的情欲元素对惯常上可以容忍的行为提出了挑战。除了那些独自观看色情电影或聚在一起看色情电影的观众，由于对情欲的不容忍是大众心理的特征，电影中的情欲会震惊到传统的观众。电影中的情欲威胁着传统习俗的界限。

让我们探究一下这种震惊。对于观众来说，观察一对伴侣进行性

交激活了古老的反对侵入俄期夫妇的禁令，以及附着于此的被禁止或压抑的兴奋。观众所看到的意味着对婴儿期超我和潜伏期的传统超我的违抗。它引发的性兴奋，尤其在那些在视觉刺激下容许自己性兴奋的人中（显然，存在严重性抑制的观众会产生厌恶和反感的反应），可能会被体验为对根深蒂固的价值观的猛烈攻击。

由于制作艺术电影是为了促进观众对主人公（无意识地代表了父母般的夫妇）的认同，这种震惊被加剧了。因此，最初违反禁忌会引发内疚、羞耻和尴尬。无意识地认同演员的暴露行为，以及相应的窥视和暴露冲动中的施虐和受虐方面，对观众的超我产生了令人震惊的挑战。

情欲艺术电影作为一种艺术形式，要求情感成熟，即有能力容纳和享受性行为、将情欲和柔情结合起来、将情欲融入复杂的情感关系、认同他人及其客体关系，以及接受道德价值观和美学——这种能力与已经概述的激情之爱的能力是平行发展的。在大众心理的条件下，这种情感成熟往往会被暂时削弱。

以一种奇怪的方式，我们能够与电影中相爱的伴侣认同；这种能力创造了一种能够保护它和观众的新的隐私维度，这与色情电影对亲密和隐私的破坏形成了鲜明对比。在艺术电影中，通过目睹性交而被激活的性唤起中的窥阴和暴露元素，以及这种侵入中的施虐和受虐元素，都被包含在对角色及其价值观的认同中。观众在参与原初场景的同时，不自觉地承担起维护伴侣隐私的责任。多形态倒错的婴儿期性欲的攻击性元素被整合进了俄期性欲中，而攻击性则被整合进了情欲中。这与当攻击性占主导地位时——在某些病理状态和色情作品中性行为是以攻击性为特征的——情欲的恶化相反。

情欲艺术实现了感官、深入的客体关系和成熟的价值体系的综合，并反映在个体和伴侣具有激情之爱和给出订婚承诺的能力上。

传统电影、色情电影和情欲艺术电影之间的关系反映了群体、传

175

统文化和激情之爱关系中的伴侣的动力。伴侣在无意识层面总是不合群的、有秘密的、私密的、叛逆的，从而形成对传统上被容许的爱和性的挑战。尽管传统道德观在历史中始终在摇摆，但至少在西方文明史上，在清教主义时期和自由主义时期之间，伴侣和群体、私人道德观和文化传统之间的隐性对立依然存在。清教主义和自由主义都反映了人们对性伴侣的传统矛盾情感，而这些历史摇摆，在这个时代则反映在传统的大众文化及媚俗（一个极端）和色情作品（另一个极端）的共存上。有人可能会说，只有成熟的伴侣和情欲艺术才能维持和保留激情之爱。但社会传统和色情作品是他们不容许激情之爱的无意识盟友。

》》青少年群体和伴侣

青少年性行为是在青春期激素变化引起的性兴奋和性欲被重新唤起的冲击下开始的；感知到身体的变化导致对性刺激有更强的反应。此时，自我功能发展中的部分退行会出现，分裂过程也会被激活以处理再次出现的新的、与性行为有关的无意识冲突，这些冲突表现为有着严重矛盾的行为模式，尤其是交替出现的一段时间里对性反应的内疚和压抑（青少年特有的在禁欲上的摇摆特征），另一段时间里多形态倒错的婴儿式性抗争。自我机制中压抑的减少与超我的部分退行和重组以及需要将新唤醒的性抗争整合进婴儿期超我的禁令有关。在最佳情况下，容纳生殖器冲动和前生殖器的、多形态倒错的婴儿式冲动，会使它们有可能作为不断变化的自身体验的一部分而被整合在一起，与指向俄期客体的性抗争有关的婴儿期禁令也同时再次生效。

发展成熟的性爱能力的一个主要的结构性要求是，在青少年期同一性危机的背景下巩固整合的自我同一性。基于我对具有边缘型人格组织的患者和具有自恋型人格结构的患者（边缘型或非边缘型）的研究，我认为自我同一性是在克服原始的自我组织的过程中逐渐建立起来的，要经过婴儿期和童年期，在这一过程中，分裂机制和与其相关的活动占主导地位。自我同一性依赖于并加强了整合的自体概念和完整的客体关系的建立，其中压抑及相关的防御活动是主要的机制。埃里克森（Erikson, 1956）将实现亲密感描述为成年期的第一阶段，强调这一阶段依赖于在青少年期实现了自我同一性。我所描述的拥有坠入爱河和维持爱的能力的发展阶段，代表了这一概念在正常和病态爱情关系中的应用。

177

青少年期通常会出现同一性危机，但不是同一性弥散，这两个概念值得明确区分。埃里克森（Erikson, 1956, 1959）认为，同一性危机是指在某一发展阶段，内部同一性与心理社会环境提供的"确证"之间失去了对应性。如果差异性大于一致性，自体概念和外部适应就会受到威胁，需要重新审视一个人的同一性及其与环境的关系。相反，同一性弥散是一种典型的边缘性病理症候群（Jacobson, 1964; Kernberg, 1970）；其特征是，自我的各种状态是相互解离的，不仅缺乏整合的自体，也缺乏整合的超我和内化的客体关系世界。同一性危机与自我同一性之间存在着一定的关系：个体基本的自我同一性越稳定，对同一性危机的应对能力就越强；已经建立的自我同一性面临的环境挑战越严重，对那些同一性构成有问题的人的破坏性威胁就越大。

对同一性危机和同一性弥散进行临床鉴别诊断需要仔细检视青少年的行为及其过去和现在的主观体验。对权威的叛逆式挑战可能与和自称的叛逆信念完全相反的行为共存。强烈的爱情关系和忠诚可能与不顾别人、忽视甚至残忍和剥削的行为并存。然而，在探索青少年与明显矛盾的自我状态和行为之间的关系时，我们发现存在一种关于情感连续性的基本观念，它可以将神经症型的和正常的青少年与存在同一性弥散的更混乱的对应者清楚地区分开。以下特征尤其有助于做这种区分（Kernberg, 1978）：内疚和担忧的能力，以及在情感爆发后，想要修复攻击行为的真诚愿望；与朋友、老师或其他成年人建立持久的、非剥削性的关系的能力，以及对这些人进行深入的、相对现实的评估的能力；一套不断扩展和深化的价值观——无论这些价值观符合还是不符合青少年周边的主流文化。

178

这种鉴别诊断的实用价值在于，如果对青少年已建立的自我同一性的稳定性能给出合理确认的话，我们便可以基本肯定通常在相爱过程和爱情关系中存在的混乱和冲突特征并不反映出边缘型和自恋型人格结构。青少年期性冲突的典型临床表现——柔情与性兴奋相互解离，将异性二分为无性的理想化客体与性欲上被贬低的客体，过度的内疚和性渴求的冲动表达共存——可能代表着从正常到严重神经症的各种冲突，并可能构成诊断上的挑战。相反，同一性弥散的存在意味着具有严重的精神病理，其中性冲突只是对正常爱情生活的长期干扰的开始。

对于那些与来自贫困社会群体的青少年——比如北美大都市中心贫民区的青少年——打交道的心理健康专业人士来说，我基于来自美国中产阶层青少年的数据对冲突性的爱情关系的描述似乎是不恰当的。家庭结构混乱、长期目击暴力（包括性暴力）或是暴力受害者的青少年，很难指望他们发展出建立整合且内化的客体关系世界的能力，更不用说整合的超我了。在这种情况下，爱情关系的建立过程明显受到了威胁；一个人投入亲密私人关系的能力受到严重限制时，也可能会明显展现出完全的性"自由"。因此，人们很容易将精神病理学表现和无法建立爱情关系归因于养育和社会环境。在这种情况下，刚刚概述的正常同一性的形成的特征可能有助于将对弱势贫困群体（可能是反社会的）的适应性反应和严重心理疾病的分支区分出来。高度病态的社会结构和混乱的家庭结构会孕育精神病理，但对病态社会环境表面上的适应可能会掩盖青少年发展的潜在力量。

俄期冲突的重新激活，以及围绕着对俄期性抗争的压抑而产生的挣扎，是青少年与父母客体分离，并在同辈群体中建立社会生活的主要无意识动机。反叛以前接受的行为规范和家长式家庭价值观，通常伴随着从钦佩的老师们和不断拓展的世界中探索新的价值观、理想和行为规范。在青少年早期严格遵守群体习俗是潜伏期道德观持续存在的标志，它再次确认了两者的解离：一方面是作为这些习俗一部分的、让人兴奋但被贬低的性行为，另一方面则是逐渐演变为个人"秘密"潜能的柔情和浪漫之爱的能力。青少年早期男性群体会有意识地肯定潜伏期儿童的兴奋感，但挑剔地摘出生殖力（genitality）的概念以使它与柔情相解离，并保持他们对与异性的柔情和浪漫关系的渴望，这一事实与典型的青春期早期女性群体的发展形成鲜明对比。女孩理想化和浪漫地接受所赞赏的男性客体是"秘密"的一部分，是生殖器欲望的私密萌动。

青少年晚期的一项重要任务是培养性亲密的能力。为了实现这一点，伴侣间的亲密关系必须建立在传统的性习俗和价值观的对立面上；这些习俗和价值观不仅来自伴侣所逐渐成为的成人社会群体，而且来自其自身的同辈群体。这两个群体之间的关系现在变得非常重要。在社会相对稳定和社会环境相对同质的时期，青少年群体和成人世界的文化可能是协调的，允许新组建的伴侣相对容易地过渡。在这种情况下，遵守青少年的价值观，逐渐摆脱这些价值观，继而遵守成人世界的价值观但又不过分拘泥于社会传统，这些都是相对简单的任务。

但是，当这两个世界之间存在显著差异时——例如，当青少年群体来自贫困的亚文化环境，或者是来自正在经历尖锐且多样的社会和政治冲突的社会时——青少年晚期群体可能会严格遵守周围成人世界的意识形态立场。例如，在大学校园里，支持或反对"政治正确"的社会压力，或对毒品、女权主义、少数族裔和同性恋的态度，可能会促进青少年晚期的退行性的群体过程，使伴侣更难建立自己的空间。

此外，有着严重性格病理和同一性弥散的青少年可能对严格遵守青少年群体的价值观有着特别强烈的需要。因此，检视恋爱中的青少年情侣能够在多大程度上保持独立性，不受周围群体压力的影响是很有用的。在 20 世纪 60 年代嬉皮士反主流文化流行时期，不受限制的性自由是青少年群体所推崇的。当时很多青少年用表面上的"性解放"来掩盖性抑制和相关的精神病理。在青少年"嬉皮士"式放纵的性行为下，往往有着癔症性、受虐性和自恋性病理。在 20 世纪 90 年代的一些大学校园里，同辈压力可能与对危险的男性性行为的惯常恐惧合并在一起。这可能会抑制能够进入成熟爱情关系的性伴侣的形成，并促进退行性的施受虐式的性互动。在治疗有严重性格病理的住院青少年期间，这些动力经常会被观察到。

在这种治疗中，尽管经验丰富的治疗师通常期望青少年违抗规章制度、寻求性亲密，但是工作人员的社会和法律责任是确保未成年人的性行为既不被接受也不被容许。青少年越健康，他们就越能理解、适应，甚至（私下且谨慎地）反抗这些具有限制性的规定，从而建立和发展一种像伴侣那样的关系。在治疗处于自恋和边缘状态的青少年时，我经常发现，他们对于我没有对他们期望本应被禁止的性行为提出异议感到困惑。他们也会把我看作他们最不想谈论领域的极端的"说教者"，这些领域涉及他们客体关系矛盾、混乱、分裂的性质。

对神经症青少年的病态性格结构的分析，应该促进相互解离或分裂的自我状态的整合，以及促进克服会干扰完整爱情生活的本能冲动的各种反应形式。然而，即使在最佳情况下，通过解决病态性格倾向，青少年的自我同一感能够得以巩固和强化，想要实现完整的自我同一性也只能靠时间的推移。只有当认同父母客体的成人角色方面时——这一过程会持续很多年——内化的客体关系的某些方面才能完全被融入统一的自我同一性中。最终，爱将不得不与对俄期客体的父职和母职功能的认同融为一体，这一过程只有随着时间的推移才能得到"检

180

验"。完全认同父母双方的生育角色会将与所爱他人生儿育女的愿望也合并进来：这种能力在青少年晚期首次出现，并在成年期发展成熟。作为一种有意识的追求，它是成熟性爱的又一方面。它在成年伴侣中的抑制可能意味着明显的受虐性冲突，尤其是自恋性冲突。显然，这种追求必须与随意、不负责任地接受本质上并不想要的怀孕区分开。

换句话说，青少年的爱情关系可以变得牢固而深刻，但它们的稳定性，则取决于青少年人格中需要时间去发展的品质；而结果往往是 *181* 无法预测的。始于青少年期的承诺肯定仍然是不确定的，或者说是一种冒险。在某种程度上，对于成年伴侣来说也是如此。

对于与青少年打交道的心理治疗师来说，牢记这一点会很有帮助：在一段完整而有着强烈情感的关系中，在特定阶段会有正常的对通往性亲密的浪漫之路的追寻。如果这条路在青少年期没有被成功地穿过，它将使一个人在未来无法成功地投身于一段关系，因此这是人生体验的一个关键领域；青少年治疗师需要挑战那些认为它不重要而不予理睬的力量。

》 成年伴侣的外部挑战

成熟的性爱——与另一个人体验并维持一种排他性的爱情关系，这种关系融合了柔情和情欲，具有深度且共同的价值观——总是在与周围的社会群体公开或秘密地对抗。它天生就是叛逆的。它将成年伴侣从社会群体的传统中解放出来，创造出一种非常私密的性亲密体验，并建立了一个环境，在这个环境中，彼此的矛盾情感将会被融入爱情关系中，并同时丰富和威胁着爱情关系。性爱的这种反传统品质不能与叛逆的青少年亚群体或反映了各种病理的暴露行为相混淆。我描述的是一种内在的态度，这种态度通常以非常谨慎的方式使一对伴侣黏合在一起，并可能被表面上对社会环境的适应所掩盖。

但处于爱情关系中的伴侣，虽然与群体对立，仍然需要群体来生存。真正与世隔绝的伴侣会因为攻击性的彻底解放而遭受危险——彻底解放的攻击性可能会摧毁伴侣关系或严重损害双方。甚至更常见的是，一方或双方的严重精神病理可能会激活被压抑或解离的那些冲突的、内化的客体关系，这些客体关系通过投射无意识里过去那些最糟糕的体验而被这对伴侣再现；由此，伴侣的联盟破裂了；最终，双方回到群体里，绝望地寻求个人的自由。在不太严重的情况下，一方或双方无意识地努力混入或融入群体——尤其是通过打破性的排他性的屏障——可能是一种冒着侵入和破坏亲密关系的风险来保持伴侣关系存在的方式。

稳定的三角关系，再加上未解决的俄期冲突的再现，代表着群体对伴侣的侵入。例如，在"开放式婚姻"中，性亲密的破裂代表着对伴侣关系的严重破坏。群体之性是伴侣融入群体，同时在许多方面仍保持其关系稳定性的一种极端形式。通常，群体之性离伴侣关系的彻底毁灭只有一步之遥。

总之，通过反抗群体，伴侣确立起自己的同一性，由此摆脱了传统习俗，开启了他们的伴侣之旅。对已经自毁的伴侣关系中的幸存者们来说，重新融入群体代表着他们最后的自由天堂。

浪漫之爱是性爱的开始，其特征是对性伴侣的正常理想化、性激情情境下的超凡体验，以及从周围的社会群体中解放出来。对群体的反抗始于青少年晚期，但并没有就此结束。伴侣的浪漫关系有着永恒的特征。事实上，我认为"浪漫之爱"和"婚姻情感"之间的传统区分反映了伴侣和群体之间持续的冲突，反映了社会群体对包含了逃脱其整体控制的爱和性的关系的不放心。这种差别也反映了伴侣关系中对攻击性的否认，而这往往会将深厚的爱情关系转化为凶险的关系。

我认为，伴侣和群体之间有种内在的、复杂的、决定性的关系。因为伴侣的创造力取决于其在群体环境中是否成功地建立了自主权，所以它并不能完全脱离群体。由于伴侣再现并维系了群体对性联盟和爱的希望，即使大群体过程激活了潜在的破坏性，群体也需要伴侣。然而，伴侣会不可避免地遭受来自群体的敌意和嫉羡，这些敌意和嫉羡源于内在对父母间幸福而秘密的联盟的嫉羡，以及对超越了被禁止的俄期抗争的深深的无意识内疚。

一对由一男一女组成的稳定的伴侣，他们敢于克服反对将性和柔情结合起来的俄期禁令，将他们自己与渗透到群体之性中的集体神话分离开；而也正是在这样的社会群体中，他们的伴侣关系得以逐渐形成。涉及性和爱的群体过程在青少年期达到最大强度，但它们以更微妙的方式持续存在于成年伴侣的关系中。非正式群体中存在着一种持续的关注其伴侣成员私生活的兴奋感。同时，伴侣成员在这种比亲近朋友相对更亲密的关系中，会想要通过冒险并相互做出一些攻击性的行为来表达暴怒。由于无法将这种行为控制在其关系的隐私范围内，伴侣可能会将群体用作发泄攻击性的渠道和展示攻击性的舞台。一些习惯于在公共场合吵架的伴侣有着深厚且持久的私密关系，这一点也不让人惊讶。阿尔比（Albee, 1962）的作品《谁害怕弗吉尼亚·伍尔芙?》很好地说明了这些：危险在于攻击性会被如此激烈地表达，以至于破坏了伴侣间残存的共同的亲密，特别是性的纽带，并导致关系的毁灭。当前社会群体中那些想要弥合裂痕的朋友，从伴侣的争吵中获得了替代性的满足，并能够再次确定他们自己关系的安全性。

至于作为社会群体成员的伴侣们的性兴奋和情欲，则需要在伴侣们和群体之间寻找最佳的平衡。一般的成人社会群体组成是非正式的，这种非正式性保护了伴侣们不受具有正式社会或工作组织特征的大群体过程的影响。一对既保持了内部凝聚力，同时又能对周围的社会群体——尤其在有组织的结构内——产生强大影响的伴侣，会成为俄期理想化、焦虑和嫉羡的强劲对象。群体对这种强大的伴侣的恨意可能会以两种方式保护伴侣：通过迫使伴侣双方团结起来，以及通过掩盖他们自己投射出的那些未被识别出的对彼此的攻击性来对抗该群体。虽然如此，但当这对伴侣脱离开群体后，他们之间可能还是会出现严重的攻击性。

正如我们所看到的，由于现实或神经症性的原因，一对将自己与周围社会群体隔离开的伴侣容易受到相互攻击引发的内部效应的威胁。婚姻现在可能感觉像一座监狱，脱离婚姻并加入群体可能感觉像是一场自由的逃亡。性滥交就是这样的例证，它伴随着许多分居和离婚而出现，旨在逃入群体的自由和无政府状态。同样的道理，群体也可能成为那些不能或不敢进入稳定伴侣关系的成员的监狱。

群体对伴侣关系的长期侵入有多种形式，需要进一步探讨。

有时，当伴侣中的一方与第三方保持关系时，婚外情就会成为伴侣关系毁灭的开端（也就是说，伴侣关系或婚姻关系解体，并让位给新的伴侣形式）；有时，婚姻关系似乎随着第三方的存在而稳定下来。在后一种情况下，可能产生各种结果。通常，当其中一方有婚外情时，那些未解决的俄期冲突可以得到稳定的表达。一个对丈夫冷淡但在情人那里得到性满足的女性，可能通过在意识层面体验到强烈的激动和满足感来维系婚姻，尽管在无意识里，她将丈夫当作令她憎恨的移情客体——代表着她的俄期父亲。在这种双重关系中，她体验到一种无意识的胜利，即战胜了父亲——父亲曾经控制着母亲和她，而现在她却控制着两个男性。想要有婚外情也可能源于无意识的内疚感，因为婚姻关系被她体验为俄狄浦斯式的胜利，同时她又不敢与俄期母亲建立完全的认同感；因此，欲望和内疚之间的冲突被她行动化为与婚姻玩的俄罗斯轮盘赌。

184

自相矛盾的是，这些平行存在的婚姻关系和婚外情关系越深入、越充分，它们就越倾向于自我毁灭，因为通过三角情境而达成的客体表征的分裂最终会趋于丧失。正如电影《船长的天堂》（Kimmins, 1953）所示，平行关系往往随着时间的推移变得越来越相似，给人带来越来越沉重的心理负担。当然，这些关系是秘密维持还是公开接受取决于其他因素，比如施受虐性的冲突在婚姻互动中所起的作用有多大。对婚外情的"公开"往往是一种施受虐性的互动，并且反映了对表达攻击性或防御内疚感的需要。

有时，伴侣间真实的关系会被因社会、政治或经济压力而建立的联系所掩盖。例如，一对伴侣可以拥有一段有意义的、往往是秘密的关系；对于伴侣双方来说，这种关系与仅仅是形式上的关系，比如权宜婚姻，是平行共存的。还有一些例子表明，三角关系中的两种平行关系基本上是形式主义和程式化的；比如在一些亚文化中，拥有情人是来自某个社会阶层的人的身份标志。

我想强调的是，三角关系的情况，特别是那些包含长期稳定的婚外情的，可能会对原本的伴侣关系产生复杂多变的影响。稳定的三角关系通常反映出各种类型的、与未解决的俄期冲突有关的妥协形成。它们可能会保护一对伴侣不用直接表达某些类型的攻击性，但在大多数情况下，真正的深度亲密的能力会下降，这是为这种保护所付出的代价。

巴特尔的经典著作《群体之性》（Bartell, 1971）丰富地记录了在开放的群体环境中性滥交的一些显著的社会特征。他检视了一种被有意识宣称的意识形态，即，群体之性通过创造共享的性刺激和体验来保护和复兴婚姻关系，并得出结论，这实际上是一种错觉。通常，"性放任"场景是没有人情味的，只注意性活动的准备和进行。虽然已婚伴侣可能会宣称，兴奋、秘密地参与到群体中使他们摆脱了长期的无聊，但实际上，无论是在性放任的群体内还是在参与者所来自的传统群体中，各种社会关系在相当短的时间后都会进一步恶化。似乎参与性放任场景要不了两年就足以驱散可以引发新的性兴奋和刺激的错觉。性再次变得无聊，甚至更加无聊。

伴侣被群体侵入或伴侣融入群体的程度，反映了他们的联盟在多大程度上是纯粹的形式关系或多大程度上是真正的情感关系。性行为越开放、越任意而为、越混乱，伴侣的精神病理中就越可能包含以攻击性和多形态倒错的婴儿期性需要为主的前俄期特征。伴侣双方间内化的客体关系和性愉悦会逐步恶化。

在评估一对伴侣时，我感兴趣的是，这段关系在多大程度上允许内在的自由和情感刺激，他们的性体验在多大程度上是丰富的、更新的和激动的，他们可以在多大程度上有性体验，而不会感到被对方或社会环境禁锢，以及最重要的是，伴侣在多大程度上是自主的，即无论其子女、周围环境或社会结构发生了什么变化，他们的关系都可以随着时间保持自我生长。

如果选择活在表面而不深入，能给一个人带来满意的稳定性和满足感，那么治疗师就没有理由基于意识形态或完美主义挑战这一点。如果伴侣双方提出的抱怨是性冷淡，那么记住这一点会很有帮助：无聊是缺少与更深层次的情感需要和性需要的联系的最直接表现。但并不是每个人都有能力或愿意打开潘多拉魔盒。

一对伴侣与子女的关系为这对伴侣与群体的关系提供了重要信息。想要生儿育女的愿望是一种承诺的表达，也是对父母形象的生育角色和慷慨给予角色的认同；想要共同承担起孩子发展和成长责任的愿望，则表达了伴侣双方渴望拥有确定而有把握的合并关系。它们还表明，伴侣已经成熟地摆脱了青少年群体的束缚，并愿意参与与社会和文化环境的互动，他们的孩子们将在这些社会和文化环境中成长并实现自己的自主性。如果在执行作为父母客体的功能时，又能成功地保持作为一对伴侣的隐私性和独立性，那么这对伴侣就巩固了他们的代际边界，由此也就无意识地开启了下一代进入俄期体验的世界的大门。而且，随着孩子们在学龄期进入最早的群体结构，生命周期会不断重复，并在潜移默化中对群体道德观的建立做出贡献，这将使更大的群体结构的道德观，包括围绕成年伴侣的传统道德观蒙上阴影。

186

从历史的角度来看，人们可以观察到以下两者的反复波动：在"清教徒"时期，爱情关系被去情欲化，情欲转入地下；在"放荡"时期，性行为恶化为几乎没有情感的群体之性。在我看来，这种波动反映了一种长期的平衡，即社会需要破坏、保护和控制伴侣，而伴侣则渴望打破传统的性道德的束缚，寻求一种在极端形式下会自我毁灭的自由。我认为，20世纪六七十年代所谓的性革命，只不过反映了从一个极端到另一个极端的钟摆式波动，并没有表明伴侣和社会群体之间关系的深层动力发生了真正的变化。显然，一对伴侣对传统道德观的适应，无论是与自主超我的发展不足有关，还是与其想要融入大群体过程的诉求有关，都可能一直存在，而且伴侣们的表面行为可能会因其所属社会群体的压力而各不相同。然而，除了在最极端的社会环境下，自主和成熟的性伴侣有能力保持其私密和激情的性爱的隐私边界。

旨在保护公共道德的社会规范对于保护伴侣的性生活至关重要。然而，传统行为所施加的压力与每对伴侣必须为自己建立的个体价值体系相冲突。伴侣还受到另外一些威胁，包括要求沿性的路线组建群体的压力，以及在这些群体中表达的潜伏期和青少年期所特有的男女之间的原始猜疑和仇恨。在这方面，在大众传播和媒体的影响下，主流的，特别是与性相关的传统意识形态，很可能转变得很迅速，会随着新的意识形态潮流变得流行，并因渴望大众传播更具多样性而消亡。这些传统习俗的交替变化，例证了我们一直在探索的关于性行为的传统态度中的广泛的、更持久的因素。

纵观20世纪七八十年代，美国主流的意识形态是对性的某些方面进行相对开放的讨论和表达，同时倾向于设计（engineering）性行为（"如何"拥有更好的性、更好的交流等），在文化认可的大众娱乐中抑制婴儿式多形态的性成分，并在同一大众媒体上公开容许暴力，包括性暴力。这就好像我们的文化正在用超我恶化、情欲和攻击性退行式的凝缩，以及从客体关系基质中分裂出性欲的情欲化成分来例证边缘性病理的存在。

然而，20世纪90年代初却展示出一种新的清教徒式态度，关注性虐待、乱伦、工作场所的性骚扰，以及男性和女性群体之间越来越互不信任。这些趋势一方面源于关于早期身体和性创伤在多种精神病理学起源中的重要性的新发现，另一方面则源于为使女性从传统的父权压迫中解放出来而进行的斗争。然而有趣的是，这些科学知识和政治进步的发展迅速地演变成传统道德观的恢复——类似于20世纪60年代末"性革命"之前的压抑年代，以及存在于极权社会中的对性行为的限制。法西斯和极权国家的这些限制似乎更类似于神经症患者的原始超我对性欲的施虐性压制，而不是伴随超我恶化的边缘性病理。

这就像近年来，我们"有幸"观察到相对极端的性清教主义和性自由主义同时出现或迅速地交替；两者都揭示了所有传统上被容许的性行为的单调性，而这与个体伴侣私下里可能会有的丰富性截然不同。当然，极权主义政权对个体自由的压制使得传统道德观得到残酷推行，而民主社会能够容纳个体们和伴侣们的私人自由与社会传统之间的显著鸿沟，这两种做法之间确实存在着巨大的差异。

总而言之，我认为，在传统道德观和每对伴侣必须构建的作为其完整性生活一部分的私人道德观之间，存在着无法减少的冲突，这总是意味着伴侣必须为自己实现一种非常规的自由度。性自由、情感深度和反映成熟超我功能的价值体系之间的微妙平衡是一项复杂的人类 *188* 成就，它为能够拥有一段深刻的、激情的、冲突的、满意的，并可能持久的关系提供了基础。将攻击性和多形态倒错的婴儿期性欲整合到稳定的爱情关系中，是个体和伴侣的一项任务。它不能通过社会操纵来实现，但幸运的是，它也不会被社会传统所压制——除非在最极端的情况下。

参 考 文 献

Albee, E. (1962). *Who's Afraid of Virginia Woolf?* New York: Simon & Schuster Pocketbook, 1964.

Alberoni, F. (1987). *L'Erotisme.* Paris: Ramsay.

Altman, L. L. (1977). Some vicissitudes of love. *Journal of the American Psychoanalytic Association* 25: 35–52.

Anzieu, D. (1986). La scène de ménàge. In *L'Amour de la Haine, Nouvelle Revue de Psychanalyse* 33: 201–209.

Arlow, J. A. (1974). Dreams and myths. Paper presented on the occasion of the founding of the St. Louis Psychoanalytic Institute, October.

Arlow, J. A., Freud, A., Lampl-de Groot, J., & Beres, D. (1968). Panel discussion. *International Journal of Psychoanalysis* 49: 506–512.

Arndt, W. B., Jr. (1991). *Gender Disorders and the Paraphilias.* Madison, Conn.: International Universities Press.

Bak, R. C. (1973). Being in love and object loss. *International Journal of Psychoanalysis* 54: 1–8.

Balint, M. (1948). On genital love. In *Primary Love and Psychoanalytic Technique.* London: Tavistock, 1959, pp. 109–120.

Bancroft, J. (1989). *Human Sexuality and Its Problems.* New York: Churchill Livingstone.

Barnett, M. (1966). Vaginal awareness in the infancy and childhood of girls. *Journal of the American Psychoanalytic Association* 14: 129–141.

Bartell, G. D. (1971). *Group Sex.* New York: Signet Books.

Bataille, G. (1957). *L'Erotisme.* Paris: Minuit.

Baumeister, R. F. (1989). *Masochism and the Self.* Hillsdale, N.J.: Lawrence Erlbaum Associates.

Benjamin, J. (1986). The alienation of desire: Women's masochism and ideal love. In *Psychoanalysis and Women: Contemporary Reappraisals,* ed. J. L. Alpert. Hillsdale, N.J.: Lawrence Erlbaum Associates, pp. 113–138.

Bergmann, M. S. (1971). Psychoanalytic observations on the capacity to love. In *Separation-Individuation: Essays in Honor of Margaret S. Mahler,* ed. J.

McDevitt & C. Settlage. New York: International Universities Press, pp. 15–40.

———. (1980). On the intrapsychic function of falling in love. *Psychoanalytic Quarterly* 49: 56–77.

———. (1982). Platonic love, transference, and love in real life. *Journal of the American Psychoanalytic Association* 30: 87–111.

———. (1987). *The Anatomy of Loving.* New York: Columbia University Press.

Bertolucci, B. (1974). *Last Tango in Paris.*

Bion, W. R. (1961). *Experiences in Groups and Other Papers.* New York: Basic Books.

———. (1967). The imaginary turn. In *Second Thoughts: Selected Papers on Psycho-Analysis,* by W. R. Bion. Northvale, N.J.: Aronson, pp. 3–22.

Blum, H. P. (1973). The concept of erotized transference. *Journal of the American Psychoanalytic Association* 21: 61–76.

———. (1976). Masochism, the ego ideal, and the psychology of women. *Journal of the American Psychoanalytic Association* 24: 157–191.

Braunschweig, D., & Fain, M. (1971). *Eros et Anteros.* Paris: Petite Bibliothèque Payot.

———. (1975). *Le Nuit, le jour.* Paris: Presses Universitaires de France.

Chasseguet-Smirgel, J. (1970). *Female Sexuality.* Ann Arbor: University of Michigan Press.

———. (1973). *Essai sur l'idéal du moi.* Paris: Presses Universitaires de France.

———. (1974). Perversion, idealization, and sublimation. *International Journal of Psychoanalysis* 55: 349–357.

———. (1984a). The femininity of the analyst in professional practice. *International Journal of Psychoanalysis* 65: 169–178.

———. (1984b). *Creativity and Perversion.* New York: Norton.

———. (1985). *The Ego Ideal: A Psychoanalytic Essay on the Malady of the Ideal.* New York: Norton.

———. (1986). *Sexuality and Mind: The Role of the Father and the Mother in the Psyche.* New York: New York University Press.

———. (1989). The bright face of narcissism and its shadowy depths. In *The Psychiatric Clinics of North America: Narcissistic Personality Disorder,* ed. O. F. Kernberg. Philadelphia: Saunders, vol. 12, no. 3, pp. 709–722.

———. (1991). Sadomasochism in the perversions: Some thoughts on the destruction of reality. *Journal of the American Psychoanalytic Association* 39: 399–415.

Chodorow, N. (1978). *The Reproduction of Mothering.* Berkeley: University of California Press.

Cooper, A. (1988). The narcissistic-masochistic character. In *Masochism: Current Psychoanalytic Perspectives,* ed. R. B. Glick & D. J. Meyers. Hillsdale, N.J.: Analytic Press, pp. 117–138.

David, C. (1971). *L'Etat Amoureux.* Paris: Petite Bibliothèque Payot.

Deutsch, H. (1944–45). *The Psychology of Women.* 2 vols. New York: Grune & Stratton.

Dicks, H. V. (1967). *Marital Tensions.* New York: Basic Books.

Emde, R. (1987). Development terminable and interminable. Plenary presentation at the 35th International Psycho-Analytical Congress, Montreal, Canada, July 27.

Emde, R., et al. (1978). Emotional expression in infancy: 1. Initial studies of social signaling and an emergent model. In *The Development of Affect*, ed. M. Lewis & L. Rosenblum. New York: Plenum, pp. 125–148.

Endleman, R. (1989). *Love and Sex in Twelve Cultures.* New York: Psyche Press.

Erikson, E. H. (1956). The problem of ego identity. *Journal of the American Psychoanalytic Association* 4: 56–121.

———. (1959). Growth and crises of the healthy personality. In *Identity and the Life Cycle, Psychological Issues*, Monograph 1. New York: International Universities Press, pp. 50–100.

Fairbairn, W. R. D. (1954). *An Object-Relations Theory of the Personality.* New York: Basic Books.

Fisher, S. (1989). *Sexual Images of the Self.* Hillsdale, N.J.: Lawrence Erlbaum Associates.

Fraiberg, S. (1982). Pathological defenses in infancy. *Psychoanalytic Quarterly* 51: 612–635.

Freud, S. (1894). The neuro-psychoses of defence. In *Standard Edition*, ed. J. Strachey, 3: 43–61. London: Hogarth Press, 1962.

———. (1905). Three essays on the theory of sexuality. In *S.E.*, 7: 135–243. London: Hogarth Press, 1953.

———. (1910a). A special type of object choice made by men. In *S.E.*, 11: 163–175. London: Hogarth Press.

———. (1910b). On the universal tendency to debasement in the sphere of love. In *S.E.*, 11: 175–190. London: Hogarth Press.

———. (1910c). The taboo of virginity. In *S.E.*, 11: 190–208. London: Hogarth Press.

———. (1912). On the universal tendency to debasement in the sphere of love (Contributions to the psychology of love, II). In *S.E.*, 11: 178–190. London: Hogarth Press, 1957.

———. (1914). On narcissism. In *S. E.*, 14: 69–102. London: Hogarth Press, 1957.

———. (1915a). Observations on transference-love. In *S.E.*, 12: 158–171. London, Hogarth Press, 1958.

———. (1915b). Instincts and their vicissitudes. In *S.E.*, 14. London: Hogarth Press, 1957.

———. (1915c). Repression. In *S.E.*, 14: 141–158. London: Hogarth Press, 1957.

———. (1915d). The unconscious. In *S.E.*, 14: 159–215. London: Hogarth Press, 1957.

———. (1920). Beyond the pleasure principle. In *S.E.*, 18: 3–64. London: Hogarth Press, 1955.

———. (1921). Group psychology and the analysis of the ego. In *S.E.*, 18: 69–143.

———. (1926). Inhibitions, symptoms and anxiety. In *S.E.*, 20: 87–156. London: Hogarth Press.

———. (1930). Civilization and its discontents. In *S.E.*, 21: 59–145. London: Hogarth Press.

———. (1933). Femininity. In *S.E.*, 22: 112–125. London: Hogarth Press, 1964.

———. (1954). *The Origins of Psychoanalysis, 1887–1902*. New York: Basic Books.

Friedman, R. C., & Downey, J. (1993). Psychoanalysis, psychobiology and homosexuality. *Journal of the American Psychoanalytic Association* 41: 1159–1198.

Galenson, E. (1980). Sexual development during the second year of life. In *Sexuality: Psychiatric Clinics of North America*, ed. J. Meyer. Philadelphia: Saunders. pp. 37–44.

———. (1983). A pain-pleasure behavioral complex in mothers and infants. Unpublished.

——— (1988). The precursors of masochism. In *Fantasy, Myth and Reality: Essays in Honor of Jacob Arlow*, ed. H. P. Blum et al. Madison, Conn.: International Universities Press, pp. 371–379.

Galenson, E., & Roiphe, H. (1974). The emergence of genital awareness during the second year of life. In *Sex Differences in Behavior*, ed. R. Friedman, R. Richardt, & R. Van de Wiele. New York: Wiley, pp. 233–258.

———. (1977). Some suggested revisions concerning early female development. *Journal of the American Psychoanalytic Association* 24: 29–57.

Goldberger, M., & Evans, D. (1985). On transference manifestations in male patients with female analysts. *International Journal of Psychoanalysis* 66: 295–309.

Green, A. (1983). *Narcissisme de vie, narcissisme de mort*. Paris: Minuit.

———. (1986). *On Private Madness*. London: Hogarth Press.

———. (1993). *Le Travail du négatif*. Paris: Minuit.

Green, R. (1976). One hundred ten feminine and masculine boys: Behavioral contrasts and demographic similarities. *Archives of Sexual Behavior* 5: 425–446.

———. (1987). *The "Sissy Boy Syndrome."* New Haven: Yale University Press.

Greenaway, P. (1990). *The Cook, the Thief, His Wife and Her Lover*.

Greene, G., & Greene, C. (1974). *S-M: The Last Taboo*. New York: Grove Press.

Grossman, W. I. (1986). Notes on masochism: A discussion of the history and development of a psychoanalytic concept. *Psychoanalytic Quarterly* 55: 379–413.

———. (1991). Pain, aggression, fantasy, and the concept of sadomasochism. *Psychoanalytic Quarterly* 60: 22–52.

Grunberger, B. (1979). *Narcissism: Psychoanalytic Essays*. New York: International Universities Press.

Harlow, H. F. and Harlow, M. D. (1965). *The Affectional Systems in Behavior of Non-Human Primates*. Vol. 2, ed. A. M. Schrier, H. F. Harlow, & F. Stollnitz. New York: Academic Press.

Herzog, J. M. (1983). A neonatal intensive care syndrome: A pain complex involving neuroplasticity and psychic trauma. In *Frontiers in Infant Psychiatry*, ed. J. D. Call et al. New York: Basic Books, pp. 291–300.

Holder, A. (1970). Instinct and drive. In *Basic Psychoanalytic Concepts of the Theory of Instincts*, vol. 3, ed. H. Nagera. New York: Basic Books, pp. 19–22.

Horney, K. (1967). *Feminine Psychology*. London: Routledge & Kegan Paul.

Hughes, J. (1985). *The Breakfast Club*.

Hunt, M. (1974). *Sexual Behavior in the 1970s*. New York: Dell.

Izard, C. (1978). On the ontogenesis of emotions and emotion-cognition relationships in infancy. In *The Development of Affect*, ed. M. Lewis & L. Rosenblum. New York: Plenum, pp. 389–413.

Jacobson, E. (1964). *The Self and the Object World*. New York: International Universities Press.

———. (1971). *Depression*. New York: International Universities Press.

Jones, E. (1935). Early female sexuality. *International Journal of Psychoanalysis* 16: 263–273.

Josselyn, I. M. (1971). The capacity to love: A possible reformulation. *Journal of the American Academy of Child Psychiatry* 10: 6–22.

Karme, L. (1979). The analysis of a male patient by a female analyst: The problem of the negative oedipal transference. *International Journal of Psychoanalysis* 60: 253–261.

Kernberg, O. F. (1970). A psychoanalytic classification of character pathology. *Journal of the American Psychoanalytic Association* 18: 800–822.

———. (1974). Mature love: Prerequisites and characteristics. *Journal of the American Psychoanalytic Association* 22: 743–768.

———. (1976). *Object Relations Theory and Clinical Psychoanalysis*. New York: Jason Aronson.

———. (1978). The diagnosis of borderline conditions in adolescence. In *Adolescent Psychiatry*, vol. 6: *Developmental and Clinical Studies*, ed. S. Feinstein & P. L. Giovacchini. Chicago: University of Chicago Press, pp. 298–319.

———. (1980a). *Internal World and External Reality*. New York: Jason Aronson.

———. (1980b). Love, the couple and the group: A psychoanalytic frame. *Psychoanalytic Quarterly* 49: 78–108.

———. (1984). Contemporary psychoanalytic approaches to narcissism. In *Severe Personality Disorders*. New Haven: Yale University Press, pp. 179–196.

———. (1987). Las tentaciónes del convencionalismo. *Revista de Psicoanálisis* (Buenos Aires) 44: 963–988.

———. (1988). Between conventionality and aggression: The boundaries of passion. In *Passionate Attachments: Thinking About Love*, ed. W. Gaylin & E. Person. New York: Free Press, pp. 63–83.

———. (1989a). A theoretical frame for the study of sexual perversions. In *The Psychoanalytic Core: Festschrift in honor of Dr. Leo Rangell*, ed. H. P. Blum, E. M. Weinshel, & F. R. Rodman. New York: International Universities Press, pp. 243–263.

———. (1989b). An ego psychology–object relations theory of the structure and treatment of pathologic narcissism. In *The Psychiatric Clinics of North America: Narcissistic Personality Disorder*, ed. O. F. Kernberg. Philadelphia: Saunders, vol. 12, no. 3, pp. 723–730.

———. (1991). Sadomasochism, sexual excitement, and perversion. *Journal of the American Psychoanalytic Association* 39: 333–362.

———. (1992). *Aggression in Personality Disorders and Perversion*. New Haven: Yale University Press.

Kernberg, P. (1971). The course of the analysis of a narcissistic personality with hysterical and compulsive features. *Journal of the American Psychoanalytic Association* 19: 451–471.

Kernberg, P., & Richards, A. K. (1994). An application of psychoanalysis: The psychology of love as seen through children's letters. In *The Spectrum of Psychoanalysis*, ed. A. K. Richards & A. D. Richards. Madison, Conn.: International Universities Press, pp. 199–218.

Kimmins, A. (1953). *Captain's Paradise.*

Kinsey, A. C., Pomeroy, W. B., Martin, C. E., & Gebhard, P. H. (1953). *Sexual Behavior in the Human Female*. Philadelphia: Saunders.

Klein, M. (1945). The Oedipus complex in the light of early anxieties. In *Contributions to Psychoanalysis, 1921–1945*. London: Hogarth Press, 1948, pp. 377–390.

———. (1957). *Envy and Gratitude*. New York: Basic Books.

Kolodny, R., Masters, W., & Johnson, V. (1979). *Textbook of Sexual Medicine*. Boston: Little, Brown.

Krause, R. (1990). Psychodynamik der Emotionsstorungen. In *Enzyklopädie der Psychologie der Emotion*, ed. K. R. Scherer. Göttingen: Verlag für Psychologie–Dr. C. Hogrefe, pp. 630–705.

Laplanche, J. (1976). *Life and Death in Psychoanalysis*. Baltimore: Johns Hopkins University Press.

Laplanche, J. & Pontalis, J. B. (1973). *The Language of Psycho-Analysis*. New York: Norton.

Lester, E. (1984). The female analyst and the erotized transference. *International Journal of Psychoanalysis* 66: 283–293.

Liberman, D. (1956). Identificación proyectiva y conflicto matrimonial. *Revista de Psicoanálisis* (Buenos Aires) 13: 1–20.

Lichtenstein, H. (1961). Identity and sexuality: A study of their interrelationship in man. *Journal of the American Psychoanalytic Association* 9: 179–260.

———. (1970). Changing implications of the concept of psychosexual development: An inquiry concerning the validity of classical psychoanalytic assumptions concerning sexuality. *Journal of the American Psychoanalytic Association* 18: 300–318.

Lorenz, K. (1963). *On Aggression*. New York: Bantam Books.

Lussier, A. (1982). *Les Déviations du désir: Etude sur le fétichisme*. Paris: Presses Universitaires de France.

Lyne, A. (1987). *Fatal Attraction*.

Maccoby, E., & Jacklin, C. (1974). *The Psychology of Sex Differences*. Stanford: Stanford University Press.

Maclean, P. D. (1976). Brain mechanisms of elemental sexual functions. In *The Sexual Experience*, ed. B. Sadock, H. Kaplan, & A. Freeman. Baltimore: Williams & Wilkins, pp. 119–127.

Mahler, M. S. (1968). *On Human Symbiosis and the Vicissitudes of Individuation*. Vol. 1, *Infantile Psychosis*. New York: International Universities Press.

Mahler, M., Pine, F., & Bergman, A. (1975). *The Psychological Birth of the Human Infant*. New York: Basic Books.

Mann, T. (1924). *Der Zauberberg*. Vol. 1. Frankfurt: Fischer Bücherei, 1967, pp. 361–362.

May, R. (1969). *Love and Will*. New York: Norton.

McConaghy, N. (1993). *Sexual Behavior: Problems and Management*. New York: Plenum.

Mellen, J. (1973). *Women and Their Sexuality in the New Film*. New York: Dell.

Meltzer, D. (1973). *Sexual States of Mind*. Perthshire: Clunie.

Meltzer, D., & Williams, M. H. (1988). *The Apprehension of Beauty*. Old Ballechin, Strath Toy: Clunie.

Meyer, J. (1980). Body ego, selfness, and gender sense: The development of gender identity. *Sexuality: Psychiatric Clinics of North America*, ed. J. Meyer. Philadelphia: Saunders. pp. 21–36.

Mitchell, J. (1974). *Psychoanalysis and Feminism*. New York: Vintage Books.

Money, J. (1980). *Love and Love Sickness: The Science of Sex, Gender Difference, and Pair-Bonding*. Baltimore: Johns Hopkins University Press.

———. (1986). *Lovemaps*. Buffalo, N.Y.: Prometheus Press.

———. (1988). *Gay, Straight, and In-Between*. New York: Oxford University Press.

Money, J., & Ehrhardt, A. (1972). *Man & Woman: Boy & Girl*. Baltimore: Johns Hopkins University Press.

Montherlant, H. de (1936). *Les Jeunes Filles*. In *Romans et oeuvres de fiction non théatrales de Montherlant*. Paris: Gallimard, 1959, pp. 1010–1012.

Moscovici, S. (1981). *L'Age des foules*. Paris: Fayard.

索 引 *

---

* 索引中的页码为英文原书页码，即本书边码，见于正文侧边。——译者注

西方心理学大师经典译丛

****

了解图书详细信息，请登录中国人民大学出版社官方网站

www.crup.com.cn

图书在版编目（CIP）数据

爱情关系 /（美）奥托·克恩伯格
（Otto F. Kernberg）著；汪璇，张皓，何巧丽译 . --
北京：中国人民大学出版社，2023.2
（西方心理学大师经典译丛）
书名原文：Love Relations: Normality and
Pathology

ISBN 978-7-300-31409-9

Ⅰ . ①爱… Ⅱ . ①奥… ②汪… ③张… ④何… Ⅲ .
①恋爱心理学 Ⅳ . ① C913.1

中国版本图书馆 CIP 数据核字（2022）第 258019 号

西方心理学大师经典译丛
爱情关系
[美] 奥托·克恩伯格　著

汪璇　张皓　何巧丽　译

Aiqing Guanxi

出版发行	中国人民大学出版社			
社　　址	北京中关村大街31号		**邮政编码**	100080
电　　话	010-62511242（总编室）		010-62511770（质管部）	
	010-82501766（邮购部）		010-62514148（门市部）	
	010-62515195（发行公司）		010-62515275（盗版举报）	
网　　址	http://www.crup.com.cn			
经　　销	新华书店			
印　　刷	北京昌联印刷有限公司			
规　　格	155 mm×230 mm　16 开本		**版　　次**	2023 年 2 月第 1 版
印　　张	15插页2		**印　　次**	2023 年 2 月第 1 次印刷
字　　数	188 000		**定　　价**	59.80 元